감정노동
관리사

감정노동관리사

2018 개정판 1쇄 발행일 2018년 1월 5일
2022 개정판 1쇄 발행일 2022년 7월 15일

지은이 한국감정노동인증원
펴낸이 양옥매
디자인 송다희 표지혜

펴낸곳 도서출판 책과나무
출판등록 제2012-000376
주소 서울특별시 마포구 방울내로 79 이노빌딩 302호
대표전화 02.372.1537 **팩스** 02.372.1538
이메일 booknamu2007@naver.com
홈페이지 www.booknamu.com
ISBN 979-11-5776-170-5 (13300)

이 도서의 국립중앙도서관 출판예정도서목록(CIP)은 서지정보유통지원시스템
홈페이지(http://seoji.nl.go.kr)와 국가자료종합목록시스템(http://www.nl.go.
kr/kolisnet)에서 이용하실 수 있습니다.

개정증보판

체계적인 감정노동 관리를 위한 현장 중심 실무 자격증!

감정노동 관리사

한국감정노동인증원 지음

책과나무

　최근 서비스의 산업화가 가속되면서 우리나라 사회는 서비스업에 종사하는 직원들에게 너무 많은 친절과 미소를 강요하고 있으며, 심지어는 이러한 태도가 너무나도 당연하게 받아들여지고 관행화되어 가는 분위기다. 이로 인해 서비스에 종사하는 직원들은 과도한 스트레스나 직무 소진 등 감정노동에 노출되어 있다. 그뿐만 아니라 감정노동에 종사하는 사람들은 고객으로부터 욕설은 물론 폭력이나 성희롱을 당하기도 하는 등 다양한 형태의 괴롭힘을 당하고 있는 실정이다.

　2015년 감정노동에 의한 우울증이 발생했을 경우 산업재해로 인정키로 한 「산업재해보상보험법 시행령」 개정이나, 접점에서의 고객응대 직원에 대한 기업측의 보호조치 의무가 강화되는 「감정노동자 보호법」 개정(2016년 6월) 등의 움직임은 매우 바람직하다고 생각하지만, 아직까지 감정노동으로 인한 부작용을 막기에는 역부족이라는 생각을 지울 수 없다.

　국내에서도 감정노동이 심각한 수준에 이르렀다는 사회적 인식은 충분하나 기업 입장에서는 아직 감정노동을 자발적으로 해결하려는 의지가 부족하고 「노동관계법」에서 규정하고 있는 의무 기피는 물론 법 위반 시에도 벌금 및 과태료로 대처하면 된다는 식의 대응이 만연하고 있다. 그뿐만 아니라 감정노동 관련 「산업안전보건법」의 경우 권고 수준에 그치고 있으며 위반 시 벌칙 조항을 두지 않아, 감정노동자가 제대로 관련법의 보호를 받지 못하는 상황에 놓여 있다.

　이러한 상황에서 기업이나 직원 모두 감정노동에 대한 명확한 이론은 물론 실무 중심의 수험서나 매뉴얼을 통해 체계적으로 감정노동 문제에 접근하고자 하는 노력이 많아짐에 따라 KCCEL에서는 감정노동문제 해결에 대한 중요성을 인식하고, 기업(조직)은 물론 접점에서 근무하는 직원들을 대상으로 실무 역량을 향상시킴은 물론 실제 감정노동에 대처할 수 있도록 현장 전문가들과 함께 실무적인 수험서적을 출간하게 되었다.

　감정노동관리사 수험서는 실무에서 활용할 수 있는 직무 스트레스 평가, 감정노동 자기진단 체크리스트, 감정노동 평가 도구 및 측정 방법을 수록하였으며 감정노동에 대한 해결 접근방식, 감정관리법, 정서조절법, 감정보호 가이드라인 및 감정노동자 보호 방안과 감정노동관련 법률 현황, 블랙컨슈머 대응방법 등 실무적으로 알고 있어야 할 지식 및 정보 습득을 통해 기업(조직), 직원(관리자)이 감정노동에 스스로 대저할 수 있도록 함으로써 실무 능력과 자격증 취득이라는 두 마리의 토끼를 다 잡을 수 있도록 하는 데 초점을 맞추어 집필하였다. 더불어 단순히 강의를 수강하게 하고 수료증을 자격증이라고 발급하는 일반 업체와 차별화는 물론, 기존 자격증에 대한 한계와 문제점을 보완 및 개선하는 데 목적이 있다고 할 수 있다.

감정노동관리사 수험서를 통해 부디 기업(조직)이나 직원들에게 실질적인 도움 제공은 물론 자격증 취득을 도와 자아실현과 직업적인 성장의 기회를 확대시키는 데 작은 도움을 주었으면 하는 바람이다.

이 책은 크게 4부분으로 구성되어 있다.

▪ 감정노동이론

서비스와 감정노동, 조직과 감정, 조직에서의 감정관리, 감정노동의 개념, 감정노동 발생 원인, 감정노동 수행 전략, 감정부조화, 감정노동 관련 주요 이슈, 감정노동이 건강에 미치는 영향, 국내외 감정노동 현황, 감정노동 구성 요소 및 측정 방식, 감정노동 대응 방식 등에 대해서 다룬다.

▪ 감정노동실무

직무소진과 발생 원인, 스트레스 요인 및 증상, 스트레스 해소 방법, 감정노동과 스트레스, 직무 스트레스 예방 및 관리, 직무 스트레스 최소화를 위한 단계별 개입 방법, 감정노동과 감성역량, 조직에서의 감정 공유 메커니즘, 조직 내 부정적인 감정 확산 최소화 방법, 감성지능과 감성리더십, 감성리더십 구축 프로세스, 감정노동과 임파워먼트, 감정노동과 회복탄력성 등을 주로 다룬다.

■ **감정노동해결**

감정노동해결을 위한 접근 방법, 감정노동해결을 위한 각 주체별 역할, 감정코칭 및 치유기법, 코칭스킬의 이해, 감정코칭 5단계, 감정치유를 위한 상담 기법, 단계별 감정치유 방법, 감정치료기법, 인지행동치료, 부정적 감정을 다스리는 ABC기법, 감정자유기법(EFT), 자기주장훈련(AT) 감정관리 및 정서조절법, 감정표현방법, 감정관리의 필요성 등을 주로 다룬다.

■ **감정노동관리**

감정노동자 보호 가이드라인, 감정노동자가 보장받는 권리, 감정노동 종사자의 건강관리 방안, 감정노동자 보호 매뉴얼, 직원 지지 프로그램(EAP)의 이해 및 활용, 감정노동자 및 접점 직원 보호 방안, 감정노동 관련 법령 및 주요 지침 현황, 감정노동자 감정관리, 심리적 지지 프로그램, 감정케어 방법, 블랙컨슈머 대응하기, 블랙컨슈머 대응지침 등을 주로 다룬다.

『감정노동관리사』는 다음과 같은 특징과 방향성을 가지고 집필하였다.

첫 번째, 이 책은 각 영역에 포함된 주요 항목들에 대한 이론과 실무적인 대안을 제시하고, 각 해당 영역별 출제 가능한 실전 문제를 통해 학습에 대한 결과를 테스트할 수 있도록 하였고 문제에 대한 설명을 별도로 달아 수험생의 이해를 도왔다.

두 번째, 감정노동이 발생하는 대면 또는 비대면 현장에서 실제 적용할 수 있는 사례들이나 정보 및 지식을 다양한 그림, 표 형식으로 제공함으로써 현장 적용이 용이하도록 하였다. 특히 감정노동과 관련한 개인적인 차원과 기업(조직) 차원의 해결 방안을 제시하였으며, 실무에 적용할 수 있도록 다양한 지식과 정보를 반영하였다.

세 번째, 단순히 감정노동에만 국한된 것이 아니라 블랙컨슈머 대응 방안 및 응대 기법, 감정노동 수준평가, 감정노동 자기진단을 위한 체크리스트, 직무 스트레스 평가,

우울증 평가는 물론 감정조절 및 정서조절 방법, 감정노동 매뉴얼 작성 방법, 감정노동 관련 주요 법령 및 지침 현황 등을 제공함으로써 실무 업무에도 도움을 줄 수 있도록 하였다.

아무쪼록 집필하면서 힘든 점도 있었지만 이 책을 통해 많은 분들이 감정노동을 제대로 이해하고 실질적으로 대응하는 데 있어 조그만 도움을 얻었으면 하는 바람이다. 또한 계획한 대로 국내 최초로 감정노동관리사 자격증을 취득하는 데 있어 많은 도움이 되었으면 하는 간절한 바람이다. 아울러 지금 이 시간에도 고객접점에서 감정노동에 시달리고 고객만족을 위해 남다른 고민과 함께 많은 고생을 하고 있는 접점 직원들과 담당자들이 좀 더 나은 환경과 조건에서 근무할 수 있기를 진심으로 기원한다.

마지막으로, 이 자격증에 대한 생각을 구체화할 때 직접적인 도움을 주신 다양한 분들과 직접 집필하는 데 수고를 아끼지 않으신 이득주 교수님, 김영숙 님, 김정연 님, 그리고 제자 오윤혜에게 이 자리를 빌어 진심으로 감사의 마음을 전한다. 끝으로 항상 나를 위해 걱정해 주시는 어머니와 아내 정성희 그리고 내게는 정말 자랑스럽고 보석 같은 우리 지상이, 지한이, 막내딸 서정이에게도 무한한 감사와 사랑을 전한다.

감정노동관리사 자격증 개요

　국내 서비스의 구조를 살펴보면, 서구 유럽이나 미국과 같이 1차 산업에 종사하는 인구는 갈수록 줄어들고 3차 산업인 서비스업에 종사하는 인구의 비중이 갈수록 증가하고 있다. 이렇게 서비스 산업의 비중이 증가하며 이와 함께 해당 서비스 산업에 종사하는 취업자가 갈수록 증가하는 현상을 '서비스 사회화'라고 한다. 서비스 산업의 증가로 인해 전통적인 육체노동이 아닌 세분화된 고객의 요구를 구체적으로 만족시켜야 하는 새로운 유형의 감정노동으로 전이하고 있으며, 최근 갈수록 서비스 산업이 매우 중요한 역할을 수행함에 따라 육체나 지적인 노동 외에도 감정을 매개로 하는 감정노동이 주목을 받고 있다.

　서비스 사회화의 가속으로 인해 감정노동에 대한 다양한 이슈와 문제점이 발생하고 있으며, 특히 접점 직원들의 신체적 · 정신적 질환이 발생하고 있다. 이에 따라 감정노동 근로자를 보호하기 위한 사회적 · 정책적 지원 방안 마련이 시급한 실정이다.

　현재 국내 감정노동 문제는 개인적인 차원에서 해소되고 있는 실정이다. 그러나 감정노동 문제는 단순히 개인이 해결할 수 있는 일이 아니다. 서비스 사회화와 더불어 갈수록 강도가 심해지는 감정노동 문제는 정부, 소비자(고객), 기업, 감정노동자 개인 등 주요 주체들이 나서서 해결해야 할 문제라고 할 수 있다. 감정노동은 여전히 우리 사회가 해결하지 못하고 있는 대표적인 문제로 인식되고 있다.

　감정노동으로 인해 다양한 부작용이 양산되지만, 무엇보다 조직 내에서 이러한 감정노동을 효과적으로 관리하고 있지 못하다는 것이 심각한 문제로 지적되고 있다. 흔히 조직에서는 쉽게 감정이 공유되는데, 조직 내 감정 공유가 잘되면 상호 간에 작용이 활발하여 정보나 지식의 공유 또한 활발하며 직무만족도도 높다고 한다. 그런데 문제는 긍정적인 감정의 전염이 아닌 조직 내 부정적인 전염에 주목해야 하는데, 이는 긍정적인 전염보다 훨씬 전염성이 높으며 조직에 미치는 영향이 매우 크기 때문이다. 따라서 부정적인 감정의 전염이 조직 내 확산되지 않도록 하는 것도 조직을 관리하는 데 있어 매우 중요한 사안임에 틀림없다.

> 감정노동관리사는 최근 문제가 되고 있는 감정노동과 관련하여 개인은 물론 기업(조직) 입장에서 어떻게 다루어야 하는지에 대한 방향을 제시하고 이를 검증하기 위한 자격증이다. 기업의 모든 조직은 물론 고객접점에서 일하는 관리자나 직원들이 감정노동을 수행하면서 알아야 할 감정노동이론, 감정노동실무, 감정노동해결 및 관리에 이르기까지 조직 내 감정노동을 체계적으로 다루기 위해 필요한 실무 역량을 검증하는 100% 실무 중심의 자격증이다.

감정노동관리사의 역할과 전망

감정노동관리사는 감정노동이 발생하는 현장에서 감정노동과 관련한 이론과 실무지식을 바탕으로 접점 직원의 감정 관리는 물론, 이들이 직무 스트레스로 인해 감정소진이 되지 않도록 조직의 감정노동을 효과적으로 관리하는 역할을 수행한다. 감정노동과 관련한 다양한 현황을 파악하고 분석하며 감정노동으로 인한 피해를 최소화하기 위한 기획, 운영, 관리 업무를 수행한다. 실제로 현장에서 활용할 수 있는 감정노동 매뉴얼 개발 및 구축 업무는 물론, 감정노동 관련 법률과 지침, 감정노동자 보호 가이드라인, 건강관리 및 직원 지지프로그램, 블랙컨슈머 대응 기법 등 다양한 지식과 정보를 통해 기업의 감정노동을 체계적으로 관리하는 업무를 수행한다. 아래는 감정노동관리사가 수행해야 할 역할이다.

- 감정노동 및 직무 스트레스 해소를 통한 접점 직원 보호 및 관리
- 감정노동 사전 예방 활동 및 사후관리
- 감정노동 보호 매뉴얼 개발 및 작성
- 감정노동자 대상 감정케어 방법 개발 및 공유
- 기업 내부 직원 및 접점 감정노동자 대상 교육 및 훈련
- 감정노동자 고충 모니터링 및 보호 방안 마련 및 실행
- 감정노동 모니터링 결과 분석을 통한 개선안 마련 및 기획
- 조직 활성화 및 직원 지지 프로그램 도입 기획
- 블랙컨슈머 대상 대응 프로세스 개발 및 구축 등

향후 감정노동은 서비스 사회화는 물론 고도화를 통해 점점 강도가 강해질 것으로 예상된다. 감정이라는 것은 인간만이 가진 고유의 것이기 때문에 접점에서 일하는 직원들의 보호가 가장 큰 화두가 될 것이라는 것은 누구나 아는 사실이다. 조직에서 감정이라는 것은 쉽게 공유되고 전염되는 것이어서 감정노동이 많이 발생하는 곳에서는 감정관리가 매우 중요한 사안이라고 할 수 있다. 따라서 조직 내부에서 직원들을 관리하는 관리자 입장에서 직원에 대한 감정케어나 관리가 중요한 역량이 될 수밖에 없다.

앞으로 관리자의 핵심 역량으로 자신을 포함한 부하직원들의 감정관리가 부상하게 될 것이다. 따라서 관리자의 핵심 역량으로 각광을 받게 될 감정노동관리에 대한 수요는 증가할 수밖에 없다. 감정노동관리사 자격증 외 실무에서 활용할 수 있는 요가, 명상, 심리상담 등 현장에서 필요로 하는 지식과 경험을 쌓는다면 전문가로 활동하기에 부족함이 없을뿐더러 보수, 승진, 신분보장 등에 있어 우대받을 수 있는 이점이 있다.

감정노동관리사 소개 및 응시 자격

감정노동관리사는 감정노동과 관련한 이론과 지식 및 정보를 바탕으로 현장에서 감정노동과 관련한 직무를 수행할 수 있는 능력 보유 여부를 검증하고 평가한다. 감정노동관리사는 조직에서 감정노동을 수행하는 직원을 대상으로 감정노동 및 직무 스트레스 해소는 물론, 체계적인 관리를 통해 기업의 생산성 및 직무 몰입도를 높이고, 올바른 조직문화 및 분위기를 조성할 수 있는 기본적인 자질이 있는지를 평가한다. 그뿐만 아니라 조직에서 주어진 업무를 적극적으로 수행할 수 있도록 지원하는지 여부와 긍정적인 감정을 이끌어 내는 커뮤니케이션이나 조직의 건전성을 향상시키는 데 일조할 수 있는 역량을 보유했는지 여부를 평가한다.

- 기업 인사부서 및 조직문화 담당자
- 사내 강사 및 산업안전 및 안전관리 담당자
- 주요 접점((비)대면센터) 관리자 및 감정노동 수행직원
- 기업 노무 담당, (비)대면센터, Claim, CS, CCM 부서장 및 실무자
- 감정노동을 주제로 강의를 하고자 하는 프리랜서
- 감정노동 업무관련 유관단체 및 담당자
- 감정노동 관련하여 관심 있는 대학생 및 일반인

- 시행기관 : 한국감정노동인증원(www.kccel.kr)
- 시험과목 : 감정노동이론, 감정노동실무, 감정노동해결, 감정노동관리
- 시험방식 : 오프라인 테스트 [서울, 대전, 부산, 광주, 대구]
- 자격등록사항 : 고용노동부 2016-0016691
- 기대효과

기업[조직]	감정노동관리사
감정노동 관련 직원 대상 경력개발 과정 활용	감정노동에 대한 이론과 실무능력 배양
감정노동 관련 객관적인 평가 검증 체계 확보	감정노동관리에 대한 전문 능력 향상
긍정적인 감정 공유 및 분위기 조성	자격증 취득을 통한 자아 실현 및 역량 확보
체계적인 감정노동관리 및 운영 인력 확보	전문적인 지식 습득 및 직업적인 성장
감정노동자 보호 및 관리를 통한 생산성 향상	감정노동 관리를 통한 자신과 타인의 감정보호 습득
감정관리를 통한 몰입도 및 조직건전성 확보	감성조직 활성화 및 조직 내 감성리더십 구현 용이

감정노동관리사 시험 형태 및 출제 범위

시험영역	출제 범위 및 내용	문항 수
감정노동이론	▪ 서비스와 감정노동 ▪ 조직에서의 감정관리 ▪ 감정노동의 개념 및 감정노동 발생 원인 ▪ 감정노동 수행전략 및 감정노동 관련 주요 이슈 ▪ 감정노동이 건강에 미치는 영향 ▪ 국내외 감정노동현황 및 주요 대응 방식 ▪ 감정노동 구성 요소 및 측정 방식	20문항 [4지 선다형]
감정노동실무	▪ 직무소진과 발생원인 감정노동과 스트레스 ▪ 직무 스트레스 예방 및 관리 ▪ 직무 스트레스 최소화를 위한 단계별 개입 방법 ▪ 감정노동과 감성역량 ▪ 조직에서의 감정 공유 메커니즘 ▪ 조직 내 부정적인 감정 확산 최소화 방법 ▪ 감성지능과 감성리더십 및 조직 내 구축 프로세스 ▪ 감정노동과 임파워먼트 그리고 회복탄력성	20문항 [4지 선다형]
감정노동해결	▪ 감정노동해결을 위한 접근 방법 ▪ 감정노동해결을 위한 각 주체별 역할 ▪ 감정코칭 및 치유기법 [감정코칭 5단계] ▪ 감정치유를 위한 상담 기법 ▪ 단계별 감정치유 방법 및 감정치료기법[ACT, EFT, AT 등] ▪ 부정적 감정을 다스리는 ABC기법 ▪ 감정관리 및 정서조절법 ▪ 감정관리의 필요성 및 활용법	20문항 [4지 선다형]
감정노동관리	▪ 국내 감정노동자 보호 가이드라인 ▪ 감정노동자가 보장받는 권리 ▪ 감정노동 종사자의 건강 관리 방안 ▪ 감정노동자 보호 매뉴얼 및 구축 프로세스 ▪ 직원 지지 프로그램(EAP)의 이해 및 활용 ▪ 감정노동자 및 접점 직원 보호 방안 ▪ 감정노동 관련 법령 및 주요 지침 현황 ▪ 블랙컨슈머 대응 전략 및 대응 지침	20문항 [4지 선다형]

감정노동관리사 합격 기준 및 시험 일정

■ 합격 기준

종목	구분	기준	출제형태	시간
감정노동 관리사	합격	▶ 전 과목 평균 100점 만점 **60점 이상**	객관식(4지 선다형) 80문항	100분
	불합격	▶ 전 과목 평균 100점 만점 **60점 미만** ▶ 4과목 중 단일과목 점수 **40점 미만**	▶ 각 영역별 20문항씩 출제	

■ 시험 일정 (2025년까지)

회차	원서접수(인터넷)	시험일자	합격자 발표	자격증 발급신청
18회	2022. 07. 04 ~ 07. 17	07. 23	08. 01	08. 01 ~ 07
19회	2022. 09. 26 ~ 10. 09	10. 15	10. 24	10. 24 ~ 30
20회	2023. 02. 13 ~ 02. 26	03. 04	03. 13	03. 13. ~ 19
21회	2023. 06. 05 ~ 06. 18	06. 24	07. 03	07. 03 ~ 09
22회	2023. 09. 04 ~ 09. 17	09. 23	10. 02	10. 02 ~ 08
23회	2024. 02. 17 ~ 03. 03	03. 09	03. 18	03. 18 ~ 24
24회	2024. 06. 24 ~ 07. 07	07. 13	07. 22	07. 22 ~ 28
25회	2024. 10. 28 ~ 11. 10	11. 16	11. 25	11. 25 ~ 12. 01
26회	2025. 02. 17 ~ 03. 02	03. 08	03. 17	03. 17 ~ 23
27회	2025. 06. 09 ~ 06. 22	06. 28	07. 07	07. 07 ~ 13
28회	2025. 10. 06 ~ 10. 19	10. 25	11. 03	11. 03 ~ 09

＊ 시험 일정에 대한 세부 일정이나 이후 일정은 한국감정노동인증원 홈페이지에서 확인 가능합니다.

감정노동관리사 시험 접수 및 발급 절차

▪ 접수 방법

- 본 자격증은 온라인 접수만 가능합니다(방문 접수 불가).
- KCCEL 접속 ⇨ 감정노동관리사 자격증 원서 접수 ⇨ 응시료 결제 ⇨ 수험표 확인 및 출력

▪ 전형 및 응시료

- 응시료 : 45,000원

▪ 응시료 입금 기한

- 자격증 응시료 입금 기한은 접수 마감일 자정(00:00)까지 응시료를 결제해야 하며, 이때까지 결제가 이루어지지 않으면 응시 접수가 자동 취소됩니다.

▪ 접수 취소 및 응시료 환불

- 접수 취소 및 응시료 환불 적용 기간은 시험 시행일로부터 3일 전까지입니다. 접수 기간 중에 취소는 100%, 접수 기간 후 환불은 50% 환불이 이루어집니다. 접수 취소 후 환불은 2일 이내에 처리됩니다.

구분	시험 접수 취소 및 응시료 환불 기준			
적용기간	접수 기간 중	접수 기간 후	시험 시행 3일 전	시험 시행 당일
환불 적용율	100%	50%	환불 없음	

▪ 자격증 신청

- 감정노동관리사 시험에 합격한 자로서 해당 회차의 자격증 발급 기간 내에 한국감정노동인증원 홈페이지에서 발급, 신청 가능합니다.
- 자격증 발급과 관련하여 별도의 자격증 발급 수수료가 부과됩니다.

▪ 발급 절차

- 자격증 발급 신청 ⇨ 자격증 발급 수수료 납부(온라인 입금) ⇨ 자격증 발급 확인 ⇨ 자격증 발행 ⇨ 자격증 발송 ⇨ 자격증 수령
- 신청서에 기재된 주소로 등기우편으로 발송되어 개별적으로 수령하게 됩니다.

감정노동관리자 실무과정

감정노동 관리자는 물론 조직 구성원의 실무역량 향상을 위한 교육 프로그램

감정노동에 대한 실무 이론은 물론 감정노동으로 인해 발생하는 다양한 현상 및 영향을 이해하고 조직 내 감정을 효과적으로 관리하는 실무역량을 향상시키는 프로그램이다. 국내 감정노동과 관련하여 각 영역별 최고 전문가로 구성된 감정노동관리자 실무과정을 통해 조직구성원에 대한 감정 케어는 물론 회복을 통한 조직 분위기를 개선하고 긍정적인 조직문화를 형성하는 데 기여한다. 감정노동관리자 실무과정의 주요 모듈과 주요 내용은 아래와 같다.

종목	시간
감정노동 제대로 이해하기	▪ 감정노동의 이해 및 국내외 주요 이슈 현황 ▪ 감정노동 수행전략의 유형 및 특징 ▪ 감정노동자 보호 가이드라인 ▪ 감정노동 종사자의 건강 관리 방안 ▪ 감정노동자 보호 방안 ▪ 감정노동 관련 법령 및 주요 지침 현황
감정노동 진단 및 마음 근육 키우기	▪ 감정 발생 메커니즘의 이해와 감정노동 대응방식 ▪ 자가 감정노동 진단 및 스트레스 지수 진단하기 ▪ 감정노동으로부터 회복탄력성 키우기[KRQ–53 테스트] ▪ 학습된 무력감 이해와 현명하게 극복하기 ▪ 자기암시를 통한 긍정적인 정서 강화하기 ▪ 감정노동으로 인한 스트레스 증상 완화법 ▪ 현장에서 활용하는 셀프 스트레스 해소 기법 [실습]

ELAP : Emotion Labor Administrator Program

종목	시간
직무 스트레스 해소 및 감정 예방 및 관리하기	■ 감정노동을 하는 근로자를 위한 스트레스 관리 ■ 직무 스트레스 예방 활동 절차 ■ 직무 스트레스 관리 – 개인 차원과 조직 차원 ■ 조직에서의 감정공유 메커니즘 ■ 조직 내 부정적인 감정 확산 최소화 방법 ■ 감정노동과 회복탄력성 향상 방안 ■ 조직에서 단계별 감정치유 상담 방법 ■ 부정적 감정을 다스리는 치유법 – 감정의 ABC기법 ■ 스트레스 관리 면담 기법
부정적인 감정 해소를 위한 힐링 및 감정조절 실무	■ 심리치료 도구를 활용한 내적 긍정 자원 발견하기 ■ 내적 긍정 자원의 영향력 탐색 및 진단 ■ 진단 결과 해석 및 내적 긍정 자원 향상 시키기 ■ 셀프 마사지와 스트레칭을 통한 스트레스 해소 기법 ■ 명상(호흡 및 이완)을 통한 심리적 안정 유지하기 ■ 미술, 사진, 영화, 음악 등을 통한 힐링 프로그램 ■ 움직임을 활용한 직무 스트레스 및 심리 건강 관리법

– 강의 · 문의 : 02-985-0365 kccelabor@naver.com

＊ 본 과정은 맞춤교육 및 공개교육 두 가지 방법으로 진행 가능

감정노동관리사 FAQ

Q 감정노동관리사 자격증은 어떤 자격증인가요?

A 감정노동관리사 자격증은 감정노동관리와 관련한 전문 자격증이 국내에 없는 관계로 KCCEL이 자격증을 발급할 수 있도록 국가직업능력개발연구원에 등록하여 운영하는 민간 자격증입니다. 감정노동관리사 자격증은 감정노동과 관련한 이론과 지식 및 정보를 바탕으로 현장에서 감정노동과 관련한 직무를 수행할 수 있는 능력 보유 여부를 검증하는 자격증입니다. 이를 위해 감정노동 전문가들과 함께 교재를 집필하고 직접 문제를 출제 · 관리 · 감독하고 있으며, 이를 통해 감정노동과 관련한 부서 직원이나 관리자들에게 관련 실무 능력 향상은 물론 해당 분야 업무를 수행하는 데 있어 직 · 간접적인 도움을 제공하고자 만들어진 국내최초 감정노동 관련 자격증입니다.

Q 감정노동관리사 자격증을 취득하면 취업을 알선해 주거나 취업에 유리한가요?

A 답부터 드리면 절대 자격증을 취득한다고 취업이 100%되지도 않으며 또한 저희 KCCEL에서는 알선해 드리지도 않습니다.

일부 자격증 업체에서는 해당 자격증만 취득하면 100% 취업 보장이라는 말로 수험자를 현혹하고 있는 것이 사실입니다. 그렇지만 저희 한국감정노동인증원은 그러한 말을 하지 않습니다. 감정노동관리사 자격증은 오직 수험자들의 감정노동에 대한 전문 지식 및 실무 능력을 향상시키거나 검증하는 자격증으로서만 역할 및 책임을 다할 것입니다.

다만 업체마다 감정노동관리사 자격증 취득자를 선호하는 곳이 있다면, 이들 업체에서 제공하는 취업 정보를 제공하거나 추천해 드리는 정도의 활동을 제공함으로써 수험자들을 지원하는 형태의 활동은 지속적으로 해나갈 예정입니다. 또한 취득을 위한 응시료와 발급 비용 외에는 어떠한 비용도 요구하지도 않으니, 이 점 착오 없으시기 바랍니다.

Q 자격증 취득과 관련하여 오프라인에서는 자격증 관련 교육은 없나요?

A 네. 오프라인에서도 토요일을 활용하여 자격증 관련 교육을 특강 형태로 진행합니다. 주로 수말을 이용해 시험 보기 1~2주 전에 오프라인에서 특강 형태로 진행됩니다. 관련 내용은 홈페이지를 비롯한 다양한 채널을 통해 사전에 공지합니다. KCCEL 홈페이지에 회원으로 가입하시면 저희가 자격증을 위한 특강은 물론 기타 교육이나 세미나 및 행사가 있을 때 문자 메시지를 보내 드리니 참고하시기 바랍니다.

Q 감정노동관리사 자격증은 정식으로 등록되어 있는 자격증인가요?

A 네. 감정노동관리사 자격증은 「자격기본법」 17조 2항과 같은 법 시행령 제23조 제4항 및 제23조의 2항에 따라 한국직업능력개발원에서 정식으로 민간 자격증 등록을 마쳤습니다.

총 4개월간 등록에 대한 서류 및 자격증 관련 주요 내용에 대한 검토가 이루어졌고 2016년 4월에 최종 등록이 완료되었으며, 등록 신청 시 제출한 「민간 자격의 관리·운영에 관한 규정」에 따라 감정노동관리사 검정을 성실히 이행토록 하겠습니다.

* 고용노동부 자격 등록번호 2016-0016691

Q 감정노동관리사 자격시험 과목은 어떻게 구성되어 있나요?

A 감정노동관리사는 실무를 중심으로 총 4개의 과목(영역)으로 구성되어 있습니다. 4개 과목이란 총 4개 영역을 의미하는데 제1영역은 감정노동이론이고 제2영역은 감정노동실무, 제3영역은 감정노동해결이며 마지막으로 제4영역은 감정노동관리로 구성되어 있습니다. 4개 영역은 현장에서 감정노동 관리는 물론 해소를 위해 노력하는 실무자라면 필수적으로 알고 있어야 할 핵심 내용으로 구성되어 있습니다.

Q 감정노동관리사 자격증과 관련하여 응시 자격에 제한이 있나요?

A 감정노동관리사 자격증은 아래와 같은 분들이면 누구나 응시할 수 있습니다.

① 기업 인사부서 및 조직문화 담당자

② 사내 강사 및 CS 강사(CS 아카데미 소속)

③ 주요 접점((비)대면센터) 관리자 및 감정노동 수행직원

④ 기업 CS 담당, (비)대면센터, Claim, CS, CCM 부서장 및 실무자

⑤ 감정노동을 주제로 강의를 하고자 하는 프리랜서

⑥ 감정노동 업무 관련 유관 단체 및 담당자

⑦ 감정노동 관련하여 관심 있는 대학생 및 일반인

Q 감정노동관리사 자격시험과 관련하여 출제 난이도는 어떤가요?

A 현장 경험이 있으신 분들이나 현재 감정노동이 발생하는 접점에서 근무하고 계신 분들이라면 수험서 강의만으로 충분히 풀 수 있는 수준의 문제들로 출제됩니다. 감정노동관리사 자격증 시험은 어렵게 문제를 내서 혼란을 드리는 것이 목적이 아니고, 감정노동 업무를 수행하거나 조직을 관리하시는 분들이 반드시 알고 있어야 할 기본 정보나 지식 그리고 경험을 묻는 수준이므로 이 점에 유의하시면 되겠습니다. 감정노동관리사는 기존 이론서처럼 현장에서 활용하기에 한계가 있는 수험서가

아니라 현장에서 필요한 실무 지식과 실제 현장에서 활용할 수 있는 내용을 다루는 100% 문제 해결 중심의 지침이자 자격을 검정하는 자격증이라고 할 수 있습니다.

Q 감정노동관리사 자격시험은 어느 지역에서 치러지나요?

A 관리사 자격증은 서울, 대전, 부산, 광주, 대구 지역에서 치러집니다.
다만 상황에 따라 시험 지역이 변경될 수 있음을 미리 알려 드립니다. 자세한 수험 장소는 시험 전에 홈페이지와 여러 채널을 통해 공지됩니다.

Q 감정노동관리사 자격시험 접수는 온라인에서만 가능한가요?

A 예. 감정노동관리사 자격증에 대한 시험 원서 접수는 오직 KCCEL 홈페이지에 있는 온라인 접수를 통해서만 가능합니다.

Q 감정노동관리사 자격시험 일정은 어떻게 되나요?

A 감정노동관리사 시험 일정은 KCCEL 홈페이지나 교재를 참고하시기 바랍니다. 감정노동관리사는 1년에 3~4회 정도 치러집니다. 다만 시험 일정은 변경될 수 있으니 반드시 해당 회차 최종 시험 일정은 시험 전 KCCEL 홈페이지를 참고하시기 바랍니다.

1

감정노동
이론

2

감정노동
실무

3

감정노동
해결

4

**감정노동
관리**

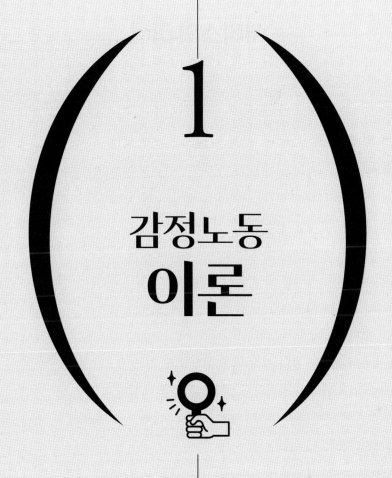

1

감정노동 이론

서비스의 이해 │ 감정의 이해 │ 감정노동의 이해

서비스의 이해

1) 서비스의 정의

(1) 어원적 의미

① '서비스(Service)'라는 용어는 '노예의 상태'라는 뜻의 라틴어인 'Servitium'과 '노예'를 뜻하는 프랑스어 'Servus'에서 파생되었다.

② 결국 서비스라는 것은 '노예가 주인에게 충성을 한다'라는 의미에서 출발했다.

③ 이러한 서비스의 의미는 현대에 와서 '한편에서 상대방에게 소유권의 변동 없이 제공해 줄 수 있는 무형적인 효용이나 활동을 통해서 만족을 주는 행위'라는 의미로 쓰이고 있다.

④ 대개 유형의 상품과 같이 저장 또는 운반할 수 없는 경우도 많다.

⑤ 사전적 의미로 다양한 의미와 포괄적인 범위를 포함하고 있다.

(2) 마케팅적인 의미

① 1960년대 마케팅 분야에서 서비스는 유형재와 무형재의 비교연구를 중심으로 본격적으로 연구가 시작되었다.

② 미국 마케팅 학회(AMA : American Marketing Association)는 서비스를 "판매 목적으로 제공되거나 또는 상품 판매와 연계하여 제공되는 제반 활동, 편익, 만족"으로 정의하고 있다.

[예] 오락, 호텔, 전력, 수송, 이발 및 미용, 신용서비스 등

(3) 현대적 의미

① 서비스는 '한편에서 상대방에게 소유권의 변동 없이 제공해 줄 수 있는 무형적인 효용이나 활동을 통해서 만족을 주는 행위'라는 의미로 쓰인다.

감정노동이론

② 서비스는 "공급자가 고객의 욕구를 충족시키고, 고객불만을 제거하거나 미연에 방지하기 위한 다양한 활동을 통해 제공하는 무형의 활동"으로 정의한다.

(4) 서비스에 대한 다양한 정의

연구자 및 기관	정의 내용
Kotler	■ 타인에게 제공하는 무형적인 활동이니 편익으로 소유권 이전을 수반하지 않는 것으로 다른 측에게 제공하는 성과와 활동으로 어떤 것도 소유되지 않는 것
Bessom	■ 소비자에게 판매를 통해 제공되는 가치 있는 편익이나 만족을 제공하는 행위 ■ 즉 소비자 자신이 직접 행할 수 없거나 수행할 기회가 없는 행위
Blois	■ 제품의 형태를 물리적으로 바꾸지 않고 판매에 제공되는 활동
Lehtinen	■ 대인 접촉 또는 물리적으로 바꾸지 않고 판매에 제공되는 활동
Stanton	■ 소비자나 산업 구매자에게 판매될 경우 욕구를 충족시키는 무형의 활동으로, 제품이나 다른 서비스의 판매와 연계되지 않고도 개별적으로 확인이 가능한 것
Regan	■ 직접적으로 만족을 창출하거나 상품 또는 서비스를 구입할 때 결합하여 만족이 ■ 창출되는 무형의 것
Rathmell	■ 시장에서 판매되는 무형의 제품
Payne	■ 서비스는 무형적 요소를 가지고 있는 활동이며 고객과의 상호작용 혹은 소유권과의 상호작용과 관련되나 본질적으로 소유권의 이전은 이루어지지 않음 ■ 상태의 변화가 일어날 수 있으며 서비스의 생산은 물리적 제품과 밀접히 관련될 ■ 수 있고 그렇지 않을 수도 있음
Gronroos	■ 서비스를 일반적으로 제공하는 혹은 자기 자신을 서비스 제공자라고 간주하는 기업과 기관에 의해 제공되는 거래물

(5) 서비스의 특징

서비스는 고객의 욕구를 충족시키기 위해 제공하는 무형의 제품 또는 활동이다. 이러한 서비스는 아래와 같이 4가지 특성을 가지고 있다.

특성	내용
무형성 (Intangibility)	무형적인 성향을 가지므로 서비스 자체를 설명하는 것이 어려움 [예] 강의
비분리성 (Inseparability)	생산과 소비의 분리가 불가능하며 보통 생산과 소비가 동시에 발생함 [예] 이발
이질성 (Heterogeneity)	인적 요소가 서비스 결과의 이질성을 야기하며 표준화 · 품질 통제 곤란 [예] 교육 강의를 하는 강사들에 대한 만족도가 모두 다르게 나타남
소멸성 (Perishability)	판매되지 않고 소멸되며 혜택과 편익이 발생하지만 저장 · 재활용 불가능 [예] 영화티켓 예매했으나 빈자리로 남아 있는 좌석

2) 서비스와 감정노동

(1) 서비스업에 대한 이해

① 통계청의 정의에 의하면, 서비스업이란 경제 주체의 경제활동에 의하여 타 경제 주체나 경제 객체의 상태를 변화시키는 무형의 경제재에 대한 생산 활동을 하는 산업을 통칭한다.

② 서비스업은 경제활동별로 구분된 GDP 중 농림어업, 제조업 등을 제외한 산업을 의미하기도 한다.

③ 스페인 학자인 마뉴엘 카스텔은 서비스 산업의 유형을 아래와 같이 구분하였다.

서비스 유형	세부 업종
유통서비스	교통, 통신, 도매, 소매 등
생산자서비스	은행, 보험, 부동산, 기술, 회계, 기타 사업서비스, 법률서비스
사회서비스	의원, 병원, 교육, 복지, 비영리, 우편서비스, 정부, 기타 사회서비스
개인서비스	가사서비스, 호텔, 음식료, 수선, 세탁, 이·미용, 오락, 기타 개인서비스

④ 경제가 발달할수록 소득 수준이 향상되며 서비스 소비가 증가함에 따라 기업 또한 이러한 서비스 수요를 맞추기 위해 투자를 함으로써 경제의 서비스화가 향상되는 선순환을 이루고 있다.

(2) 서비스 산업의 주요 특징

① 생산과 함께 소비가 동시에 이루어지며 생산물인 서비스는 눈에 보이지 않는다는 특징이 있다.

② 일반적으로 기계화 수준이 낮은 노동 집약적 산업이기 때문에 고용 창출 효과가 크다.

③ 같은 서비스라고 하더라도 누가 제공하느냐에 따라 질이 달라지므로 표준화와 대량 생산이 어렵다.

④ 제조산업과 같이 복잡한 유통구조를 통해 소비자에게 판매를 하지 않고 대면하는 과정에서 생산되는 서비스 상품을 판매한다.

⑤ 제조산업의 경우 노동에 대한 통제가 주로 고용주–노동자의 관계지만 서비스 산업의 경우 고용주–노동자–소비자의 관계에서 이루어진다는 것이 특징이다(상품생산 과정에 소비자의 개입).

⑥ 서비스 산업의 팽창과 함께 더욱 서비스 경쟁력의 향상이라는 과제를 떠안게 됨에 따라 지속적으로 고품질 서비스의 생산에 대한 기대욕구를 충족시켜야 한다.

(3) 서비스 사회화와 국내 서비스 노동

① 국내 산업구조가 1차 산업 중심이었던 1970년대와 달리 현재 1차 산업 비중은 10% 미만을 차지한다.

② 서구 유럽이나 미국과 같이 1차 산업에 종사하는 인구는 갈수록 줄어들고 3차 산업인 서비스업에 종사하는 인구의 비중이 갈수록 증가하고 있다.

③ 이렇듯 서비스 산업의 비중이 증가하고 이와 함께 해당 서비스 산업에 종사하는 취업자가 갈수록 증가하는 현상을 '서비스 사회화'라고 한다.

④ 서비스 산업의 증가와 더불어 나타난 특징의 하나는 서비스 노동의 성격이 전통적인 제조업 육체 노동과 다른 특징을 가지고 있다는 것이다.

⑤ 서비스 산업의 증가로 인해 전통적인 육체노동이 아닌 세분화된 고객의 요구를 구체적으로 만족시켜야 하는 새로운 유형의 감정노동으로 전이하고 있다.

⑥ 최근 갈수록 서비스 산업이 매우 중요한 역할을 수행함에 따라 육체나 지적인 노동 외에도 감정을 매개로 하는 감정 노동이 주목을 받고 있다.

⑦ 서비스 노동이라는 것이 결국은 고객과의 상호작용을 동반함에 따라 자신의 감정을 억압하거나 실제와는 다른 감정을 표현해야 하는 감정노동으로 전환되면서 다양한 부작용을 양산하였다.

⑧ 서비스의 사회화가 가속되면서 어느 정도의 감정노동이 수반되지만 마뉴엘 카스텔의 서비스 유형 중 특히 사회 서비스와 개인 서비스에 감정노동이 집중되어 있다.

⑨ 국내 서비스업의 경우 고용비중은 빠르게 높아지고 있으나 저부가가치 업종의 고용 비중이 높다는 특징이 있다.

⑩ 국내 서비스업이 국내총생산(GDP)에서 차지하는 비중은 다른 나라(선진국 및 OECD국가)와 비교했을 때 상대적으로 낮은 수준을 유지하고 있다.

⑷ 국내 서비스 산업과 감정노동

① 서비스 사회화의 가속으로 인해 감정노동에 대한 다양한 이슈와 문제점이 발생하고 있으며, 특히 접점 직원들의 신체적 · 정신적 질환이 발생하고 있다.

② 서비스 산업에서 발생하는 다양한 감정노동의 부작용을 규제할 수 있는 법적 · 제도적인 방안이 부재하여 대부분 감정노동자에 의한 개별적인 대응이 주를 이루고 있다.

③ 노동부 집계에 의하면 감정노동자는 8백만 명에 육박하며, 이는 전체 노동자의 30~40% 수준에 해당한다.

④ 감정노동자의 대부분이 서비스 업종에 근무하며, 남성보다는 여성이 많고 이들 대부분이 저임금, 비정규직 상태로 근무하고 있다.

⑤ 일부 기업에서는 감정노동에 적극적으로 대응하는 곳도 있는데, 별도의 응대 지침이나 매뉴얼을 확보하고 심한 경우 법적인 고소 · 고발을 한다.

⑥ 한국노동연구원 조사 자료[1]에 의하면, 여러 업종 중 서비스 산업의 감정노동 수행이 52% 수준으로 혹실드의 감정노동 수행 기준(40%)을 훨씬 초과한다.

⑦ 서비스 산업의 감정노동 수행이 높은 원인은 감정노동 대부분이 대면 접촉 또는 비대면 접촉을 통해 고객과의 상호작용 과정을 거치기 때문이다(상품 판매 또는 상담 및 응대가 주 업무).

⑧ 국내 서비스 산업 감정노동의 특징은 고객과의 상호작용의 경우 업종이나 직무 형태에 따라 차이가 발생한다는 것이다.

⑨ 한국고용정보원에 의하면, 국내 서비스 관련 직업군의 비율이 급속도로 확대되고 있으며 이 때문에 감정노동에 대한 사회적인 관심이 증가하고 있고, 이에 따라 근로자들의 신체적·정신적 질환 등의 발생에 관한 우려가 증가하고 있다고 한다.

⑩ 따라서 감정노동 근로자를 보호하기 위한 사회적·정책적 지원 방안 마련이 시급한 실정이다.

(5) 고객만족경영과 감정노동

① 기업은 고객의 호감과 우호적인 감정을 이끌어내기 위해 서비스 생산과정에서 고객을 만족시킬 수 있는 감정표현을 하도록 통제하고 있다.

② 고객만족경영으로 인한 친절의 강요는 감정노동자들의 인권 문제까지 침해하는 등의 문제점을 야기시키고 있다.

③ 많은 학자들과 전문가들에 의하면 기업의 고객만족경영은 감정노동자의 감정노동을 강화시키고 강요된 친절을 소모하게 하는 노동으로 전락하고 있다.

④ 고객만족경영으로 인해 감정노동자들은 고객의 심정적인 만족을 위해 자신의 감정을 억누르고 억지 웃음과 강요된 친절로 인해 극심한 스트레스와 정신적 질환에 시달리고 있다.

⑤ 고객만족이 직간접적으로 기업 매출에 영향을 주는 요소로 인식되면서 '고객 감정'을 우선시 하는 서비스를 지속적으로 강요하고 있다.

---

[1] 2012년 한국노동연구원에서 발표한 서비스 산업의 감정노동연구 조사 자료를 인용함

⑥ 미스터리콜, 미스터리쇼퍼를 지속적으로 시행하고 해당 결과를 바탕으로 인사고과에 반영함으로써 고객만족경영을 강화하고 역으로 감정노동을 심화시키는 도구로 활용하고 있다.

⑦ 기업의 고객만족경영은 고객의 잘못된 권리의식을 더욱 강화하여 친절과 미소를 강제하고 부당하더라도 자신에게 맞는 서비스를 제공해야 한다는 왜곡된 의식을 심어주는 요소로 작용한다.

⑧ 기업의 매출과 이윤을 위한 기업의 경영전략은 갈수록 강화될 것으로 예상이 되어 감정노동의 강도 또한 증가할 것으로 예상되어 감정노동자 보호를 고려한 고객만족경영이 이루어져야 한다.

⑨ 3차 산업 비중이 증가하는 서비스 사회화가 고도화될수록 감정노동자의 비율도 증가하므로 고객만족경영에 대한 방향성 재설정 및 감정노동자를 보호하기 위한 방안 마련이 병행되어야 한다.

⑩ 이윤 창출 과정에서 고객만족이 필연적이고 고객만족을 위해 감정노동자들의 감정을 통제하므로 기업 차원에서 감정노동에 대한 이해와 현실적인 대안을 마련해야 한다.

실전 예상 문제

1. 서비스에 대한 설명으로 바르지 않은 것은?

① 서비스라는 것은 '노예가 주인에게 충성을 한다'라는 의미에서 출발했다.

② 서비스는 현대에 와서 '한편에서 상대방에게 소유권의 변동 없이 제공해 줄 수 있는 무형적인 효용이나 활동을 통해서 만족을 주는 행위'라는 의미로 쓰이고 있다.

③ 사전적 의미로 다양한 의미와 포괄적인 범위를 포함하고 있다.

④ 대개 유형의 상품과 같이 저장 또는 운반할 수 있는 경우도 많다.

[해설] 서비스는 저장 또는 운반할 수 없는 경우도 많다.

2. 서비스에 대한 설명으로 바르지 않은 것은?

① 1960년대 마케팅 분야에서 서비스는 유형재와 무형재의 비교연구를 중심으로 본격적으로 연구가 시작되었다.

② 미국 마케팅 학회는 서비스를 "판매 목적으로 제공되거나 또는 상품판매와 연계하여 제공되는 제반 활동, 편익, 만족"으로 정의하고 있다.

③ 서비스는 '한편에서 상대방에게 소유권의 변동 없이 제공해 줄 수 있는 유형적인 효용이나 활동을 통해서 만족을 주는 행위'라는 의미로 쓰인다.

④ 서비스는 "공급자가 고객의 욕구를 충족시키고, 고객불만을 제거하거나 미연에 방지하기 위한 다양한 활동을 통해 제공하는 무형의 활동"으로 정의한다.

[해설] 서비스는 무형적인 효율이나 활동을 통해서 만족을 주는 행위다.

3. 서비스의 4가지 특성이라고 보기 힘든 것은?

① 이질성   ② 분리성   ③ 소멸성   ④ 무형성

4. 서비스의 특성 중 이발이나 마사지와 같이 '서비스의 생산 과정에서 소비가 동시에 이루어지는 것'을 의미하는 것은?

① 이질성

② 비분리성

③ 소멸성

④ 무형성

5. 서비스 산업의 주요 특징에 대한 설명으로 바르지 않은 것은?

① 생산과 함께 소비가 동시에 이루어지며 생산물인 서비스는 눈에 보이지 않는다는 특징이 있다.

② 일반적으로 기계화 수준이 낮은 노동 집약적 산업이기 때문에 고용 창출 효과가 크지 않다.

③ 같은 서비스라고 하더라도 누가 제공하느냐에 따라 질이 달라져 표준화와 대량생산이 어렵다.

④ 서비스 산업의 경우 고용주-노동자-소비자의 관계에서 이루어진다는 것이 특징이다.

[해설] 일반적으로 기계화 수준이 낮은 노동 집약적 산업이며, 이 때문에 고용 창출 효과가 크다.

6. 서구 유럽이나 미국과 같이 1차 산업에 종사하는 인구는 갈수록 줄어들고 3차 산업인 서비스업에 종사하는 인구의 비중이 갈수록 증가하고 있다. 이렇게 서비스 산업의 비중이 증가하고 이와 함께 해당 서비스 산업에 종사하는 취업자가 갈수록 증가하는 현상을 무엇이라고 하는가?

① 서비스 사회화

② 서비스 산업화

③ 서비스 고도화

④ 서비스 표준화

7. 국내 서비스 산업에 대한 설명으로 비르지 않은 것은?

① 서구 유럽이나 미국과 같이 1차 산업에 종사하는 인구는 갈수록 줄어들고 3차 산업인 서비스업에 종사하는 인구의 비중이 갈수록 증가하고 있다.

② 서비스 산업의 증가로 인해 전통적인 육체노동이 아닌 세분화된 고객의 요구를 구체적으로 만족시켜야 하는 새로운 유형의 감정노동으로 전이하고 있다.

③ 국내 서비스업이 국내총생산(GDP)에서 차지하는 비중은 다른 나라(선진국 및 OECD 국가)와 비교했을 때 상대적으로 높은 수준을 유지하고 있다.

④ 국내 서비스업의 경우 고용비중은 빠르게 높아지고 있으나 저부가가치 업종의 고용비중이 높다는 특징이 있다.

[해설] 국내 서비스업이 국내총생산(GDP)에서 차지하는 비중은 다른 나라와 비교했을 때 상대적으로 낮은 수준을 유지하고 있다.

8. 국내 서비스 산업과 감정노동에 대한 설명이다. 사실과 다른 것은 무엇인가?

① 서비스 사회화의 가속으로 인해 감정노동에 대한 다양한 이슈와 문제점이 발생하고 있으며, 특히 접점 직원들의 신체적·정신적 질환의 발생하고 있다.

② 감정노동자의 대부분이 서비스 업종에 근무하며 여성보다는 남성이 많고, 이들 대부분이 저임금, 비정규직 상태로 근무하고 있다.

③ 국내 감정노동자는 8백만 명에 육박하며 이는 전체 노동자의 30~40% 수준에 해당한다.

④ 서비스 산업의 감정노동 수행이 높은 원인은 감정노동 대부분이 대면 접촉 또는 비대면 접촉을 통해 고객과의 상호작용 과정을 거치기 때문이다.

9. 서비스업에 대한 설명으로 바르지 않은 것은?

① 서비스업이란 경제 주체의 경제활동에 의하여 타 경제 주체나 경제 객체의 상태를 변화시키는 유형의 자유재에 대한 생산 활동을 하는 산업을 통칭한다.

② 경제활동별로 구분된 GDP 중 농림어업, 제조업 등을 제외한 산업을 의미하기도 한다.

③ 제조산업과 같이 복잡한 유통 구조를 통해 소비자에게 판매하지 않고 대면하는 과정에서 생산되는 서비스 상품을 판매한다.

④ 서비스 소비가 증가함에 따라 기업은 서비스 수요를 맞추기 위해 투자를 함으로써 경제의 서비스화가 향상되는 선순환을 이루고 있다.

[해설] 서비스업은 무형의 경제재에 대한 생산 활동을 하는 산업을 통칭한다.

10. 스페인 학자인 마뉴엘 카스텔이 구분한 서비스 유형과 세부 업종이 잘못 연결된 것은?

① 유통서비스 – 교통, 통신, 도매, 소매 등

② 생산자서비스 – 은행, 보험, 부동산, 기술, 회계, 기타 사업서비스 등

③ 사회서비스 – 의원, 병원, 교육, 복지, 비영리, 우편서비스, 법률서비스 등

④ 개인서비스 – 가사서비스, 호텔, 음식료, 수선, 세탁, 이·미용, 오락 등

[해설] 법률서비스는 사회서비스가 아닌 생산자서비스에 해당한다.

11. 다음 서비스 사회화의 설명 중 (   ) 안에 공통으로 들어갈 알맞은 내용은?

- 서비스의 사회화가 가속되면서 어느 정도의 (   )이(가) 수반되지만 마뉴엘 카스텔의 서비스 유형 중 특히 사회 서비스와 개인 서비스에 (   )이(가) 집중되어 있다.
- 최근 갈수록 서비스 산업이 매우 중요한 역할을 수행함에 따라 감정을 매개로 하는 (   )이(가) 주목을 받고 있다.

① 서비스 노동   ② 육체 노동   ③ 감정 노동   ④ 지적 노동

12. 국내 서비스 노동에 대한 설명이다. 바르지 않은 것은?

① 국내 산업구조가 1차 산업 중심이었던 1970년대와 달리 현재 1차 산업 비중은 10%
미만을 차지한다.

② 1차 산업에 종사하는 인구는 갈수록 줄어들고 3차 산업인 서비스업에 종사하는 인구
의 비중이 갈수록 증가하고 있다.

③ 서비스 산업의 증가와 더불어 나타난 특징의 하나는 서비스 노동의 성격이 전통적인
제조업 빛 육체 노동과 다른 특징을 가지고 있다는 것이다.

④ 국내 서비스업의 경우 고용 비중은 빠르게 높아지고 있으며 고부가가치 업종의 고용
비중이 높다.

13. 국내 서비스 산업과 감정노동에 대한 설명 중 바르지 않은 것은?

① 서비스 사회화의 가속으로 인해 감정노동에 대한 다양한 이슈와 문제점이 발생하고
있으며 특히 접점 직원들의 신체적 · 정신적 질환이 발생하고 있다.

② 노동부 집계에 의하면 감정노동자는 8백만 명에 육박하며, 이는 전체 노동자의
30~40% 수준이다.

③ 감정노동자의 대부분이 서비스 업종에 근무하며 대부분이 저임금, 비정규직 상태로
근무한다.

④ 서비스 산업에서 발생하는 다양한 감정노동의 부작용을 규제할 수 있는 법적 · 제도적
인 방안이 잘 마련되어 있어, 적극적인 대응을 하고 있다.

14. 국내 서비스 사업의 감정노동에 대한 설명 중 (　　　) 안에 들어갈 내용으로 적절하게 짝지어진 것은 무엇인가?

> ■ 한국고용정보원에 의하면 국내 (ⓐ) 관련 직업군의 비율이 급속도로 확대되고 있으며, 이 때문에 (ⓑ)에 대한 사회적인 관심이 증가하고 있고 근로자들의 신체적 · 정신적 질환 등의 발생에 관한 우려가 증가하고 있다고 한다.

	ⓐ	ⓑ		ⓐ	ⓑ
①	서비스	감정노동	③	1차 산업	감정노동
②	2차 산업	감성노동	④	서비스	지적노동

15. 서비스의 특징 4가지를 설명한 내용으로 바르지 않은 것은?

① 무형성(Intangibility) : 무형적인 성향을 가지므로 서비스 자체를 설명하는 것이 어려움

② 동시성(Inseparability) : 생산과 소비의 분리가 불가능하며 보통 생산과 소비가 동시에 발생함

③ 이질성(Heterogeneity) : 물적 요소가 서비스 결과의 이질성을 야기하며 표준화 및 품질 통제 곤란

④ 소멸성(Perishability) : 판매되지 않고 소멸되며 혜택과 편익이 발생하지만 저장 · 재활용 불가능

[해설] 이질성의 경우 물적 요소가 아닌 인적 요소가 서비스 결과의 이질성을 야기한다.

16. 고객만족경영과 감정노동에 대한 설명으로 바르지 않은 것은?

① 고객만족경영으로 인한 친절의 강요는 감정노동자들의 인권 문제까지 침해하는 등의 문제점을 야기시키고 있다.

② 고객만족경영을 강화하고 역으로 감정노동을 심화시키는 도구로 미스터리콜과 미스터리쇼퍼, 그리고 평가결과를 인사고과에 반영하는 것이 있다.

③ 고객만족이 직간접적으로 기업 매출에 영향을 주는 요소로 인식하면서 '고객 감정'을

우선시 하는 서비스를 지속적으로 강요하고 있다.

④ 고객만족경영으로 인한 친절한 서비스 제공은 감정노동자를 힘들게는 하지만 감정노
동자들의 인권 문제까지 침해하지는 않고 있다.

17. 고객만족경영이 감정노동에 미치는 영향에 대한 설명으로 바르지 않은 것은?

① 기업의 고객만족경영은 감정노동자의 감정노동을 강화시키고 강요된 친절을 소모하
게 하는 노동으로 전락하고 있다.

② 고객의 심정적인 만족을 위해 자신의 감정을 억누르고 억지 웃음과 강요된 친절로 인
해 극심한 스트레스와 정신적 질환에 시달리고 있다.

③ 기업은 고객의 호감과 우호적인 감정을 이끌어내기 위해 서비스 생산과정에서 고객을
만족시킬 수 있는 감정표현을 하도록 통제하고 있다.

④ 고객만족경영은 친절과 미소를 강제하지도 않을뿐더러 오히려 감정노동에 대한 이해
도를 높여 왜곡된 소비자 인식을 개선시키는 요소로 작용한다.

18. 서비스 사회화에 대한 설명으로 바르지 않은 것은?

① 서비스 산업의 비중이 증가함에 따라 해당 서비스 산업에 종사하는 취업자가 갈수록
증가하는 현상을 의미한다.

② 전통적인 육체노동보다는 세분화된 고객의 요구를 만족시켜야 하는 서비스 노동 성격
의 산업이 증가하면 서비스 사회화가 가속화된다.

③ 서비스 사회화가 가속되면 어느 정도 감정노동이 수반되지만 서비스 유형 중 대부분
개인 서비스와 사회 서비스에 감정노동에 집중되어 있다.

④ 현재 국내 노동시장 구조하에서는 서비스 사회화가 가속될수록 고용의 질이 향상될
수밖에 없다.

[해설] 현재처럼 저임금 비정규직 일자리를 양산하는 현재의 노동시장에서는 고용의 질이 저하될 수밖에 없다.

19. 서비스 사회화와 감정노동에 대한 설명으로 바르지 않은 것은?

① 산업구조에서 점차 서비스 산업의 비중이 높아지면서, 감정노동의 중요성도 커지고 있다.

② 서비스 사회화가 가속될수록 서비스 부문에서 이윤의 원천은 서비스 노동자들이 수행하는 감정노동에서 나온다.

③ 서비스 사회에서 서비스 부문의 경쟁력 강화의 필요성이 제기됨에 따라 감정노동은 갈수록 세분화되고 성별 · 계층별로 동일한 양상을 보인다.

④ 서비스 사회화는 산업구조의 변화와 함께 여가와 소비가 중요해지는 일상생활의 변화는 물론 무엇보다도 노동체제의 커다란 변화를 가져왔다.

[해설] 서비스 사회에서 감정노동은 성별 · 계층별로 각기 다른 양상을 보일 수밖에 없다.

20. 서비스 사회화는 3차 산업 중심으로 재편되며 이러한 변화가 가속화되는 것을 의미한다. 그렇다면 3차 산업으로 묶여진 것은?

① 금융, 교육, 여행

② 금융, 식품 제조, 유통판매

③ 외식, 숙박, 농산물 생산

④ 식품가공, 보석세공, 사회복지

[해설] 농산물 생산은 1차 산업은 식품 제조 및 가공, 유통판매, 보석세공은 2차 산업이다.

감정의 이해

1) 감정의 정의 및 특징

(1) 어원적 의미

① 어떤 현상이나 사건을 접했을 때 마음에서 일어나는 느낌이나 기분을 의미한다.

② 의학적인 용어로는 인간의 생리적 · 심리적 · 사회적인 욕구에 대한 반응으로서 기쁨, 슬픔, 놀라움, 공포, 노여움 등으로 강하게 영향을 받는 상태로 정의한다.

③ 과거에는 감각과 감정을 구별하지 않았으나 근래 들어 감각은 객관적인 반면 감정은 주관적인 것이라 구분한다.

④ 어떤 현상이나 일에 대해서 사람들이 느끼는 반응으로, 정신적 · 생리적 · 행동적인 요소를 모두 포함하는 의미로 사용된다.

⑤ 감정이란 개인의 의식적인 노력에 의해서라기보다는 신경계에서 자동적으로 발생하는 정신 상태로 정의하기도 한다.

(2) 감정의 주요 특징

① 사람마다 다른 주관적인 느낌이나 경험이다.

② 감정은 언어적 표현은 물론, 몸짓과 얼굴 표정 등을 통해 표현되기도 한다.

③ 감정은 두뇌와 신체에 존재하며 신체적으로 변화를 주는 요인이다.

④ 이성적 사고, 감각을 통한 인지된 정보와 구분되지만 모든 정신 작용과 상호작용을 한다.

⑤ 감정은 목표 지향적이고 적응적인 행동을 유발할 수도 있다.

⑥ 감정의 상태에 따른 주관적인 경험은 항상 신체적인 반응을 수반한다(마음에 대한 몸의 반응).

2) 감정 발생 요인

감정의 발생 원인은 크게 4가지로 나눌 수 있는데, 생리적·신체적 원인, 심리적 원인, 사회적 원인, 문화적 원인이 있다.

(1) 감정 발생 원인

① 생리적·신체적 원인은 감정이 발생하는 가장 근본적이고 기본적인 원인은 육체에 있다고 보는 것인데, 예를 들어 어떤 물체에 우리 몸이 긁히면 고통을 느낀다(슬퍼서 우는 것이 아니라 우니까 슬픈 것이다).

② 심리적인 원인은 각자에게 기대되는 요구 수준에 따라 발생한다. 원하는 것을 달성하면 만족하고 달성하지 못하면 불만족스러운 것이 이에 해당한다(만족 및 불만족, 유쾌 및 불쾌함 등).

③ 사회적 원인은 타인과의 관계 속에서 필연적으로 여러 가지 감정이 발생한다. 타인과의 비교로부터 오는 열등감이나 우월감, 경쟁을 통한 승리와 패배, 대상에 대한 좋고 싫음이 발생한다.

⑤ 문화적 요인은 가장 고상한 가치감정이라고 할 수 있는 정조에 의해서도 발생한다. 도덕적 정조, 종교적 정조, 예술적 정조 등이 있으며, 이러한 정조가 채워지지 않을 경우 긍정적 감정과 부정적 감정이 발생한다.

(2) 감정과 정서의 이해 및 관계

① 감정은 어떤 현상이나 일에 대해 발생하는 마음이나 느껴지는 기분을 의미한다.

② 감정이란 정서를 느끼는 것이다(마음속에 드는 정서를 고르는 것과 동일).

③ 감정은 정서가 있어야만 발생할 수 있다.

④ 정서란 개인이 경험하는 감정과 기분을 포괄하는 총체적인 느낌이다.

⑤ 정서는 자극에 대한 심리적인 반응이며, 흔히 말하는 감정은 정서라고 할 수 있다(분노, 공포 등).

⑥ 정서는 일반적으로 감정이나 기분보다 좀 더 장기적이고 안정적으로 유지된다.

⑦ 감정이 어떤 상황에 대해 일시적인 마음의 상태라면, 정서는 지속적인 마음의 상태 또는 분위기라고 할 수 있다.

⑧ 정서는 인간이 삶을 살아가면서 형성된 개별적인 특성이라고 할 수 있다.

⑨ 정서는 마음속에서 발생하는 여러 가지 감정이며, 감정을 불러일으키는 기분이나 분위기이다.

⑩ 정서는 희로애락과 같이 본능적이고 충동적으로 표출되기 쉬운 분위기 및 감정이다.

(3) 기분

① 기분은 자극(의식에 영향을 미치는 요소)에 대한 만족도를 나타내는 심리 작용이라고 할 수 있다.

② 정서는 자극에 대한 심적인 반응이며, 반응은 보통 만족 또는 불만족으로 표출된다.

③ 기분은 이렇게 만족과 불만족과 같은 만족도에 대한 반응이나 결과라고 할 수 있다.

④ 기분은 정서에 포함되며 정서의 일부이다.

3) 조직에서의 감정

(1) 조직에서 감정에 관심을 가지는 이유

① 그동안 기업 조직은 합리적이고 이성적인 방식으로 운영되어야 한다는 논리가 지배적이었다.

② 최근 감정적인 사고가 조직 의사결정에 영향을 미치고 있다.

③ 직원 관리를 위한 감정적인 리더십에 영향을 미친다.

④ 다양한 요인에 의한 감정노동이 증가하고 있다.

⑤ 고객 구매 결정과 기업 이미지에 대해 직·간접적인 영향을 미친다.

⑥ 직원들이 직무를 수행하면서 느끼는 감정에 따라 조직 성과나 조직 분위기가 달라진다.

⑦ 긍정적인 기분(감정)일 때, 직무에 대한 흥미, 열정, 몰입 등 긍정적인 분위기가 조성된다.

⑧ 부정적인 기분(감정)일 때, 스트레스로 인한 불안, 무기력, 적개심 등 부정적인 분위기가 조성된다.

(2) 직무만족의 결정 요인

직무를 수행하면서 느끼는 개인적인 감정이나 신념 또는 생각의 총합을 '직무만족'이라고 하는데, 이를 결정하는 요인은 아래와 같이 4가지로 구성되며 직원들의 직무만족 수준에 영향을 준다.

① 근무환경 : 수행직무 자체, 동료, 상사, 부하, 물리적인 업무 조건, 근로시간, 급여, 직무안정성 등
② 성격 : 개인의 생각, 느낌, 행동하는 데 있어 사람들이 가지고 있는 일관된 행동양식
③ 사회적 영향력 : 동료, 집단, 문화
④ 가치관 : 직업에 대한 가치관, 윤리적 가치관

(3) 조직에서의 감정관리

① 조직 차원에서 직원들의 감정관리가 중요하다는 인식의 전환이 필요하다.
② 조직 내 불안감과 걱정, 스트레스 등 부정적인 감정을 완화 및 최소화를 위해 노력한다.
③ 지지와 격려를 통한 긍정적인 감정을 공유하고 분위기를 조성한다.
④ 비공식적인 커뮤니케이션 방법을 통한 불안감이나 걱정을 감소시키기 위해 노력한다.
⑤ 조직 내 감정관리 및 정서적인 유대감을 향상시킬 수 있는 조직문화를 조성한다.
⑥ 직원의 감정을 이해하고 좋은 방향으로 감정을 통제할 수 있는 감성리더십을 발휘한다.

(4) 감정과 직원몰입

① 직원이 기업의 성공과 성장을 위해 기꺼이 공헌하고자 하는 노력이나 의지 또는 능력을 '직원몰입'이라고 한다.
② 직원몰입은 단순히 조직에 대한 만족에 그치지 않고 조직의 성과 향상에 이성적 · 감성적으로 행동하고 노력하는 상태라고 할 수 있다.
③ 직원몰입은 이성적 · 감성적 · 동기적인 측면으로 구분한다.

구분	주요 내용
이성적인 측면	▪ 조직 목표에 대한 믿음 ▪ 조직이 추구하는 가치에 대한 동의 ▪ 조직 목표에 대한 개인적인 역할에 대한 이해 및 인식
감성적인 측면	▪ 일하기 좋은 일터(Great Workplace)로 인식 ▪ 조직의 일원이라는 자긍심 ▪ 조직에서 주어진 업무 수행에 적극적인 지원
동기적인 측면	▪ 조직 성공을 위한 기대 이상의 노력 ▪ 조직 성공을 위한 스스로의 동기부여(Self-Motivation) 및 자극 ▪ 개인 역량 및 능력의 발휘

④ 연구 결과 직원몰입이 높은 조직은 재무적인 성과가 높게 나타나는 반면, 그렇지 않은 조직은 현저히 낮아진 것으로 조사되었다.

⑤ 최근 조직 내 감정관리가 직원몰입은 물론, 조직 건전성에서도 중요한 요소로 평가되고 있다.

⑥ 특히 감정 소모가 큰 조직일수록 직원의 몰입을 이끌어 내기 위한 감정관리는 필수 요소이다.

⑦ 감정노동 수행으로 인한 부정적인 감정의 발생은 직원몰입을 저하하여 생산성 저하 및 이직률을 증가시킨다.

⑧ 부정적인 성향의 감정적 동요가 커질수록 직원몰입을 저하시키므로 이를 해소하고 긍정적인 감정을 이끌어 내는 커뮤니케이션이나 방안을 마련해야 한다.

3

감정노동의 이해

1) 감정노동의 이해

(1) 감정노동에 대한 개념

① 감정노동은 사전적인 의미로 '사람을 대하는 업무를 수행할 때 조직에서 바람직하다고 여기는 감정을 자신의 감정과는 무관하게 행하는 노동'을 의미한다.

② 감정노동은 고객 서비스 업무를 수행하는 직원이 실제로 느끼는 감정과 다른 감정을 표현해야 할 때 발생한다.

③ '감정노동(Emotional labor)'이라는 용어를 최초로 사용한 것은 혹실드(Hochschild, 1983)로, 감정에 대한 개념을 노동의 요소 및 유형으로 연구되었다.

④ 혹실드는 그의 저서 『The Managed Heart』≫에서 감정노동을 '외적으로 표출되는 표정 및 몸짓을 연기하기 위해 감정을 관리하는 것'으로 정의하였다.

⑤ 서비스 노동에 참여하는 종사자가 조직이 요구하는 기대 수준을 느낌의 규칙에 맞추기 위해 본인의 감정을 스스로 통제하는 것을 의미한다.

⑥ 자신의 실제 감정을 통제하려는 노력과 수용이 가능한 감정을 표현하려는 노력을 하게 되는데, 이러한 직무에 해당하는 감정수행을 감정노동이라고 한다

⑦ 혹실드에 의하면, 감정노동이라는 것이 임금을 받고 파는 행위이므로 교환가치가 있는 것으로 정의하였다.

⑧ 감정이 목적 달성을 위한 수단으로 이용됨에 따라 감정노동이 교환가치를 가진다는 점에서 단순히 사용가치만을 전제하고 있는 '감정업무(Emotional work)'라는 용어와는 구분 지었다.

⑨ 지불될 수 있는 교환가치가 있는 것으로 정의하고 감정이 목적 달성을 위한 수단으로 이용되며 감정노동이 교환가치를 갖는다고 주장하였다.

⑩ 보통 조직에서의 감정노동은 '표면행위(surface acting)'와 '심층행위(deep acting)'로 구

분된다.

⑪ '표면행위(Surface acting)'란 내면의 감정을 숨기고 실제로 발생하지도 않은 감정을 느끼는 척하는 행위를 의미하며 '심층행위(Deep acting)'란 자신이 느끼는 감정과는 다르게 조직이 요구하는 행동(고객이 요구하는 말이나 행동)에 맞추어 자신의 감정이나 행동을 고객에게 맞추는 행위를 의미한다.

⑫ 대부분의 연구학자들에 의하면 표면 행위나 심층 행위를 통해 감정노동이라는 것이 조직이 요구하는 수단으로 활용됨으로써 인간의 감징을 싱업화된다고 주장한다.

⑬ 대부분 감정노동에 대한 연구는 서비스업 종사자들을 대상으로 이루어져 왔으나, 감정노동과 관련한 현상은 서비스업 외에도 동료나 상사와의 인간관계에 의해 조직 효과성이 좌우되는 모든 직무 상황에서 발견된다.

⑭ 감정노동으로 인해 발생한 잠정적 부조화는 감정노동을 행하는 조직 구성원을 힘들게 하며, 따라서 발생한 문제가 적절히 해소되지 않으면 스트레스, 정신적 질환 및 자살까지 갈 수 있다.

⑮ 감정노동을 장기적으로 수행하는 노동자 가운데 상당수가 정신적인 스트레스 누적으로 인해 스마일 마스크 증후군을 비롯한 다양한 질병에 노출되어 있다.

- 스마일 마스크 증후군 : 고객들 대상으로 항상 웃는 모습을 유지해야 한다는 강박감이 심해져서 겉으로는 웃고 있지만 속으로는 우울증과 무기력으로 인해 정신적 · 육체적으로 고통을 받는 증세를 의미한다.

- 인간감정의 상품화(Commercialization of human feeling) : 혹실드가 명명한 것으로, 조직이 규정해 놓은 감정표현규칙에 따라 자신의 감정을 통제하고 표현해야 하는 현상을 말한다.

학자	감정노동의 정의
Hochschild(1983)	<ul><li>개인들이 자신의 감정을 사회적 규범에 적합하게 조절하는 것</li><li>감정노동의 구성 요소는 표면행위와 심층행위로 분류</li><li>표면행위(Surface acting) : 조직에서 직원들이 표현 규범에 맞게 실제로 느끼지 않는 감정을 얼굴 표정, 몸짓, 목소리 톤으로 표현하는 행위</li><li>심층행위(Deep acting) : 조직이 요구하는 행동을 표현하기 위하여 의식적으로 자기 감정을 조절하고 실제로 그런 감정을 느끼도록 몰입하는 행위</li></ul>

학자	감정노동의 정의
Ashforth & Humphery(1993)	▪ 적합한 감정을 표현하는 행동으로 정의 ▪ 감성노동이 인상 관리의 한 유형으로 간주될 수 있는 특징이 있음 ▪ 표현행위와 심층행위 이외에 실제 감정의 표현인 진실 행위 개념을 제시
Morris & Feldman (1993)	▪ 대인간 상호작용 과정에서 조직으로부터 요구되는 적절한 감정들을 표현하는 데 요구되는 노력, 계획 및 통제를 의미 ▪ 개인의 감정 표현을 결정하는 데 개인 특성 및 작업 관련 환경 요인의 중요성을 강조하고 있는 상호작용주의적 관점을 반영
Gross(1998)	▪ 한 개인이 언제 어떤 감정을 가지고, 이들 감정들을 어떻게 경험하고 표현하는지에 영향을 미치는 과정 ▪ 환경으로부터의 감정적 실마리가 개인의 감정반응경향(행동적, 경험적 및 생리학적)을 유발한다는 감정규제모형을 제안
Grandey(2000)	▪ 조직 목표들을 달성하기 위하여 느낌 및 감정표현들을 규제하는 과정 ▪ 표면행위를 반응에 초점을 둔 감정규제 현상으로 이해
Blau et al(2000)	▪ 표면행동을 기초표면행위와 심화표면행위로 세분화 ▪ 기초표면행위 : 고객응대 시 자신의 의지와는 상관없이 서비스를 제공하는 행위 ▪ 심화표면행위 : 까다로운 고객을 응대 시 아무런 감정이 없는 형식적인 서비스를 제공하는 행위

[감정노동에 대한 다양한 정의]

(2) 감정노동의 특징 및 유형

① 기업이나 조직에서는 감정노동자의 감정을 지속적으로 상품화한다.

② 매뉴얼이나 가이드 또는 스크립트 등을 통해 감정노동자들의 감정표현규칙을 만들어 놓고 이를 따를 것을 요구한다(내면화 수용 기대).

③ 감정노동의 부조화를 통해 다양한 정신적 질환을 유발한다.

④ 대고객 업무에 감정 표현의 규칙과 통제 강요는 물론 육체적 · 정신적 질병을 유발하는 것이 감정노동의 가장 큰 문제점으로 지적되고 있다.

⑤ 감정노동의 유형은 감정노동자들이 업무를 수행하면서 겪는 다양한 경험에 기인하고 있으며 특히 폭언, 폭행, 성희롱이 대표적이다.

⑥ 이와 함께 조직에서 요구하는 규범이나 규칙에서 벗어나는 고객의 요구로 인해 발생되는 마찰이나 애로사항이 있다.

⑦ 감정노동에 대한 대응은 고객의 요구에 대해 '순응' 또는 '저항' 형태로 나타난다.

⑧ 순응은 근무 기간이 짧은 직원들에게 자주 나타나고, 저항은 근속 기간이 긴 직원들에게 나타나는데, 저항은 매뉴얼 이행, 고객 골탕 먹이기, 서비스 지연, 고객을 외면하는 방식으로 나타난다.

⑨ 감정노동에 대한 대응은 보통 조직에서 개발한 업무 매뉴얼과 나라에서 제정한 법 제도로 분류할 수 있다.

⑩ 실제 현상에서는 법적 구속력을 가지는 법 제도적인 규정보다는 기업 자체의 대응에 국한된 것이 특징이다.

⑪ 대부분의 기업에서 감정노동자를 보호하기 위한 매뉴얼을 개발하여 운영하고 있으며 전담팀이나 선임 직원들에게 이관하고 있지만, 이는 감정노동자를 보호하기 위한 본질적인 규제라고는 보기 어렵다.

(3) 감정표현규칙에 따른 감정노동의 유형

감정노동은 직무 수행에 의한 감정표현규칙에 따라 크게 3가지로 구분할 수 있다.

① '긍정적 감정노동'은 보살핌이나 배려와 같은 긍정적인 정서성을 나타내는 것이 특징이다.

② 긍정적인 정서성은 상냥함, 친절함, 기쁨, 즐거움, 인내심, 타인의 감정에 대한 느낌과 공감, 밝은 미소와 웃음 등이 있으며 이러한 요소들이 긍정적인 감정노동의 유형이라고 할 수 있다.

③ 긍정적인 표현규칙을 수행하는 직업 유형은 백화점 직원이나 항공기 승무원, 헬프데스크 직원, 식당 종업원 등이 해당한다.

④ '중립적 감정노동'은 무엇보다 객관적이고 공정한 정보를 전달해야 하는 역할을 수행하기 때문에 정서적 중립을 유지해야 한다.

⑤ '중립적 감정노동'은 말 그대로 중립적인 태도와 감정을 유지하는 것이 특징으로 무표정한 태도나 공정성 또는 권위 등이 업무를 특징짓는다.

⑥ 중립적 표현 규칙을 수행해야 하는 직업 유형으로는 의사, 심판, 판사, 카지노 딜러 등이 있다.

⑦ '부정적 감정노동'은 직무 수행과정에서 적대적이고 경멸적인 자세 등 부정적인 정

서성을 최대한 표출해야 하는 직업적인 요구를 받는다

⑦ 부정적인 정서성은 경멸, 화, 분노, 흥분, 공격성, 공포 등이 있으며 이러한 정서성이 외부로는 화난 목소리와 태도로 발현되며 부정적이고 격앙된 정서를 최대한 표출히는 것이 특징이다.

⑧ 부정적 표현 규칙을 수행해야 하는 직업 유형으로는 경찰, 형사, 조사관, 채권추심 업체 직원, 보안업체 직원 등이 있다.

⑷ 감정노동의 구성 요소

① Morris & Feldman은 감정노동의 성격을 고객과의 대면이나 음성을 통하여 직무를 수행하며, 다른 사람의 감정이나 태도, 행위에 영향력을 미치기 위해 감정을 적극적으로 표현해야 한다고 주장하였다.

② 또한 감정 표현에 있어서 정해진 규칙을 준수해야 한다는 점에서 서비스 종업원이 지각하는 감정노동의 중요성은 더욱 부각될 것임을 주장하였다.

③ Morris & Feldman에 의하면, 감정노동의 구성 요소는 감정 표현의 빈도, 요구되는 감정 표현의 주의 정도, 감정 표현의 다양성, 감정적 부조화 등 4가지이다.

④ '감정표현의 빈도'는 직무 차원에서 감정노동을 수행하는 감정노동자들과 고객 상호 간에 규정된 감정 표현의 횟수를 의미한다.

⑤ '요구되는 감정표현의 주의 정도'는 감정노동을 수행하는 데 있어 요구되는 감정 표현이 얼마나 오랫동안 지속되어야 하는지, 그리고 얼마나 강하게 이루어져야 하는지를 나타낸다(지속 기간과 강도).

⑥ '감정표현의 다양성'은 말 그대로 감정노동을 수행하는 감정노동자가 고객이나 상황에 맞추어 표현해야 하는 감정이 자주 바뀌는가를 의미한다.

⑦ 감정의 다양성이 크면 클수록 직원의 감정노동은 더욱 커진다고 주장하였다.

⑧ 마지막으로 '감정적 부조화'는 실제 감정 노동을 수행하는 직원이 느끼는 감정과 조직에서 요구하는 감정 표현 규범이 충돌하는 상태를 의미한다.

⑸ 감정노동의 연구 분석틀

① 최근의 감정노동 연구는 Grandey(2000)의 연구에서 제시되었던 감정노동의 기본 모

델에서 크게 벗어나지 못하고 있다.

② 감정노동에 대한 연구 분석틀은 '상황적 단서 → 감정규제 과정 → 장기적 결과'의 3단계로 설명한다.

③ '상황적 단서'는 상호작용에 따른 기대치와 감정 사건 경험을 포함한다.

분류	구성 요인	구성 내용
상황적 단서	상호작용에 따른 기대치	▪ 직무 유형에 따른 특성을 의미 　– 고객 접촉 빈도 　– 고객 접촉 기간 　– 표현하는 감정의 다양성 　– 표현 규칙 등
	감정적인 사건	▪ 과거의 감정 사건에 대한 기억 　– 긍정적인 경험의 기억 　– 부정적인 경험의 기억

④ '감정규제 과정'은 감정노동을 실행하는 과정으로 표면행위 또는 내면행위라는 전략이 활용되며 일반적으로 '개인적인 요인'과 '조직적인 요인'이 영향을 미친다.

분류	구성 요인	구성 내용
감정규제 과정	개인적인 요인	▪ 감정노동 전략에 영향을 미치는 요소들 　– 개인의 성별 　– 감정의 표현 　– 감정지능 수준 　– 정서 상태(긍정 · 부정) 등
	조직적인 요인	▪ 감정노동 전략에 영향을 미치는 요소들 　– 직무 권한 수준 　– 상사 또는 동료의 지지 수준

⑤ 마지막으로 '장기적인 결과' 요소는 '감정규제 과정'과 같이 '개인'과 '조직'으로 구분
하여 영향을 설명한다.

분류	구성 요인	구성 내용
장기적인 결과	개인 수준의 영향	■ 개인 수준의 영향 　- 소진 　- 직무만족
	조직 수준의 영향	■ 조직 수준의 영향 　- 성과 　- 금지행동(이직)

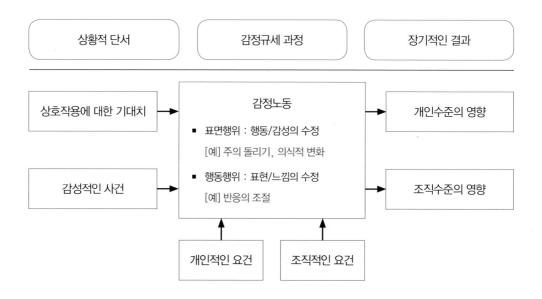

[감정노동의 기본 연구모델] 출처: Grandey, AA. Emotion Regulation in the Workplace

2) 감정노동의 발생 원인

서비스 산업의 발달로 인해 기업간 경쟁이 심해지면서 기업은 고객만족을 위해 더 나
은 서비스 품질(Quality)을 향상시키고자 이성 또는 합리성에 기인한 서비스의 제공이 아

닌 감정(Emotion)을 도입하게 됨에 따라 감정노동이 발생하게 되었다. 이러한 경향을 고려할 때, 감정노동의 발생 원인은 크게 감정노동 종사자의 개인적 특성과 직무 및 조직의 특성에 기인한다.

(1) 직무특성으로 인한 발생 원인

① 감정노동 종사자가 자신의 감정을 조직의 규정과 규범에 의해 맞추는 과정에서 발생한다.

② 해당 업무를 수행하는 과정은 물론, 결과를 책임져야 하는 직무책임감에 의해서도 발생한다.

③ 적시에 서비스를 제공해야 고객이 만족하므로 시간적 압박으로 인해 발생한다.

④ 직무 수행 시 권한위임이나 책임 또는 재량권 등 자율성의 발휘 여부에 의해서도 발생한다.

(2) 개인적인 특성으로 인한 발생 원인

① 감정감화 : 타인과 감정을 공유하는 시점에 타인의 감정이 표출하는 데 동화되는 선천성 민감도

② 정서적 배려 : 타인의 감정에 대해서 자기 중심적으로 받아들이고 반응하는 것

③ 직무감정 : 직무를 수행하는 과정에 자연스럽게 이루어지는 감정이입

(3) 감정노동의 직 · 간접적 유발 요인

유발 요인	주요 내용
기업	▪ 감정을 상품화하는 기업의 경영 전략(고객중심경영, 고객만족경영 등) ▪ 미스터리콜(비대면)과 미스터리쇼퍼(대면)를 통한 모니터링 활동 ▪ 필요 이상의 친절을 강요하는 지침 및 응대 매뉴얼 ▪ 고용불안정, 휴게시설 · 시간 부족, 저임금, 장시간 근로 등 취약한 근로조건 ▪ 과도한 KPI 및 평가제도 실행, 상명하복의 경직된 조직문화 ▪ 직장 내 폭력 : 폭력(Violence)과 위해(Harassment) ⇨ 폭력 : 신체, 언어, 정신적인 폭력 ⇨ 위해 : 집단 따돌림, 괴롭힘, 성희롱 등

유발 요인	주요 내용
고객	■ 과도한 소비자 권리에 기인한 왜곡된 소비자 의식 ■ 블랙컨슈머에 의한 억지, 욕설, 폭력, 성희롱 등 ■ '갑(고객)'과 '을(직원)'의 관계 속에서 행해지는 비이성적 · 비합리적 행위 등
사회/문화적 요인	■ 유교 사회 및 문화에 기인한 여성 노동자 비하(대부분이 여성) ■ 전통적인 예의와 배려 문화가 과도한 친절로 변질된 독특한 서비스 문화 ■ 감정노동에 대한 정의 부재 ■ 감정노동에 대한 사회적인 합의 부재
정부기관 및 단체	■ 감정노동자에 대한 제도적 조치 및 개선의 미흡 ■ 실질적인 감정노동법안의 법제화 및 정책적 대응의 부재 ■ 제도적으로 뒷받침될 만한 조사 및 자료의 미비 ⇨ 감정노동과 연관된 업무상 재해 인정 범위와 승인 미흡

⑷ 주요 감정노동 직업군

감정노동 직업군은 주로 고객과 직 · 간접적인 접촉을 통해 이루어지는 직업을 의미하며, 크게 4개의 형태로 구분한다.

① 고객과의 직접적인 대면을 통해 이루어지는 직업군(항공사 승무원, 백화점 직원 등)

② 직접적인 대면이 아닌 전화, 채팅, 웹 등의 채널을 통해 이루어지는 직업군(콜센터 상담사 등)

③ 개인적인 영역에서 주로 사람을 돌보거나 보호하는 업무를 수행하는 직업군(요양보호사, 간호사, 유치원 및 유아원 보육 교사 등)

④ 공공기관에서 민원 처리 업무를 수행하는 직업군(공공기관 직원, 경찰, 사회복지사, 소방사 등)

⑸ 감정노동자들이 겪는 여러 가지 문제들

① 서비스 자체가 주관적임에도 불구하고 고객의 기대수준에 맞추기 위해 자신의 감정을 숨기거나 억누르면서 직무 수행에 필요한 감정을 억지로 수행해야 한다.

② 감정에 대한 지나친 통제(모니터링)와 관리를 통해 신체적 · 정신적인 질병을 유발

한다.

③ 감정 통제와 관리로 인해 근무 의욕이 저하되고 이직은 물론, 생산성이 저하된다.

④ 지나친 감정노동으로 인해 인권 침해 소지가 있는 업무에 노출되어 있다.

⑤ 헌법에서 보장하고 있는 노동권을 침해당하고 있다.

⑥ 스트레스로 인한 대인관계에 있어 문제가 발생한다.

3) 감정노동 수행 전략

(1) 감정노동 수행 전략의 이해

① 감정노동 수행 전략이란 감정노동을 수행하는 데 있어서 감정노동 문제나 상황을 해결해 나가기 위한 체계적인 활동을 의미한다.

② 감정노동 수행 전략에는 표면행위와 심층행위 그리고 감정일탈과 자발적 연기 등이 있다.

③ 감정노동 수행 전략의 가장 대표적인 유형은 위에서 설명한 Hochschild의 표면행위와 심층행위인데 두 가지 유형은 개인에 의한 정서규제 노력과 표현행위나 행동, 각 개인의 내적인 정서의 변화 등의 차이에 의해서 분류한 것이다.

(2) 감정노동 수행 전략의 유형 및 특징

① 표면행위란 위에서 설명했다시피 내면의 감정을 숨기고 실제로 발생하지도 않은 감정을 느끼는 척하는 행위를 의미한다.

② 심층행위란 자신이 느끼는 감정과는 다르게 조직이 요구하는 행동(고객이 요구하는 말이나 행동)에 맞추어 자신의 감정이나 행동을 고객에게 맞추는 행위를 의미한다.

③ 표면행위와 심층행위는 자연스럽게 적절한 감정을 표현하지 못할 경우에 활용하는 보완적인 감정노동 수행 전략이라는 공통점이 있다(규범적 감정과 내적 감정이 불일치할 경우 발생).

④ 다만 표면행위가 내적인 감정의 변화 없이 규정된 감정에 일치시키려고 하며, 심층행위는 직원이 규정된 감정에 일치하는 방향으로 내적 감정을 변화시키려고 노력한

다는 점에서 차이가 있다.

⑤ 감정노동 수행 전략 중 감정일탈(Emotional Deviation)은 직원이 업무수행 시 요구되는 감정표현규칙을 따르지 않고 다른 감정을 고객에게 표현하는 행위를 의미한다.

⑥ 감정일탈은 표면행위 및 심층행위가 같이 규범적 감정과 내직 김징이 불일치할 경우에 발생한다는 점에서 보완적인 감정노동 수행 전략이라는 공통점을 가진다.

⑦ 다만 표면행위 및 심층행위의 경우 규범적 감정과 내적 감정이 불일치하면 규범적 감정과 일치하는 감정을 표현하려고 하는 반면, 감정일탈의 경우 이러한 시도 없이 자신의 감정을 드러내고 감정노동을 수행한다는 점에서 차이가 발생한다.

⑧ 자발적 연기는 규범적 감정과 내적 감정이 일치하는 상황에서 발생하며, 해당 상황을 내면화함으로써 정신적인 긴장 및 스트레스는 표면 연기에 비해 강도가 낮다는 것이 특징이다.

⑨ 직원이 심층행위를 통한 자발적 연기를 하고 있는 상황에 이르면 감정노동 행위를 수행하고 있더라도 정서적인 긴장이나 스트레스는 상대적으로 적다.

4) 감정부조화

① Hochschild(1983)가 감정노동과 함께 언급한 말로, 교환가치를 가지는 감정노동은 실제 감정 표현을 교환하지만 장기적인 관점에서 본다면 표현이라는 것도 결국 감정과 일정한 관계를 가진다고 주장한다.

② 감정노동을 수행하는 접점 직원들에게 있어서 장기적인 관점에서 보면 감정과 표현을 분리한다는 것 자체가 어렵다고 주장한다.

③ Hochschild(1983)는 감정부조화의 원리를 인지부조화의 원리와 비슷한 방식으로 기능한다고 보았는데, 이는 이후 VanDijk와 KirkBrown(2006)과 같은 많은 학자들에게 영향을 준다.

④ 인지부조화 이론에서는 생각이나 태도, 가치 또는 느낌 등이 행동과 불일치할 때 부조화의 경험을 발생시킨다고 하는 이론이며, VanDijk와 KirkBrown(2006)은 이러한 부조화는 긴장 상태를 유발하여 행동이나 생각 또는 태도를 변하게 하는 동기부여 요소로 작용한다고 주장하였다.

⑤ 감정부조화는 아주 다양한 형태로 정의되며, 많은 학자들의 감정부조화에 대한 정의는 아래와 같다.

학자	감정부조화의 정의
Hochschild (1983)	■ 표현되는 감정이 느낌 규칙은 만족시키지만 내면의 느낌과는 상충될 때 발생 ■ 표현 규칙과 노동자의 실제 감정이 다르고 분리되어야 하는 상황에서 노동자 자신의 감정을 관리해야 할 필요성과 긴장이 발생함
Ashforth & Humphrey (1993)	■ 감정노동의 역기능으로 감정부조화를 제시함 ■ 서비스를 제공하는 종업원들에게 기대되는 것과 경험되는 것과의 차이로 인해 감정부조화가 발생 ■ 이러한 감정부조화가 장기 누적되면 부정적인 역기능이 발생한다고 주장
Morris& Feldman(1996)	■ 진심으로 느끼는 감정과 조직에서 표현되길 요구하는 감정 간의 갈등
Grandcly[2000]	■ 대인적 상호작용 과정에서 조직이 요구하는 감정을 표현하기 위해 자신의 어조, 표정, 몸짓 등을 조절하려는 노력
Abraham et al	■ 감정노동 수행 이후, 자신의 순수한 내적 감정과, 조직이 표현 규칙을 통하여 요구하는 감정 표현 내용이 서로 상충할 경우 경험하게 되는 불편한 느낌이나 갈등 상태

⑥ 감정부조화는 서비스 산업화로 인해 서비스 품질에 대한 긍정적인 경험이나 반응을 이끌어 냄으로써 조직의 경쟁력 제고는 물론 성과를 향상시키는 요인으로 주목받고 있다.

⑦ 접점에서 수행되는 감정부조화를 동반한 감정노동을 통해 고객에 의한 구전 효과는 물론, 반복 구매를 유도한다.

⑧ 이러한 긍정적인 결과를 양산하므로 조직 입장에서는 직원들의 '표정'과 '마음'에 대한 전략적 관리(통제 및 관리를 통한)를 통해 고객만족과 감동을 이끌어 내기 위한 경쟁을 벌인다.

5) 감정노동 관련 주요 이슈

⑴ 국내 감정노동에 대한 주요 이슈

① 근래 들어 감정노동도 사회적 책임의 일부분으로 다뤄져야 한다는 의견이 지배적이다.

② 감정노동 문제가 기업 경영전략에 의한 불필요한 친절 강요나 지나친 통제(모니터링, 인사고과 반영 등)와 연관되어 있다.

③ 감정노동에 대한 기업의 부정적인 측면의 활동 제거가 주된 논쟁이 되고 있는 상황이다.

④ 최근에는 감정노동에 의한 업무상 질병 인정기준에 우울증과 적응장애가 추가되었으나 기업의 비용 부담을 이유로 '적용 제외' 신청하도록 압력을 가하는 원인으로 작용해 이에 대한 개선이 필요한 상황이다.

⑤ 감정노동과 관련하여 감정노동 대응과 규제에 대한 논의가 활발히 이뤄지고 있으나 대부분 개별 감정노동자 치유에 초점이 맞추어져 있다.

⑥ 감정노동과 관련하여 KOSHA Guide 차원의 '감정노동에 따른 직무 스트레스 지침'이 마련되어 있으며 감정노동이 심한 콜센터 근무자를 위한 직무 스트레스 관리지침이 마련되었다.

⑦ 감정노동과 관련하여 많은 국민들이 문제의 심각성을 인식하고 있으며 감정노동을 해소할 수 있는 방안이 법안에 추가되어야 한다는 의견이 지배적이다.

⑧ 감정노동자의 61%가 고객에 의한 괴롭힘을 경험했고 이로 인해 극심한 스트레스에 시달리고 있으며 이에 따라 국가인권위에서 정부·국회에 법제화를 권고한 상태이다.

⑨ 2016년 11월 발의한 감정노동자 보호 법안은 감정노동자들의 인권 및 정신적 스트레스와 건강장애에 대한 보호 방안 등을 마련하도록 하는 내용을 담았다.

⑩ 최근 일부 지자체를 중심으로 감정노동자의 권리를 보호하고 건전한 근로문화 조성과 삶의 질을 향상시키기 위한 '감정노동자 보호 조례'를 제정하고 있다.

⑪ 최근 감정노동자의 감정노동을 더욱 심화시키는 요인으로 블랙컨슈머의 증가가 부각되고 있다.

⑵ 감정노동 관련 조사 자료[1]

① 고객 불만 원인

감정노동자	고객
▪ 고객 대기시간이 길어서 ▪ 해결 권한 없어 상급자·타 부서로 전환해서 ▪ 고객이 필요로 하는 정보 제공의 미흡 ▪ 고객이 원하는 것을 정확히 파악하지 못함 ▪ 고객응대 시 웃지 않아서 ▪ 일어서서 고객응대를 하지 않아서	▪ 오랜 대기 시간 ▪ 잘못에 대한 책임 전가 ▪ 한 번에 해결 못하고 타 부서로 이관 ▪ 필요한 정보 미제공 ▪ 응대 태도에 대한 문제 [예] 무표정, 웃음기 없음, 일어서서 응대 등

② 고객서비스를 제대로 못하는 이유

감정노동자	고객
▪ 너무 다양한 고객의 요구 ▪ 책임감 부족(낮은 근로 조건, 고용 불안) ▪ 일손이 모자라고 바빠서 ▪ 직무훈련이 부족해서 정확히 모름	▪ 저임금 비정규직이어서 책임감 부재 ▪ 게을러서 ▪ 권한위임의 미흡 및 부재 ▪ 일손이 모자라고 바빠서 ▪ 적절한 직무교육을 받지 못해서

⑶ 감정노동이 사회적으로 관심을 끄는 이유

① 점차적으로 감정적인 직업군이 확대되고 있다(서비스 산업의 80% 수준에 육박).

② 감정노동자의 인권을 침해하고 인격을 무시하는 왜곡된 소비자 인식이 확산되고 있다.

③ 감정노동이 더 이상 개인의 문제가 아닌 사회적인 문제(자해 및 자살 등)가 되고 있다.

---

1 해당 자료는 일과건강, 노동환경건강연구소 자료를 인용하여 재작성함(2015)

④ 감정노동이 산업재해를 유발하는 위험요인으로 작용하여 사회적인 비용이 증가되고 있다.

⑤ 감정노동으로 인한 서비스 질의 저하 및 기업의 생산성과 성장에 직·간접적인 영향을 준다.

⑥ 감정노동자에 대한 보호조치와 법적·사회적 제도 마련의 기초가 된다.

⑦ 감정노동은 결국 고용 문제와도 연결되어 있으며, 여성 노동 및 사회양극화 문제를 양산한다.

⑷ 감정노동이 건강에 미치는 영향

① 감정노동이 과도해질 경우 감정부조화 발생, 직무만족도의 저하, 직무 스트레스를 통한 정신적인 탈진이 발생할 수 있다.

② 감정노동으로 인해 공황장애, 우울증은 물론 외상 후 스트레스 장애(트라우마, PTSD), 적응장애 등을 일으킬 수 있다.

③ 일반적으로 여성 감정노동자가 남성 감정노동자에 비해 감정노동으로 인한 스트레스에 더 민감하게 반응하고 취약한 것으로 알려져 있다.

④ 뇌심혈 관계 질환(뇌출혈, 심근경색 등)도 자주 발생하며, 극단적인 정신건강 상태에 이르면 자살로 이어지기도 한다(자율신경계의 부조화를 발생시킴).

⑤ 최근 연구에 의하면 감정노동 종사자들도 목, 허리, 어깨, 근육, 인대, 신경 등 신체 조직에서 통증, 무감각, 불편함이 발생하는 근골격계 질환을 호소한다(지속적인 정신적 긴장 → 근육의 긴장 → 근골격계 질환 증상 호소).

⑥ 현재 관련법은 고객에 의한 폭력이나 폭언에만 관련해서 해당 질환을 인정한다는 것이고, 그 외에 감정노동 및 직무 스트레스로 인해 유발되는 다양한 요인이 반영되지 못한다는 한계가 있다.

⑸ 여성과 감정노동

① 국내 서비스 산업에 종사하고 있는 여성의 비율이 60%를 넘어서 여성이 감정노동과 밀접한 관련이 있다(도소매업의 경우 70% 이상이며 특히 계산원의 경우 97% 수준임).

② 여성이 남성보다는 훨씬 친절하여 서비스 분야 업무에 적합하다는 판단하에 남성보

다는 여성을 선호하고 있다(성별화된 문화와 생물학적 고정관념 등).

③ 국내 여성의 경우 남성보다 가사, 육아, 가정과 직장생활의 양립에 따른 심리적 부담 노출 정도가 심하기 때문에 특히 스트레스에 취약하며 이로 인해 만성피로 및 심각한 건강문제에 직면할 위험이 높다.

④ 여성근로자의 산업재해율 및 관련 업무로 인한 질환이 갈수록 증가 추세에 있으며 질병 유형도 근골격계 질환과 뇌심혈관계 질환이 높게 나타나고 있다.

⑤ 서비스 산업에 종사하는 근로자의 건강수준 비교 시 남성보다 여성이 낮은 수준을 보이고 있으며 특히 감정노동을 많이 수행할수록 건강수준이 낮은 것으로 나타나고 있다.

⑥ 성별에 따라 작업이 분류되고 여성이 하는 일에 대한 사회적 편견이 작용해 산재신청 비율도 남성보다 적으며 산재인정 비율도 적다.

⑹ 여성 감정노동자의 건강이 더 취약한 이유

① 남성에 비해 여성이 열악한 환경이나 작업조건에서 근무하기 때문이다(불평등한 작업환경).

② 남성보다 비정규직이 많으며 소규모 사업장에서 근무하기 때문이다(비정규직의 여성화).

③ 신체적인 차이에 대한 인식이 부족해 각종 작업도구나 환경이 남성 위주로 마련되어 있다.

④ 작업 통제와 권한 및 사회적 지위에 있어 남성보다는 상대적으로 낮아 더 취약한 조건에서 일을 수행할 가능성이 높고 이는 건강에 취약한 결과를 초래한다.

⑤ 직장과 집안 일 병행에 따른 피로 및 스트레스가 가중되기 때문이다(독박육아 등 가사 불균형).

⑥ 대체로 고용이 불안정하고 저임금, 하위직에 근무해 건강 위해요인에 노출될 가능성이 높다.

⑦ 여성 감정노동자의 경우 단순 반복적인 작업동작, 폭력과 부정적인 스트레스 위험, 정신적인 긴장상태 유지 등에 더 많이 노출되어 피로감, 긴장, 스트레스에 지속적으로 노출되어 있다.

⑧ 여성 감정노동자의 경우 정기건강진단, 병가, 주1회 휴일, 연차휴가의 혜택을 받고 있는 비율이 정규직에 비해 현저히 낮고 건강보호를 위한 관리가 취약한 곳에서 근무할 가능성이 높아 건강에 취약하다.

6) 국내외 감정노동 현황

(1) 국내 현황

① 국내의 감정노동은 서비스를 제공하는 직무를 수행하는 과정에서 고객이 원하는 표현을 하는 유형이 많기 때문에 대인관계 능력 및 의사소통 능력과 밀접한 핵심 직무 역량과의 상관관계가 높게 나타난다.

② 국내 감정노동 관련 연구를 보면, 외형적 폭력보다는 심리적 폭력이 더 큰 위협이 가해지는 것으로 나타났다.

③ 아직까지 국내에서는 감정노동자들의 인권을 침해하는 요소가 다양함에도 불구하고, 대응을 위한 구체적인 대처 방안이나 제도적 장치의 마련이 부재하거나 미흡한 것으로 나타난다.

④ 다만, KOSHA guide로서 '감정노동에 따른 직무 스트레스 예방 지침'이나 '작업장의 폭력 리스크 관리 지침', '콜센터 근로자의 직무 스트레스 관리 지침', '근로자의 우울증 예방을 위한 관리감독자용 지침' 등이 제시되고 있다.

⑤ 현행 근로기준법은 고객이나 상급자 또는 동료로부터 당하는 폭언이나 폭행에 대한 제재를 담고 있지 않으며, 직장 내 성희롱에 대한 제재 또한 소극적인 것으로 나타난다.

⑥ 서비스 경쟁이 치열한 업종에서 근무하는 접점 직원들에게서 확연하게 문제가 드러나고 있으며, 감정적 요구도를 가중시키는 요인은 건강에도 밀접한 관계를 보인다.

⑦ 감정노동이 많은 국내의 직종은 음식서비스, 영업 및 판매, 미용·숙박·여행·오락·스포츠, 사회복지 및 종교 순으로 나타난다.

⑧ 항공기 객실 승무원, 홍보 도우미 및 판촉원, 통신서비스 및 이동통신기 판매원, 장례지도사, 아나운서·리포터, 음식서비스 관련 관리자 등이 대표적인 감정노동 직군으로 분류된다.

⑨ 감정노동자 관련 실태조사 결과, 콜센터 또는 은행 창구 직원의 절반이 '우울증상'을 나타낼 정도로 상황이 심각한 것으로 나타났다.

⑩ 고객 대면을 통한 서비스와 비대면을 통해 정보가 제공되는 서비스의 증가는 일자리 성장 변수와 정적 상관관계를 보이고 있어, 감정노동과 밀접한 일자리가 더 창출될 것으로 보인다.

⑪ 감정노동이 높은 직종으로는 건강 관련 직종과 서비스 직종으로 조사되고 있으며, 폭력과 희롱은 감정노동과 크게 연관되어 있어서 감정노동을 크게 가중시키는 요인으로 나타난다.

(2) 해외 현황

① 해외 여러 나라에서도 감정노동에 대한 문제에 관심을 보이고 있으며, EU(유럽연합)에서는 주요 사회심리적 위험요인 중 직장에서의 높은 감정 요구가 10위 안에 포함되는 것으로 나타났다.

② 각 나라에서도 감정노동 문제를 심각하게 인식하고 예방하기 위한 방안을 마련하기 위하여 고심하고 있는데, 나라마다 문화적인 차이로 인하여 다양한 방식으로 접근하고 있다.

② 감정노동을 별도의 독립된 사안으로 이를 예방하기 위한 법적 내용이나 대응은 찾아보기 힘들며, 대부분의 유럽과 북미 국가들은 작업장 폭력 부분에 있어서 법적인 근거를 가지고 있다.

③ 감정노동과 관련하여 구체적으로 작성되어 있는 법령에 따른 규제는 찾아볼 수 없는데, 이는 감정노동 자체의 고유한 특성을 고려할 때 현재까지의 연구 결과들을 바탕으로 공식적이고 적절한 중재 방안을 제시하기 어려운 상황이기 때문이다.

④ 감정노동 문제 해소를 위해 각 나라마다 문화적인 차이로 인하여 다양한 방식으로 접근하고 있으며, 형법·민법을 통한 법 규제, 법적인 규제가 아닌 규정, 실행코드, 합의문 형태로 접근한다.

⑤ 감정노동과 관련한 법 제도 및 지침과 관련해서는 업무 관련 스트레스 또는 사회심리적 위험요인 내에서 감정노동 부분을 함께 다루고 있다.

국가	사례
유럽	▪ 건강과 안전에 대한 기본 지침(Framework Directive)을 통해 사업주는 근로자들이 직무 수행을 하는 과정에서의 건강과 안전을 확보하고 예방 조치를 취해야 한다는 지침을 제공 ▪ 스트레스 요인과 감정노동이 해당 지침에 적용됨
호주	▪ 6가지 예방 지침을 제시하고 준용하도록 독려 ▪ 재량권 부여, 휴식시간 제공, 상황 대처 훈련, 지지 프로그램 제공, 위험관리시스템 도입, 정신학 및 의학적인 지지 제공
캐나다	▪ 사업주는 근로자를 보호하고 예장하기 위한 예방 방침을 수립해야 함 ▪ 예방정책 ⇨ 위험요인확인 ⇨ 평가 ⇨ 통제 ⇨ 검토 ⇨ 대응 ⇨ 보고 및 훈련의 체계를 이행해야 함
일본	▪ 감정노동 관련 질병에 관한 예방 의무를 사업주에게 권고하고 있음 ▪ 국가지원사업을 통해 직무 스트레스 예방 활동을 하고 있음
영국	▪ 사업주는 사업소의 보건안전을 마련하여 근로자를 보호할 일반 의무 명시 ▪ 위반 시 사업주에게 벌금 부가 및 1년 이하의 징역 또는 무제한 벌금 과금

[감정노동 및 근로자 보호 관련 해외 사례]

(3) 국내 감정노동자들이 생각하는 감정노동 관련 문제점 [2]

① 감정노동 관련하여 감정노동자에 대한 보호가 여전히 이루어지지 않고 있다.

② 대기업 중심의 정규직 노동자들도 감정노동에 심각한 수준으로 노출되어 있다.

③ 감정노동의 주요 원인은 부족한 소비자 인식과 '적정 인원 투입의 부족' 때문으로 나타난다.

④ 과도한 친절교육으로 인해 현장에서 부담스러워하는 고객도 있다.

⑤ 감정노동자 보호가 더뎌 감정노동자 보호 입법의 필요성이 제기된다.

⑥ 고객의 폭언, 폭력, 성희롱, 무리한 요구 등 소비자 인식 개선이 시급하다.

---

2 2016년 8월 노동환경건강연구소가 조사한 감정노동 실태조사 분석결과 발표를 근거로 요약 및 재정리하였음

감정노동이론

⑦ 감정노동을 고착화하는 관리가 지속되고 있다(미스터리콜, 미스터리쇼퍼 시행과 불이익 제공).

⑧ 감정노동자 보호를 위한 개선이 시급하며 실제 현장에 필요한 조치가 취해져야 한다.

⑨ 가장 시급한 것은 고객이 욕을 하거나 폭력을 행사(하려)할 때 피할 수 있는 권리가 필요하다.

⑩ 감정노동 위험집단은 다른 정상집단보다 더 많은 피해 · 호소를 하고 있다.

⑷ 국내 감정노동에 대한 소비자들의 주요 인식[3]

① 여전히 문제는 제기되고 있으나 여진히 감정노동자 보호는 미흡하다고 생각한다.

② 소비자 다수의 불쾌한 서비스 경험과 '의미 있는 불쾌함'을 경험하고 있다.

③ 감정노동자가 정확한 정보를 제공하지 못하는 이유는 기업에 있다.

④ 정보제공을 못하는 이유는 직무훈련의 부족, 적정한 인원 투입 부족, 권한위임 부족이다.

⑤ 현장에서 이루어지는 과도한 친절이 부담스럽다.

⑥ 감정노동에 대해서 잘 알고 있으며 고객불만에 대한 일련의 벌칙에 반대한다.

⑦ 소비자에 의한 과도한 행위(성희롱, 폭행, 폭언)에 대해서 자정이 필요하다고 인식한다.

⑧ 소비자 스스로 감정노동자 보호가 필요성에 대해서 인식하고 있다.

⑸ 감정노동 문제 개선을 위해 필요한 조치들

① 고객이 욕을 하거나 폭력을 행사(하려)할 때 피할 수 있는 권리 필요

② 악성고객 전담 부서(전담자) 설치

③ 중간 중간 쉴 수 있는 휴식시간 필요

④ 심리상담을 받을 수 있는 환경 마련

⑤ 현장에 맞는 제대로 된 업무 매뉴얼 제공

---

3 2016년 8월 노동환경건강연구소가 조사한 감정노동 실태조사 분석결과 발표를 근거로 요약 및 재정리하였음.

⑥ 과도하고 불필요하며 상황에 맞지 않는 CS교육 금지

⑦ 제대로 된 직무 교육 및 훈련의 필요

⑧ 고객 불만 제기 시 이를 인사고과에 반영 금지

⑹ 감정노동 구성 요소 및 측정 방식

① 한국산업안전보건공단이 2013년 발표한 「감정노동 근로자의 건강 관리 방안 연구」 보고서에 따르면, 국내 임금근로자 1,700만 명 중 약 740만 명(43.5%)이 감정노동 자라고 추정한 바 있다.

② 2014년 한국고용정보원의 주요 고용 이슈 심층 분석에서는 국내 산업구조가 고객 접점 및 고객 관계 업무를 담당하는 서비스 산업이 빠르게 증가하고 있다고 밝혔다.

③ 한국고용정보는 2014년 한국직업정보시스템(KNOW) 재직자 조사를 바탕으로 감정노동 구성 요소를 대인관계 9개 문항 중 요인 분석을 통해 감정노동과 관련성이 있다고 판단되는 3개 문항으로 종합 설정[4]하였다.

④ 위 표에서 보는 바와 같이 해당 직업의 업무 수행을 위해 아래 조건을 충족해야 하며, 아래 세 문항의 점수를 합산하여 감정노동의 강도를 측정하였다.

  – 다른 사람과의 접촉은 업무 중 절반 이상 접촉

  – 외부 고객 또는 민원인 대응 중요도는 중요함 이상

  – 불쾌하거나 화난 사람 대응 빈도는 주간 1회 이상

감정노동 구성 요소	주요 내용	측정 방식
다른 사람과의 접촉 빈도	▪ 업무 수행을 위해 다른 사람과 전화, 대면, 전자메일 등으로 접촉하는 빈도(업무 중 절반쯤 접촉 + 업무 중 대부분 접촉함 + 업무 중 항상 접촉함)	5점 척도 중 3점 이상
외부 고객 대응 중요도	▪ 업무 수행을 위해 외부 고객 또는 민원인을 대응하는 중요도(중요함 + 매우 중요함 + 극도로 중요함)	5점 척도 중 3점 이상

---

4 위 표는 한국고용정보원의 격월지인 2015년 고용동향 10월호에 실린 내용을 발췌하였으며 내용 중에는 감정노동에 대한 구성요소와 정의가 연구자에 따라 다르지만 여기서는 2014년 KNOW 재직자조사 결과(업무환경 중 대인관계 문항)를 바탕으로 설정하였기 때문에 일부 한계가 있을 수 있다고 밝히고 있음

감정노동 구성 요소	주요 내용	측정 방식
불쾌 또는 화난 고객 대응 빈도	▪ 직무 수행을 위해 불쾌하거나, 화나거나 혹은 무례한 사람을 대하는 빈도(주간 1회 이상 + 매일)	5점 척도 중 3점 이상
감정노동	▪ 업무 수행을 위해 다른 사람과의 접촉 빈도가 절반 이상, 외부고객 또는 민원인 대응 업무가 중요하고, 불쾌하거나 화가 난 고객 대응 빈도의 합산 점수	합산 점수 (총 15점) 10점 이상

＊ 점수는 각 직업별로 타인과의 접촉 빈도(5점) + 외부 고객 대응 중요도(5점) + 불쾌하거나 화난 고객 대응 빈도(5점)(을)를 합한 수치로, 점수가 높을수록 감정노동이 많은 직업을 의미함

⑤ 합산 결과 해당 점수가 높을수록 감정노동 강도가 높은 직업이라고 할 수 있으며, 감정노동 직업에 대한 판단 기준도 합산 점수가 10점 이상인 직업으로 설정하였다.

순위	직업	점수	표준편차	순위	직업	점수	표준편차
1	텔레마케터(전화통신판매원)	12.51	2.09	8	신용추심원	11.86	0.85
2	호텔관리자	12.26	1.70	12	상점판매원	11.77	1.88
2	네일아티스트	12.26	1.60	12	검표원	11.77	1.29
4	중독치료사	11.97	1.25	14	치과위생사	11.71	1.54
5	창업컨설턴트	11.94	0.42	15	고객상담원	11.66	1.75
5	주유원	11.94	1.55	16	의료코디네이터	11.63	1.06
7	항공권발권사무원	11.91	2.45	17	바텐더(조주사)	11.60	1.63
8	노점 및 이동판매원	11.86	1.52	17	해양경찰관	11.60	1.48
8	취업알선원	11.86	1.72	19	자동차부품기술영업원	11.57	1.33
8	커리어코치	11.86	1.75	20	법무사	11.54	1.12
				20	건설견적원(적산원)	11.54	1.27

감정노동이 많은 직업 상위 20위 [출처 : 한국고용정보원, 2015]

⑺ 감정노동 직업 특성 분석

① 한국고용정보원에서 제시한 감정노동 강도 측정결과 감정노동은 다른 사람과의 접촉 빈도, 외부 고객 또는 민원인 대응 중요도, 불쾌하거나 화난 사람 대응 빈도 등을 종합적으로 고려했을 때 국내 730개 직업 중 감정노동이 가장 많은 직업은 텔레마케터(전화통신 판매원)(12.51)인 것으로 나타났으며, 호텔관리자 및 네일아티스트(12.26), 중독 치료사(11.97) 등의 순으로 나타났다.

② 조사 결과, 그간 감정노동 직업으로 많이 알려진 항공권발권사무원, 상점판매원, 고객 상담원 등도 20위권 안에 들었으며, 뒤를 이어 경제가 어려워짐에 따라 창업 컨설턴트, 취업알선원, 커리어코치 등의 직업들도 상위권에 올랐다.

③ 또한 조사 결과에 의하면 국내 730개 대표 직업 중 합산 점수가 10점 이상인 감정노동 직업이 차지하는 비중도 29.9%(218개)에 달하는 것으로 나타났다.

④ 감정노동이 많은 직업들을 살펴보면 주로 고객 또는 민원인과 직접 접촉을 통해 직무 수행이 이루어지는 의료, 항공, 경찰, 판매, 유통, 영업, 콜센터 등 서비스 직업군이 대부분을 차지하였다.

⑻ 국내 감정노동의 유형 및 대응 방식의 특징

① 감정노동의 가장 일반적인 유형은 업무 수행 과정에서는 겪는 다양한 애로사항이다.

② 고객으로부터 받는 욕설, 성희롱, 폭행과 업무 규정에 어긋나는 무리한 요구 등이 대표적이다.

③ 감정노동에 대한 대응 방식은 크게 개인에 의한 '개별적인 대응'과 회사 또는 노사 차원의 '조직적인 대응'으로 구분할 수 있다.

④ 개별적인 대응은 이직이나 퇴사, 체념, 개인 치료 형태로 나타나며, 조직적인 대응은 드물기는 하지만 회사 또는 노사가 직접적으로 대응하는 방식이다.

⑤ 감정노동에 따른 저항 방식은 근속 기간에 따라 순응 또는 적극적 저항과 소극적 저항(이)으로 나눌 수 있다.

⑥ 근속 기간에 상관없이 나타나는 저항 방식은 대부분 순응적인 형태로 발현되나, 근속 기간이 오래된 경우 업무 노하우와 경험의 축적으로 인해 적극적인 형태의 저항으로 나타나기도 한다.

⑦ 소극적인 저항은 규정(약관 및 계약서, 매뉴얼 등)대로 이행하는 것을 의미하고, 적극적인 저항으로는 서비스 지연이나 고개 외면, 기만, 증거 확보 등이 있다.

⑧ 보통 순응 및 저항은 업무에 대한 재량권과 의사결정 권한의 제한으로 인해 발생한다.

⑨ 고객대응은 조직적 차원이 아닌 개별적 차원에 의해서 진행되기도 하지만, 고객과의 마찰 발생 시 사안별로 상급자로의 이관 또는 전담 부서로의 이관 등 조직적 차원에서 대응하기도 한다.

⑩ 국내 기업의 대응 양식이나 규제 양식은 크게 3가지로 구분할 수 있는데 노사합의를 통한 방식과 기업이 직접 주도하여 대응하는 방식, 그리고 노조가 주도하는 방식이 대표적이다.

⑪ 아직까지 체계적으로 감정노동에 대해 대응 양식이나 규제 양식을 가지고 접근하는 기업은 드물며, 감정노동에 대한 문제는 대부분 기업 내부 요인보다는 외부적인 요인(시민단체, 정부 및 준정부기관)에 의한 개선 유도가 많은 것이 특징이다.

실전 예상 문제

1. 감정에 대한 특징을 설명한 것으로 바르지 않은 것은?

① 감정은 목표 지향적이고 적응적인 행동을 유발할 수도 있다.

② 감정은 언어적 표현은 물론, 몸짓과 얼굴 표정 등을 통해 표현되기도 한다.

③ 감정은 두뇌와 신체에 존재하며 신체적으로 변화를 주는 요인이다.

④ 이성적 사고, 감각을 통한 인지된 정보와 구분되지 않으며 모든 정신 작용과 상호작용을 한다.

2. 감정에 대한 설명으로 바른 것은?

① 과거에는 감각과 감정을 구별하지 않았으나 근래 들어 감각은 주관적인 반면 감정은 객관적인 것이라 구분한다.

② 어떤 현상이나 일에 대해서 사람들이 느끼는 반응으로, 생리적인 요소는 포함하지 않는다.

③ 감정이란 개인의 의식적인 노력에 의해 발생하는 정신 상태로 정의하기도 한다.

④ 어떤 현상이나 사건을 접했을 때 마음에서 일어나는 느낌이나 기분을 의미한다.

[해설] 감정의 상태에 따른 주관적인 경험은 항상 신체적인 반응을 수반한다.

3. 다음에서 설명하고 있는 감정 발생 원인은 무엇인가?

- 타인과의 관계 속에서 필연적으로 여러 가지 감정이 발생한다.
- 타인과의 비교로부터 오는 열등감이나 우월감, 경쟁을 통한 승리와 패배, 대상에 대한 좋고 싫음이 발생한다.

① 생리적 · 신체적 원인   ② 심리적인 원인   ③ 사회적 원인   ④ 문화적 원인

4. '감정'의 어원적 의미를 설명한 내용 중 옳지 않은 것은?

① 어떤 현상이나 사건을 접했을 때 마음에서 일어나는 이성적인 판단을 의미한다.

② 의학적인 용어로는 인간의 생리적, 심리적 혹은 사회적인 욕구에 대한 반응으로서 기쁨, 슬픔, 놀라움, 공포, 노여움 등으로 강하게 영향을 받는 상태로 정의한다.

③ 개인의 의식적인 노력보다는 신경계에서 자동적으로 발생하는 정신 상태로 정의한다.

④ 근래 들어 감각은 객관적인 반면, 감정은 주관적인 것이라 구분한다.

5. 정서에 대한 설명으로 바르지 않은 것은?

① 정서는 자극에 대한 심리적인 반응이며, 흔히 말하는 감정은 '정서'라고 할 수 있다.

② 정서는 일반적으로 감정이나 기분보다 좀 더 장기적이고 안정적으로 유지된다.

③ 감정이 어떤 상황에 대해 일시적인 마음의 상태라면, 정서는 지속적인 마음의 상태 또는 분위기라고 할 수 있다.

④ 정서는 어떤 현상이나 일에 대해 발생하는 마음이나 느껴지는 기분을 의미한다.

[해설] 감정은 어떤 현상이나 일에 대해 발생하는 마음이나 느껴지는 기분을 의미한다.

6. 다음 설명된 감정의 주요 특징 중 올바른 것은?

① 감정은 두뇌와 신체에 존재하며 정신적으로 변화를 주는 요인이다.

② 감정은 언어적 표현으로 표현 가능하나, 몸짓과 얼굴 표정 등을 통해 표현되지는 않는다.

③ 감정은 목표 지양적이고 적응적인 행동을 유발하기 어렵다.

④ 이성적 사고, 감각을 통한 인지된 정보와 구분되지만 모든 정신 작용과 상호작용을 한다.

7. 아래 설명 중 (   )에 들어갈 알맞은 내용을 고르시오.

> ■ (   )은 크게 4가지로 나눌 수 있는데 생리적·신체적 원인, 심리적 원인, 사회적 원인, 문화적 원인이 있다.

① 감성 발생 요인   ② 감정 발생 요인   ③ 이성 판단 요인   ④ 감성 발달 요인

8. 다음 설명은 감정 발생의 4가지 요인 중 어떤 것에 대한 설명인가?

> ■ 타인과의 관계 속에서 필연적으로 발생하는 여러 가지 감정
> ■ 타인과의 비교로부터 오는 열등감이나 우월감, 경쟁을 통한 승리와 패배, 대상에 대한 좋고 싫음이 발생

① 심리적인 원인   ② 생리적·신체적 원인   ③ 사회적 원인   ④ 문화적 요인

9. 다음 '감정과 정서의 이해 및 관계'에 대한 설명 중 올바르지 않은 것은?

① 감정은 정서가 있어야만 발생한다.

② 감정이란 정서를 느끼는 것이다(마음속에 드는 정서를 고르는 것과 동일).

③ 정서는 일반적으로 감정이나 기분보다 좀 더 단기적이고 불안정적으로 유지된다.

④ 정서란 개인이 경험하는 감정과 기분을 포괄하는 총체적인 느낌이다.

10. 감정이 주요 특징에 대한 설명으로 바르지 않은 것은?

① 감정의 상태에 따른 주관적인 경험은 항상 신체적인 반응을 수반한다.

② 감정은 과정 지향적이고 적응적인 행동을 유발할 수도 있다.

③ 감정은 두뇌와 신체에 존재하며 신체적으로 변화를 주는 요인이다.

④ 이성적 사고, 감각을 통한 인지된 정보와 구분되지만 모든 정신 작용과 상호작용을 한다.

[해설] 감정은 목표 지향적이고 적응적인 행동을 유발할 수도 있다.

11. 조직에서 직무만족의 결정 요인에 대한 설명이다. 올바르지 않은 것을 고르시오.

① 근무 환경 : 수행 직무 자체, 동료, 상사, 부하, 물리적인 업무 조건, 근로시간, 급여, 직무안정성 등

② 성격 : 개인의 생각, 느낌, 행동하는 데 있어 사람들이 가지고 있는 개인적인 행동양식

③ 사회적 영향력 : 동료, 집단, 문화

④ 가치관 : 직업에 대한 가치관, 윤리적 가치관

12. 기분에 대한 설명으로 바르지 않은 것은?

① 기분은 자극(의식에 영향을 미치는 요소)에 대한 만족도를 나타내는 심리 작용이라고 할 수 있다.

② 정서는 기분에 포함되며 기분의 일부이다.

③ 정서는 자극에 대한 심적인 반응이며, 반응은 보통 만족 또는 불만족으로 표출된다.

④ 기분은 이렇게 만족과 불만족과 같은 만족도에 대한 반응이나 결과라고 할 수 있다.

[해설] 기분은 정서에 포함되며 정서의 일부이다.

13. 조직에서 감정에 관심을 가지는 이유 중 바르지 않은 것은?

① 그동안 기업조직은 합리적이고 이성적인 방식으로 운영되어야 한다는 논리가 지배적
이었다.

② 최근 감정적인 사고가 조직 의사결정에 영향을 미치고 있다.

③ 직원들이 직무를 수행하면서 느끼는 감정에 따라 조직 성과나 조직 분위기에 영향을
미친다.

④ 고객 구매 결정과 기업 이미지에 미치는 영향 정도가 미미한 편이다.

14. 직무만족의 결정 요인으로 바르지 않은 것은?

① 근무 환경   ② 성격   ③ 경영철학   ④ 가치관

15. 다음은 감정과 직원몰입에 대한 설명이다. 올바르게 설명한 것은?

① 직원몰입은 조직에 대해 만족하여, 조직 의견에 적극적으로 따르려고 노력하는 상태
를 말한다.

② 적절한 부정적인 감정의 발생은 직원몰입을 높여 생산성을 향상시킨다.

③ 최근 조직 내 감정관리가 직원몰입은 물론 조직 건전성에서도 중요한 요소로 평가되
고 있다.

④ 특히 감정소모가 작은 조직일수록 직원의 몰입을 이끌어 내기 위한 감정관리는 필수
요소이다.

16. 직원몰입에 대한 설명으로 올바른 것은?

① 직원이 스스로의 성공과 성장을 위해 하는 노력이나 의지 또는 능력을 '직원몰입'이라
고 한다.

② 직원몰입은 이성적 · 감성적 · 동기적인 측면으로 구분한다.

③ 최근 조직 내 건강 관리가 직원몰입은 물론 조직 건전성에서도 중요한 요소로 평가되고 있다.

④ 감정소모가 적은 조직일수록 직원의 몰입을 이끌어 내기 위한 감정관리는 필수요소이다.

17. 아래 설명을 읽고 (   ) 안에 들어갈 내용을 순서대로 나열한 것을 고르시오.

- 연구 결과 (ⓐ   )이/가 높은 조직은 재무적인 성과가 높게 나타나는 반면 그렇지 않은 조직은 현저히 낮아진 것으로 조사되었다.
- (ⓑ   ) 수행으로 인한 부정적인 감정의 발생은 직원몰입을 저하시킨다.

	ⓐ	ⓑ
①	직원몰입	감정노동
②	서비스 강도	감성노동
③	동기부여	지적노동
④	직무만족	감정노동

18. 조직에서 감정에 관심을 가지는 이유와 거리가 먼 것은?

① 다양한 요인에 의해 감정노동이 증가했기 때문이다.

② 직원들이 직무를 수행하면서 느끼는 감정에 따라 조직 성과나 조직 분위기에 영향을 미치기 때문이다.

③ 최근 감정적인 사고가 조직 의사결정에 영향을 미치고 있기 때문이다.

④ 직원 감정 관리를 위한 카리스마형 리더십의 영향을 받기 때문이다.

[해설] 직원의 감정을 이해하고 좋은 방향으로 감정을 통제할 수 있는 감성리더십의 발휘가 필요하다.

19. 감정노동에 대한 개념으로 바르지 않는 것은?

① 감정노동은 사전적인 의미로 '사람을 대하는 업무를 수행할 때 조직에서 바람직하다고 여기는 감정을 자신의 감정과는 무관하게 행하는 노동'을 의미한다.

② 감정노동은 고객 서비스 업무를 수행하는 직원이 실제로 느끼는 감정과 다른 감정을 표현해야 할 때 발생한다.

③ 보통 조직에서의 감정노동은 '표면행위(surface acting)'와 '심층행위(deep acting)'로 구분된다.

④ '표면행위(surface acting)'란 자신이 느끼는 감정과는 다르게 자신의 감정이나 행동을 고객에게 맞추는 행위를 의미한다.

[해설] ④번은 심층행위(deep acting)에 관한 설명이다.

20. 다음에서 설명하고 있는 현상은 무엇인가?

> ▪ 고객들 대상으로 항상 웃는 모습을 유지해야 한다는 강박이 심해져서 겉으로는 웃고 있지만 속으로 우울증과 무기력으로 인해 정신적 또는 육체적으로 고통을 받는 증세를 의미한다.

① 인감감정의 상품화　　② 감정부조화　　③ 감정감화　　④ 스마일 마스크 증후군

21. 감정노동의 특징으로 거리가 먼 것은?

① 기업이나 조직에서는 감정노동자의 감정을 지속적으로 상품화한다.

② 감정노동의 부조화를 통해 다양한 정신적 질환을 유발한다.

③ 매뉴얼이나 가이드 또는 스크립트 등을 통해 감정노동자들의 감정표현규칙을 만들어 놓고 이를 따를 것을 요구한다.

④ 순응은 근무 기간이 긴 직원들에게 자주 나타나고, 저항은 근속 기간이 짧은 직원들에게 나타난다.

[해설] 순응은 근무 기간이 짧은 직원들에게 자주 나타나고, 저항은 근속 기간이 긴 직원들에게 나타난다.

22. 다음 중 감정노동에 대한 개념에 대한 설명이 올바르지 않은 것은?

① 고객 서비스 업무 수행 직원이 실제로 느끼는 감정과 다른 감정을 표현해야 할 때 발생한다.

② 사전적인 의미로 '사람을 대하는 업무를 수행할 때 조직에서 바람직하다고 여기는 감정을 자신의 감정과는 무관하게 행하는 노동'이다.

③ '감정노동(Emotionallabor)'이라는 용어를 최초로 사용한 것은 Morris& Feldman로, 감정에 대한 개념을 노동의 요소 및 유형으로 연구했다.

④ 혹실드는 감정노동을 '외적으로 표출되는 표정 및 몸짓을 연기하기 위해 감정을 관리하는 것'으로 정의했다.

23. 감정노동에 대한 설명 중 (   ) 안에 들어갈 내용을 순서대로 나열한 것은?

- (ⓐ   )(이)란 내면의 감정을 숨기고 실제로 발생하지도 않은 감정을 느끼는 척하는 행위를 의미하며 (ⓑ   )(이)란 자신이 느끼는 감정과는 다르게 조직이 요구하는 행동(고객이 요구하는 말이나 행동) 맞추어 자신의 감정이나 행동을 고객에게 맞추는 행위를 의미한다.

	ⓐ	ⓑ
①	감성노동	감정노동
②	표면행위	심층행위
③	감정노동	감성노동
④	심층행위	표면행위

24. 다음 중 감정노동에 대한 개념에 대해 올바르게 설명한 것은?

① 보통 조직에서의 감정노동은 '표면행위(surface acting)'와 '심층행위(deep acting)'로 구분된다.

② 표면행위나 심층행위를 통해 감정노동이라는 것이 조직이 요구하는 목적으로 활용됨으로써 인간의 감정이 재해석된다고 주장한다.

③ 감정노동과 관련한 현상은 서비스업 외의 동료나 상사와의 직무 상황에서는 발견되지 않는다.

④ 감정노동으로 인해 발생한 표면적 조화는 다른 조직 구성원에게 동기부여가 된다.

25. 다음 중 감정노동의 특징에 대한 설명이 올바르지 않은 것은?

① 기업이나 조직에서는 감정노동자의 감정을 지속적으로 상품화한다.

② 매뉴얼이나 가이드 또는 스크립트 등을 통해 감정노동자들의 감정표현규칙을 만들어 놓고 이를 따를 것을 요구한다(내면화 수용 기대).

③ 감정노동의 조화를 통해 다양한 정신적 동조를 유도한다.

④ 대고객 업무에 감정표현의 규칙과 통제 강요는 물론, 육체적·정신적 질병을 유발하는 것이 감정노동의 가장 큰 문제점으로 지적되고 있다.

26. 다음 중 감정노동의 구성 요소에 해당하지 않는 것은?

① 요구되는 감정표현의 주의 정도

② 감정표현의 다양성

③ 감정표현의 빈도

④ 감정적 조화

27. 다음 중 감정노동의 구성 요소에 대한 설명 중 올바르지 않은 것은?

① '감정표현의 빈도'는 직무 차원에서 감정노동자들과 고객 상호 간에 규정된 감정표현의 횟수이다.

② '요구되는 감정표현의 주의 정도'는 감정노동을 수행하는 데 있어 요구되는 감정표현이 얼마나 오랫동안 지속되고 얼마나 강하게 이루어져야 하는지를 나타내는 것(지속기간과 강도)이다.

③ '감정의 다양성'이 크면 클수록 직원의 감정 노동은 더욱 작아진다.

④ '감정적 부조화'는 실제 감정노동을 수행하는 직원이 느끼는 감정과 조직에서 요구하는 감정표현 규범이 충돌하는 상태이다.

28. 다음에서 설명하는 감정노동의 직ㆍ간접적 유발 요인으로 적절한 것은?

- 유교 사회 및 문화에 기인한 여성 노동자 비하
- 전통적인 예의와 배려 문화가 과도한 친절로 변질된 독특한 서비스 문화
- 감정노동에 대한 정의 부재

① 고객   ② 기업   ③ 사회ㆍ문화적 요인   ④ 정부기관 및 단체

29. 감정부조화에 대한 설명으로 바르지 않은 것은?

① 표현되는 감정이 느낌 규칙은 만족시키지만 내면의 느낌과는 상충될 때 발생한다.

② 서비스를 제공하는 종업원들에게 기대되는 것과 경험되는 것과의 차이에 의해 발생한다.

③ 부조화는 심리적 안정 상태를 유발하여 행동이나 생각 또는 태도를 변하게 하는 동기부여 요소로 작용한다.

④ 접점에서 수행되는 감정부조화를 동반한 감정노동으로 고객에 의한 구전효과는 물론 반복 구매를 유도한다.

30. 감정노동이 건강에 미치는 영향으로 보기 어려운 것은?

① 감정노동이 과도해질 경우, 직무 스트레스를 통한 정신적인 탈진이 발생할 수 있다.

② 공황장애, 우울증은 물론 외상 후 스트레스 장애, 적응장애를 일으킬 수 있다.

③ 일반적으로 여성 감정노동자가 남성 감정노동자에 비해 스트레스에 더 취약하다.

④ 현재 관련법은 감정노동 및 직무 스트레스로 인해 유발되는 다양한 질환을 반영한다.

31. 국내 감정노동의 대응 방식에 대한 설명으로 바르지 않은 것은?

① 감정노동에 대한 대응 방식은 크게 개인에 의한 '개별적인 대응'과 회사 또는 노사 차원의 '조직적인 대응'으로 구분할 수 있다.

② 개별적인 대응은 이직이나 퇴사, 체념, 개인 치료형태로 나타난다.

③ 감정노동에 따른 저항 방식은 근무환경에 따라 순응 또는 적극적 저항과 소극적 저항이 있다.

④ 보통 순응 및 저항은 업무에 대한 재량권과 의사결정 권한의 제한으로 인해 발생한다.

[해설] 감정노동에 따른 저항 방식은 근무 환경이 아니라 근속 기간에 따라 나뉜다.

32. 감정노동의 발생 원인 중 직무 특성으로 인한 원인에 대한 설명 중 옳지 않은 것은?

① 직무 수행 시 권한위임이나 책임 또는 재량권 등 자율성의 발휘 여부에 의해서도 발생한다.

② 해당 업무를 수행하는 과정은 물론, 결과를 책임져야 하는 직무책임감에 의해서도 발생한다.

③ 적시에 서비스를 제공해야 고객이 만족하므로 공간적 압박으로 인해 발생한다.

④ 감정노동 종사자가 자신의 감정을 조직의 규정과 규범에 의해 맞추는 과정에서 발생한다.

33. 감정노동의 수행 전략에 대한 설명 중 옳지 않은 것은?

① 감정노동 수행 전략에는 표면행위와 심층행위 그리고 감정일탈과 자발적 연기 등이 있다.

② 감정노동을 수행하는 데 있어서 감정노동 문제나 상황을 해결해나가기 위한 체계적인 활동이다.

③ 표면행위와 심층행위는 개인에 의한 정서규제 노력과 표현행위나 행동, 각 개인의 내적인 정서의 변화 등의 차이에 의해서 분류한 것이다.

④ 자발적 연기는 규범적 감정과 내적 감정이 일치하는 상황에서는 발생하지 않는다.

34. 다음에 나오는 설명은 감정노동의 수행 전략 중 무엇에 대한 설명인가?

- 직원이 업무수행 시 요구되는 감정표현규칙을 따르지 않고 다른 감정을 고객에게 표현하는 행위를 의미한다.
- 규범적 감정과 내적 감정이 불일치할 경우에 발생한다는 점에서 보완적인 감정노동 수행 전략이라는 공통점을 가진다.

① 감정일탈　　　　② 표면행위　　　　③ 자발적 연기　　　　④ 심층행위

35. 감정노동 수행 전략에 대한 설명으로 바르지 않은 것은?

① 감정노동 수행 전략이란 감정노동을 수행하는 데 있어서 감정노동 문제나 상황을 해결해 나가기 위한 체계적인 활동을 의미한다.

② 감정노동 수행 전략에는 표면행위와 심층행위 그리고 감정일탈과 자발적 연기 등이 있다.

③ 감정노동 수행 전략의 가장 대표적인 유형은 Hochschild의 표면행위와 심층행위이다.

④ 표면행위와 심층행위는 조직에 의한 정서규제 노력과 표현행위나 행동, 각 개인의 내적인 정서의 변화 등의 차이에 의해서 분류한 것이다.

[해설] 표면행위와 심층행위는 개인에 의한 정서 규제 노력과 표현 행위나 행동, 각 개인의 내적인 정서의 변화 등의 차이에 의해서 분류한 것이다.

36. 감정표현규칙에 따른 감정노동의 유형에 대한 설명으로 바르지 않은 것은?

① '긍정적 감정노동'은 보살핌이나 배려와 같은 긍정적인 정서성을 나타내는 것이 특징이며 타인의 감정에 대한 느낌과 공감. 밝은 미소와 웃음이 긍정적인 정서성에 해당한다.

② 긍정적 표현 규칙을 수행해야 하는 직업 유형으로는 의사, 심판, 판사, 카지노 딜러 등이 있다.

③ 부정적 표현 규칙을 수행해야 하는 직업 유형으로는 경찰, 형사, 조사관, 채권추심업체 직원, 보안업체 직원 등이 있다.

④ '중립적 감정노동'은 무엇보다 객관적이고 공정한 정보를 전달해야 하는 역할을 수행하기 때문에 정서적 중립을 유지해야 한다.

37. 감정표현규칙에 따른 감정노동 유형과 해당 직업 유형이 잘못 짝지어진 것은?

① 긍정적 감정노동 - 백화점 직원, 항공기 승무원, 고객센터
② 중립적 감정노동 - 의사, 심판, 카지노 딜러, 형사
③ 중립적 감정노동 - 운동경기 심판, 형사, 판사
④ 부정적 감정노동 - 채권추심업체 직원, 보안업체 직원, 형사

[해설] 형사는 부정적 감정노동에 해당하는 직업이다.

38. 아래에서 설명하고 있는 것은 어떤 유형의 감정노동에 해당하는가?

- 무표정한 태도나 공정성 또는 권위 등이 업무를 특징 지음
- 해당 직업 유형으로는 의사, 심판, 판사, 카지노 딜러 등이 있음
- 무엇보다 객관적이고 공정한 정보를 전달해야 하는 역할을 수행

① 부정적인 감정노동　　　② 긍정적인 감정노동
③ 중립적인 감정노동　　　④ 가변적인 감정노동

39. 국내 감정노동의 유형 및 대응 방식의 특징에 대한 설명으로 바르지 않은 것은?

① 감정노동의 가장 일반적인 유형은 업무 수행 과정에서 겪는 다양한 애로사항이다.

② 감정노동에 대한 대응 방식은 크게 '개별적인 대응'과 '조직적인 대응'으로 구분할 수 있다.

③ 감정노동에 따른 저항 방식은 근속 기간에 따라 순응 또는 적극적 저항과 소극적 저항으로 나눌 수 있다.

④ 소극적인 저항은 근속기간이 긴 직원이 고객을 대상으로 서비스 지연이나 고객 외면, 기만, 증거 확보 등의 대응을 하는 것이다.

40. 국내 감정노동 현황에 대한 설명으로 바르지 않은 것은?

① 국내 감정노동의 경우 심리적 폭력보다는 외형적 폭력이 더 큰 위협요소로 작용하는 것으로 나타난다.

② 감정노동자들의 인권을 침해하는 요소가 다양함에도 불구하고, 대응을 위한 구체적인 대처 방안이나 제도적 장치의 마련이 부재하거나 미흡한 것으로 나타난다.

③ 서비스 경쟁이 치열한 업종에서 근무하는 접점 직원들에게서 확연하게 문제가 드러나고 있으며, 감정적 요구도를 가중시키는 요인은 건강에도 밀접한 관계를 보인다.

④ 고객 대면을 통한 서비스와 비대면을 통해 정보가 제공되는 서비스의 증가는 일자리 성장 변수와 정적 상관관계를 보이고 있어, 감정노동과 밀접한 일자리가 더 창출될 것으로 보인다.

[해설] 국내 감정노동의 경우 외형적 폭력보다는 심리적 폭력이 더 큰 위협요소로 작용한다.

41. 여성과 감정노동에 대한 설명으로 바른 것은?

① 여성보다는 남성이 서비스 분야 업무에 적합하다는 판단 하에 여성보다는 남성을 선호하고 있다.

② 여성근로자의 산업재해율 및 관련 업무로 인한 질환이 갈수록 증가 추세에 있으며 질병 유형도 근골격계 질환과 뇌심혈관계 질환이 높게 나타나고 있다.

③ 성별에 따라 작업이 분류되고 여성이 하는 일에 대한 사회적 편견이 작용해 산재신청 비율도 남성보다 높으며 산재인정 비율도 높은 편이다.

④ 서비스 산업에 종사하는 근로자의 건강수준 비교 시 여성보다 남성이 낮은 수준을 보이고 있으며 특히 감정노동을 많이 수행할수록 건강수준이 낮은 것으로 나타나고 있다.

42. 여성 감정노동자의 건강이 더 취약한 이유로 바르지 않은 것은?

① 남성에 비해 여성이 열악한 환경이나 작업조건에서 근무하기 때문이다.

② 가사에 있어 불균형과 직장 일 병행에 따른 피로와 스트레스가 가중되기 때문이다.

③ 대체로 고용이 불안정하고 저임금, 하위직에 근무해 건강 위해요인에 노출될 가능성이 높다.

④ 신체적인 차이에 대한 인식이 부족해 각종 작업도구나 환경이 여성위주로 마련되어 있다.

43. 국내 감정노동자들이 생각하는 감정노동 관련 문제점으로 바르지 않은 것은?

① 감정노동 관련하여 감정노동자에 대한 보호가 여전히 이루어지지 않고 있다.

② 감정노동자 보호를 위한 개선이 시급하며 실제 현장에 필요한 조치가 취해져야 한다.

③ 감정노동의 주요 원인은 부족한 소비자 인식과 '적정 인원 투입의 부족' 때문으로 나타난다.

④ 고객의 폭언, 성희롱, 무리한 요구 등 소비자 인식 개선보다는 직원의 태도 개선이 시급하다.

44. 감정노동 문제 개신을 위해 필요힌 조치라고 보기 힘든 것은?

① 고객이 욕을 하거나 폭력을 행사(하려)할 때 피할 수 있는 권리 필요

② 악성고객 전담 부서(전담자) 설치

③ 고객 불만 제기 시 이를 인사고과에 반영

④ 심리상담을 받을 수 있는 환경 마련

45. 국내 감정노동에 대한 소비자들의 주요 인식에 대한 설명으로 바르지 않은 것은?

① 여전히 문제는 제기되고 있으나 여전히 감정노동자 보호는 미흡하다고 생각한다.

② 소비자 다수의 불쾌한 서비스 경험과 '의미 있는 불쾌함'을 경험하고 있다.

③ 감정노동자가 정확한 정보를 제공하지 못하는 이유는 직원에게 있다.

④ 감정노동에 대해서 잘 알고 있으며 고객불만에 대한 일련의 벌칙에 반대한다.

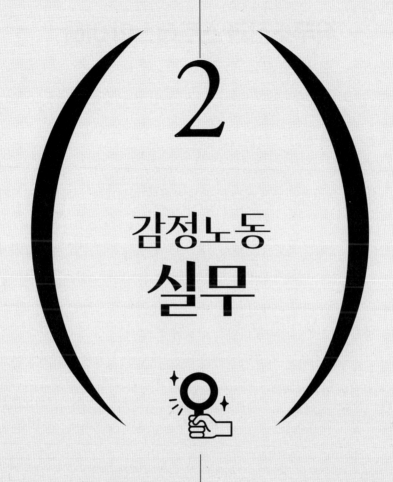

2

감정노동
실무

직무소진과 스트레스의 이해 | 직무 스트레스의 이해 | 감정노동과 감성역량

직무소진과 스트레스의 이해

1) 직무소진과 발생 원인

(1) 직무소진의 개념

① 직무소진이란 장기적인 스트레스를 받기 때문에 나타나는 신체적 · 정서적인 고갈을 의미한다.

② 직무소진이란 장기간 사람들을 대상으로 하는 직업을 전문으로 하는 종사자들이 지속적이고 반복적인 정서적 압박의 결과로 발생하는 탈진 상태(Burnout)를 의미한다.

③ 직무소진이란 개인마다 고유의 특징이나 특성을 가지고 다양한 환경이나 상황에 대응하는 방식이 다르기 때문에 다양한 이론이 존재한다.

④ 개인이 소진을 경험하게 되면 성취감의 감소는 물론, 정서적 박탈감과 함께 부정적 태도나 감정을 가지게 되는 결과를 초래한다고 보는 결과론에 대해서는 동일한 시각을 유지하고 있다.

학자	주요 내용
Freudenberger (1974)	■ 업무로 인해 야기되는 탈진현상을 설명하기 위해 자신에게 주어진 업무를 헌신적으로 수행하였으나 기대했던 성과나 보상 없이 인간적인 회의감과 좌절감을 겪는 상태
Edelwich & Brodsky (1980)	■ 성공적인 직무 수행을 위해 필요한 문제를 해결하지 못하는 상황이 지속되면 업무에 대한 목표의식과 열정이 사라져 학습된 무기력을 경험하게 되고, 결국 업무에 대해 냉담해지고 무관심해져 직무소진을 경험하게 된다고 주장
Clark (1980)	■ 스트레스를 기반으로, 직무소진을 스트레스를 더 이상 감당하지 못 할 때 나타나는 부정적인 자아개념 및 부정적인 근무태도, 환자에 대한 관심 부족 등의 현상을 포함하는 신체적 · 정신적 · 정서적 고갈로 정의

학자	주요 내용
Maslach (1982)	■ 심리적 · 사회적 · 신체적 문제를 도와주는 의료 분야나 백화섬, 호텔 종업원 등 같은 대인 직종의 종사자들에게 많이 발생하며, 긍정적 감정이나 동정심, 존중심을 잃는 경우에 소진 현상이 발생한다고 주장
Schaufeli & Enzmann (1988)	■ 스트레스가 유발되는 요인과 환경에 장기적으로 과도하게 노출되어 발생히는 심리적 · 징서적 · 생리석인 부정적 반응으로 직무소진을 정의
Maslach & Schaufeli (1993)	■ 대인적인 접촉이 많은 직무에서 업무 담당자가 장시간 스트레스 요인에 노출됨으로 인해 겪게 되는 부정적인 심리적 경험이라고 정의
Friedman (2000)	■ 소진을 스트레스 원으로부터 유발되어 스트레스에 대한 반응으로 이어지는 과정으로 보고, 이러한 소진의 과정이 감정적 경로와 인지적 경로로 이루어져 있다고 정의
Maslach, Schaufeli & Leiter (2001)	■ 직무소진을 직무에 대한 만성적인 대인관계의 스트레스에 대한 심리학적 증상으로 정의

(2) 직무소진의 구성 요인

① Maslach(1982)는 직무소진을 감정고갈, 탈인격화, 개인성취감 저하의 세 가지 하위 요인으로 구성된 다차원 개념으로 규명했다.

② 직무소진과 관련하여 이 3가지 하위개념은 직무소진 관련 이론을 설명하는 데 있어 가장 보편적으로 활용되고 있다.

구성요인	발생 원인
감정고갈 (Emotional exhaustion)	■ 직무소진의 핵심적인 요소로, 대인접촉 업무를 수행하는 데 지나치게 많은 감정적 자원을 소모함으로써 심리적으로 피폐해진 상태이다. ■ 감정고갈은 자신에 대한 감정이나 관심, 믿음이 상실된 상태를 포괄한다. ■ 타인과의 과도한 접촉에 의해서 개인의 감정적 자원이 고갈된다. ■ 감정고갈을 유발하는 가장 중요한 원인은 바로 직원에 대한 조직과 타인의 요구이다. ■ 특히 서비스업 종사자들이 오랜 기간 동안 감정고갈에 노출되면 이직이나 생산성 저하를 유발하는 요인으로 작용한다.

구성요인	발생 원인
탈인격화 (Depersonalization)	■ 고객, 동료, 일, 또는 조직으로부터 심리적으로 이탈되어 이들에 대해 냉소적이고 냉담한 태도를 보이는 것을 의미한다. ■ 주로 상대방(고객)에 대한 부정적인 반응으로 인해 발생하는 현상이다. ■ 탈인격화를 경험하는 직원이 자신이 대하는 사람들을 물건처럼 취급 하거나, 자신과 무관하다고 지각하는 경우에 발생한다. ■ 이런 반응은 자기 보호적인 반응으로서 타인과의 관계에서 '완충장치'의 역할을 한다. ■ 탈인격화를 경험한 직원은 자신의 직무에 대한 본분을 망각해 서비스 질(Quality)을 저하시킨다.
개인 성취감 저하 (Diminished personal accomplishment)	■ 자기 자신을 부정적으로 평가하는 경향성을 나타낸다. ■ 이러한 개인 성취감 저하는 자아 존중감을 상실하게 하고 생산성, 능력은 물론 근무 의욕을 저하시킨다. ■ 각 개인들이 일을 하거나 다른 사람들과의 상호관계에 있어서 직무 성취도와 성공 성취감의 감소를 느끼는 것이다. ■ 종업원의 감정고갈 그리고 타인들과의 상호작용을 탈인격화로 인하여 자신이 고객에게 시간과 에너지를 덜 투자하게 됨에 따라 직무에서 능력감 및 성취감의 감소 또한 자신을 부정적으로 평가하는 경향을 경험하게 된다.

③ 직무소진의 하위 차원들을 소진(Exhaustion), 냉소주의(Cynicism), 직업적 효능감 (Professional efficacy)의 감소로 언급하는 견해도 존재한다.

④ 이외에 직무소진의 하위 차원을 고갈과 직무비관여로 구분하는 연구 결과도 존재하는데, 고갈이란 직무긴장과 같이 육체적 · 정신적 탈진 상태로 볼 수 있고, 직무비관여는 직무로부터 거리를 두는 심리적인 이탈 경험으로 볼 수 있다.

⑤ 최근에 직무소진의 개념은 더 포괄적인 직무를 포함하는 방향으로 확장을 거듭하고 있다.

(3) 직무소진에 영향을 미치는 요소

① 매슬랙(Maslach, 2001)은 직무소진에 영향을 미치는 직무 상황 요인에 대해 총정리 하였는데, 이들 요인은 크게 직무적 특성, 직업적 특성, 조직적 특성의 3요인으로 나누었다.

② 조직적인 요인은 조직 문화, 물리적 환경, 직업과 관련되어 있는 상사, 동료 및 조직과의 상호작용 등이 있다. 조직에 있어 감축, 인수합병 등의 변화는 종업원에게 영향을 준다.

③ 직무적 요인은 주로 직무 요구와 직무 자원으로 구성되며, 각각의 구성 요인에 대한 주요 내용을 정리하면 아래와 같다.

구성 요인	발생 원인
직무요구	▪ 직무요구란, 직무담당자에게 지속적인 육체적 혹은 정신적 노력을 요구하는 제반 직무특성이나 측면들을 의미 ▪ 업무부하, 업무 수행을 위한 시간적 압박, 역할 갈등이 대표적인 예 ▪ 직무의 양과 질에 연관되어 있음 ▪ 직무 수량은 주로 직무 부하를 의미 ▪ 직무의 질은 주로 역할의 충돌과 역할 모호 등을 일컬음
직무자원	▪ 주로 사회적 지지, 정보 및 직무 통제 등을 의미 ▪ 직무소진에 영향을 미치는 직업적 특성에 관한 연구는 주로 교육, 의료, 간호사, 판매 등 서비스업에 집중됨 ▪ 이런 업종들은 사람을 상대하여 관심을 주어야 하고 감정노동이 높음

⑷ 직무소진이 발생하는 원인

① 직무소진이 발생하는 원인이 다양하여 어느 한 가지 원인으로 특정 지어 규명하기 어렵다.

② 다양한 원인에 의해서 직무소진이 발생하지만, 일반적으로 개인특성에 의한 원인, 고객에 의한 원인, 근무환경에 의한 원인 등 3가지로 분류할 수 있다.

분류	주요 내용
개인특성	▪ 직무소진이 발생하는 가장 큰 원인 ▪ 동일한 업무를 수행하더라도 개인에 의한 특성이 다르므로 직무 수행에 대한 반응도 다른 형태로 나타남 ▪ 하위 요소 : 나이, 성별, 취미, 성향, 교육, 결혼 유무 등 다양

분류	주요 내용
고객	■ 고객응대 시 발생하는 고객의 무리한 사과 요구 ■ 말꼬리 잡기 및 인격 무시 ■ 욕설, 폭언, 각종 시설물 파손 행위 등
근무환경	■ 개인에게 주어진 환경 및 조건, 조직 및 주변 동료와의 관계를 포함 ■ 불분명한 업무 역할, 과도한 업무량, 저임금, 휴식 시간 및 휴게 공간의 미흡 ■ 공정하지 못한 평가, 권한위임의 부재, 일관성 없는 정책 및 리더십 부재

2) 스트레스의 이해 및 해소 방안

(1) 의미

① 스트레스란 심리학 및 생물학에서 스트레스 요인에 대항하려는 심신의 변화 과정을 의미한다.

② 스트레스 반응은 외부에서 위협을 당하거나 도전을 받을 때 신체를 보호하기 위해 발생한다.

③ 외부에서 압력을 받으면 긴장, 흥분, 불안 등의 생리현상이 일어나는데, 이러한 외부 압력을 '스트레스 요인'이라고 한다.

④ 이러한 스트레스 요인에서 벗어나 원상 복구하려는 반작용을 스트레스라고 한다.

⑤ 외부 압력이라고 할 수 있는 스트레스 요인과 스트레스는 명확히 구분 지어야 한다.

⑥ 캐나다의 한스 셀리에(Selye)는 스트레스를 받을 때 신체에 나타나는 반응을 '일반적 응증후군(General Adaptation Syndrome; GAS)'이라 명명하였다.

⑦ 셀리에의 일반적응증후군은 보통 '경계단계-저항단계-탈진단계'의 3단계로 구분된다.

분류	단계별 주요 내용
경계(경고반응) 단계	■ 스트레스 초기 증상 ■ 신체적인 반응으로 나타남

분류	단계별 주요 내용
경계(경고반응) 단계	<ul><li>입안이 힐고 소화불량 및 근육통, 피로, 식욕부신 능</li><li>체온과 혈압이 떨어지고 심장박동이 빨라지며 근육 수축 등 쇼크 발생</li><li>이후 자동적 기제방어가 작동함 → '역쇼크 단계'라고 함</li></ul>
저항단계	<ul><li>경계반응에도 불구하고 지속될 경우, 적응 또는 저항 형태로 이어짐</li><li>저항단계가 지속될 경우 불면증이나 면역력이 저하됨</li><li>애초의 스트레스 유발 요인에 대한 저항은 증가하나 신체 전반적인 저항력은 저하됨</li></ul>
탈진(소모) 단계	<ul><li>스트레스가 지속될 경우 저항이 어려워 병의 형태로 나타남</li></ul>

① '일반적응증후군(General Adaptation Syndrome; GAS)'의 의미를 분리하면 아래와 같다.

② '일반적인(General)'이란 스트레스 결과가 신체 부위에 영향을 끼친다는 의미이다.

③ '적응(Adaptation)'이란 스트레스 원인에서 신체를 대처하게 하거나 적응하게 한다는 의미이다.

④ '증후군(Syndrome)'이란 스트레스 결과에 의거해 어떤 반응이 일어난다는 의미이다.

⑤ 셀리에는 스트레스 수준 및 강도와 건강 또는 생산성 간의 관계를 '역U자 관계'라고 주장했다.

⑥ 이는 스트레스가 적당한 수준을 유지하면 직무 수행이나 생활 자체도 원활한 반면, 너무 낮거나 과도하면 업무 능률은 물론 직무 수행 능력이나 생산성이 저하된다는 것을 의미한다.

(2) **스트레스의 원인**

① 스트레스 원인을 보통 '스트레서(Stressor)' 또는 '유발 인자'라고도 한다.

② 스트레스 원인은 크게 '외적 요인'과 '내적 요인'으로 구분하지만, 보통 내부 요인에 기인한다.

③ 외적 요인은 주변 환경 또는 일상적인 사건에 의해서 발생하는 스트레스 요인이다.

분류	주요 내용
물리적 요인	▪ 업무 수행장소, 소음 및 진동, 강한 빛이나 열기, 춥거나 더운 업무 환경
화학적 요인	▪ 산소 부족, 음식물 과잉 섭취, 부적절한 약물 복용,
생물학적 요인	▪ 세균, 전염병, 해충, 기생충 등으로 인한 요인
사회적 요인	▪ 가족, 친지, 직장동료, 친구, 상사 등과의 관계에서 오는 요인 ▪ 가장 많은 요인을 차지함
생활 속 요인	▪ 친척의 죽음, 아내와 사별, 실직, 가출 등 생활 속에서 발생하는 요인

④ 내적 요인은 생활양식이나 개인의 특성에 기인하는 스트레스 요인이라고 할 수 있다.

분류	주요 내용
정신적 요인	▪ 가장 많은 비중을 차지하는 스트레스 요인 ▪ 대인관계로부터 오는 정서적 자극 및 상처가 주요 요인으로 작용함 ▪ 남과의 비교, 비관적인 생각, 비현실적인 기대, 경직된 사고 등
신체적 요인	▪ 육체적인 피로가 누적되고 휴식할 기회가 제공되지 못할 경우 발생 ▪ 신체적 피로가 정신적·신체적 피로를 동반하는 경우가 많으며 상호보완적이어서 이에 대한 구분이 쉽지 않음 ▪ 과다한 카페인 섭취, 충분하지 못한 수면, 과도한 업무 등

⑤ 스트레스는 상대적 개념으로 상황 또는 개인에 따라 의미 자체가 달라질 수 있다.

⑥ 스트레스 원인은 다양하며, 각 개인마다 다르게 작용한다.

(3) 스트레스 증상

① 스트레스 증상은 다양한 형태로 나타나는데, 크게 행동적·심리적·신체적인 증상으로 구분한다.

② 스트레스의 수준이나 정도가 과도하거나 그러한 상황이 지속적으로 이어질 경우, 여러 가지 증상을 동반한다.

구분	주요 증상
행동적 증상	▪ 안절부절, 손톱 깨물기, 손이나 말 떨림 ▪ 과음, 과식, 폭음, 과도한 흡연, 마약, 도박 ▪ 자해 행위 또는 타인 구타 행위 등 ▪ 폭력적인 말과 행동
심리적 증상	▪ 근심, 걱정, 불안, 분노, 짜증 ▪ 건망증, 불만족, 우울, 좌절, 신경과민, 집중력 저하
신체적 증상	▪ 과호흡 등의 호흡기계 이상 ▪ 설사, 복통, 속 쓰림, 오심, 구토 등 심혈관계 이상 ▪ 근육 경직, 두통, 피로, 어깨 뭉침 등 골격계 이상 ▪ 수면장애, 성기능 장애, 떨림 ▪ 피부발진, 가려움증, 수족냉증 등

⑷ 스트레스의 반응 단계

① 보통 우리 신체는 스트레스를 받으면 경고기, 저항기, 소진기의 3단계로 반응을 보인다.

② 경고단계는 스트레스에 대항하기 위해 준비하는 단계를 의미하는데, 교감 신경계가 활성화되는 단계로 아드레날린이 분비되어 흥분 및 심장박동수가 빨라진다(생리적 현상 발생).

③ 스트레스를 이해하고 휴식 및 스트레스 관리를 통해 안정적인 상태로 이완될 수 있다.

④ 저항 및 적응단계는 말 그대로 신체가 스트레스에 대항은 물론 적응하려는 단계를 의미하는데, 이 단계에서는 스트레스로 인한 반응으로 인해 특정 부위가 자극을 받을 수 있고 부신피질 호르몬의 분비로 인해 신진대사가 활발해진다.

⑤ 부신피질 호르몬의 분비가 과도하게 증가할 경우, 신진대사가 활발해져 다양한 증상이 야기될 수 있다.

⑥ 일반적으로 신체가 제대로 저항기를 효과적으로 극복해 내지 못하면 질병이 유발될

수 있다.

⑦ 소모 및 탈진단계는 신체가 스트레스에 적응하지 못해 질병으로 발전하는 단계를 의미하며, 신체 조절 능력이 상실되어 많은 문제가 발생한다(탈진 및 죽음에 이름).

⑧ 질병으로 발전할 수 있으므로 이를 위해 저항기 단계부터는 반드시 전문가의 상담을 받는 것이 좋다.

(5) 스트레스 해소 방법

스트레스 해소 방법은 아래와 같이 6개 유형으로 구분할 수 있다.

유형	설명
행동전략에 따른 스트레스 해소	▪ 스트레스는 자극에 대한 생리적, 감정적 반응 ▪ 생리적·감정적 반응요소를 적극적인 행동으로 대처해서 스트레스 관리 [예] 점진적 근육이완, 명상, 최면, 이완 훈련
인지전략에 따른 스트레스 해소	▪ 스트레스를 어떻게 받아들이는가도 중요한 요소 ▪ 스트레스 상황에 대한 태도 및 해석을 변경함으로써 대처 가능 [예] 경직된 사고, 완벽주의 ⇨ 유연하고 합리적인 사고로 전환
운동에 따른 스트레스 해소	▪ 가장 쉽고 효과적인 스트레스 해소 방법 ▪ 운동은 스트레스 완충효과 및 몸의 저항력을 향상시키며 스트레스 후에도 신체가 정상적으로 회복하는 데 시간을 단축해 주는 효과가 있음 [예] 규칙적인 유산소 운동 : 조깅, 자전거 타기, 등산, 달리기 등
영양(음식물 섭취)에 따른 스트레스 해소	▪ 규칙적인 식사 및 체중 유지 ▪ 평소 과일 및 채소를 섭취하고 부족분의 경우 영양제 섭취 ▪ 연어와 같은 항스트레스 호르몬을 섭취하면 스트레스 해소에 도움
동조적(지지적) 정신치료를 통한 스트레스 해소	▪ 상대의 이야기를 수용하는 태도로 들어줌으로써 불안, 갈등을 감소 ▪ 직접적인 동조적 요법 : 설명, 격려, 충고 및 조언 등 ▪ 간접적인 동조적 요법 : 환경 여건 마련을 통한 안심, 안정, 적응
약물치료를 통한 스트레스 해소	▪ 정신과적 평가가 내려진 후 항우울제 또는 항불안제 사용 ▪ 지속적으로 투약해야 하고 신체에 악영향을 주고 건강을 악화시킴 ▪ 약물복용 자체는 스트레스 대응 방법이 아님 ⇨ 보조적인 수단

⑹ **운동을 통한 스트레스 해소 효과**

① 운동은 스트레스로 인한 부정적인 반응을 최소화하는 적극적인 대응 방법 중 하나이다.

② 30분 이상 달리기를 하면 혈액 속 베타 엔도르핀이 생성되어 불안과 걱정 등 스트레스가 일시적으로 해소된다

③ 운동을 하면 세로토닌 분비가 증가하여 도파민(흥분)과 노르아드레날린(불안)을 억제함으로써 평온한 상태를 유지하도록 한다.

④ 신체적인 측면에서 체력 향상 및 근력 강화를 통해 생리적 작용을 활성화한다.

⑤ 자아 존중감이 높아져 타인과의 교류 시 말과 행동에 자신감이 넘친다(원만한 인간관계 형성).

② 직무 스트레스의 이해

1) 직무 스트레스의 이해

직무 스트레스란 직무요건이 근로자의 능력(capabilities)이나 자원(resources), 바람(Needs)과 일치하지 않을 때 생기는 유해한 신체적 · 정서적 반응을 의미하며, 과도한 감정노동 수행 요구는 고통과 직무 스트레스, 과도한 긴장과 정신적 스트레스를 불러일으킬 수 있고, 이는 결과적으로 나쁜 건강 상태를 나타내거나 직무 불만족으로 인한 낮은 질의 서비스 제공으로 연결될 수 있다.

⑴ 직무 스트레스 유발 요인

① 물리적 환경 요인 : 조명, 소음, 공기, 온도, 휴게시설 등 근무 환경 및 조건과 관련

② 직무 관련 요인 : 의사결정 참여, 업무의 과도함 및 역할의 모호성, 역할에 대한 갈등

③ 경력 개발 요인 : 승진, 이동 등 업무 또는 직업적인 성장의 모호성으로 인한 요인

④ 조직수준의 요인 : 조직 문화, 내 · 외부 커뮤니케이션, 조직 내부 정치 등

⑤ 집단 수준의 요인 : 집단 간의 갈등, 지위에 대한 부조화, 집단에 의한 압력, 응집성

⑥ 대인관계에 의한 요인 : 직무 수행 과정 중에서 느끼게 되는 동료 · 상사 · 부하 · 고객과의 관계

⑦ 비직무적인 요인 : 개인 또는 가족 및 지역 커뮤니티가 처한 상황

⑵ 감정노동자가 스트레스 받는 원인

① 감정노동의 경우 스트레스는 서비스 산업의 특성에 기인한 바가 크며 서비스 산업의 급격한 발달과 '고객은 왕'이라는 왜곡된 의식에 의한 과도한 서비스를 요구하는 과정에서 발생한다.

② 고객 대면 시간이 길어지면서 자신과 노동자로서 느끼는 감정의 부조화로 인해 스

트레스가 발생한다.

③ 근로자들이 어떠한 상황일지라도 손님을 상대로 자신의 감정을 숨기고 외적으로는 친절한 표정과 말투, 행동을 유지하도록 강요받기 때문에 발생한다.

④ 기업측이 서비스 업무 수행에 필요한 구체적인 행동 요령에 대한 지침서를 만들어서 배포하고, 지침서대로 잘 따르고 있는지를 수시로 감독하기 때문이다.

⑤ 자신의 실제 감정과 무관하게 기업이나 고객에게 바람직하다고 여겨지는 표정이나 언행 또는 행동을 하도록 직간접적인 처지나 상황에 놓이기 때문이다.

⑥ 근로자가 조직의 행동규칙을 내면화하기를 요구하기 때문에 발생하며, 비윤리적인 고객과 소비문화의 증가 그리고 서비스 직종의 비정규직의 확대 때문에 발생한다.

⑦ 대고객 서비스의 이행이 규정대로 되고 있는지를 내·외부 모니터링 평가(미스터리콜, 미스터리쇼퍼 등)와 이를 인사고과에 반영하는 기업의 조직적인 인사평가 체계로 인해 발생한다.

업종	평가 항목
공통	▪ 인사말, 직원의 표정과 자세, 명찰 착용 여부, 상담 태도, 직원 간 협조, 고객 대기 시간, 주차 안내 여부, 불만 사항에 대한 대처 능력, 매장 정돈, 인테리어의 적절성 등
백화점 의류매장	▪ 반품 시 대처법, 탈의실 청결, 제품 다림질, 가격표 유무 등
음식점	▪ 음식 취급 태도, 음식불만에 대한 대처 방안, 메뉴판 디자인
은행	▪ 투자 상담 처리 능력, 잡지 비치 여부 등

[미스터리쇼퍼의 주요 평가 항목]

⑧ 비대면 대표 채널인 콜센터의 직무 스트레스 유발 요인은 아래와 같다.

요인	주요 내용
물리적 환경	▪ 부적절한 부스나 불편한 의자, 다발적인 응대로 인한 소음, 실내 공기, 부적절한 위생 등

요인	주요 내용
직무	■ 업무 특성상 CS와 판매를 동시에 진행함으로써 업무의 모호성 발생, 야간 근무, 콜폭주 시 비상 대기 및 점심시간 단축, 시간 효율성 기반의 지표(KPI) 운영 등
직무자율성 부족	■ 단조롭고 반복적인 업무, 통화시간의 제한 및 권한위임의 부재
관계 갈등	■ 관리자 간, 상담사 간, 관리자와 상담사 간 갈등, 따돌림, 지침이나 정신적 지지의 부재로 인한 갈등
모니터링(시스템)	■ 시스템(CTI, WFM, QMS 등)에 의한 관리 및 상담품질 평가와 피드백 활동 등 (휴식, 이석, 통화 중, 작업 중, 후처리, 교육 등 업무 통제)
감정노동	■ 친절 중심의 상담품질관리지표로 인한 감정부조화, 고객의 부당한 요구 및 조직 차원에서 친절 대응 강요
언어폭력	■ 고객으로부터의 욕설, 폭언, 성희롱 및 위기 대응 매뉴얼의 부재 ■ 블랙컨슈머 대응에 대한 응대 지침 및 가이드 부재, 평가 불이익 위험

(3) 직무 스트레스의 유형

① 직무 스트레스라는 것을 단순히 불쾌한 일, 경험만을 의미하지 않고 최상의 기쁨이나 흥분을 유발하는 상황하에서도 발생할 수 있다.

② 유익한 측면과 파괴적인 측면을 동시에 지니고 있으며, 적정 수준의 스트레스를 유지시킴으로써 성과를 증대시킬 수도 있다.

③ 직무 스트레스 관련해서 스트레스의 긍정적인 결과에 초점을 맞춘 것을 '유스트레스(Eustress)'라고 하고 부정적인 결과에 초점을 맞춘 것을 '디스트레스(Distress)'라고 한다.

긍정적인 직무 스트레스(Eustress)	부정적인 직무 스트레스(Distress)
■ 바람직하고 좋은 일에서 유도되는 스트레스의 유쾌한 측면 ■ 삶에 있어 동기부여 제공 및 성장에 기여 ■ 당장은 부담스럽더라도 적절한 대응을 통해 건전하고 건설적인 결과를 창출	■ 바람직하지 않고 좋지 않은 일로 인해서 발생하는 스트레스의 부정적 측면 ■ 개인의 건강에 유해한 결과 초래 ■ 유해한 결과: 스트레스를 잘못 관리함으로써 나타나는 일반적 결과

긍정적인 직무 스트레스(Eustress)	부정적인 직무 스트레스(Distress)
▪ 승진, 급여 인상, 포상 수상 ▪ 바람직한 이동 배치, 도전적 직무 이동 ▪ 자신감 제공 및 업무 생산성 및 창의력 향상	▪ 원인 파악 후 사전 발생을 통제하고 예방할 수 있는 조치를 취하는 것이 중요 ▪ 정서적 탈진, 냉소적 감정, 성취감 결여

2) 조직과 직무 스트레스

(1) 직무 스트레스가 조직에 미치는 영향

① 직무 스트레스는 근로자의 능력이나 자원, 바람과 일치하지 않을 때 생기는 해로운 신체적 · 정서적 반응을 의미한다.

② 직무 스트레스로 인한 개인적인 영향은 크게 생리적 영향, 감정적 영향, 인지적 영향, 행동적 영향 등 4가지로 구분된다.

③ 먼저 생리적 영향은 심장박동수의 증가 또는 혈압 상승, 근육의 긴장, 소화기계의 능력 저하 또는 두통, 어지럼증, 심혈관 질환 등 다양한 질병을 유발한다.

④ 감정적 영향으로는 과도한 스트레스로 인해 감정에 문제가 발생하여 수면장애는 물론 우울증, 분노, 짜증, 불안감, 분노, 감정적인 소진(Burn out) 등에 빠지게 된다.

⑤ 인지적 영향은 직무 스트레스로 인해 주의력에 영향을 주어 의식 및 인지하는 능력이나 기능에 부정적인 영향을 미치는데, 집중력 분산, 판단착오 등으로 잦은 업무 실수나 사고를 일으킨다.

⑥ 행동적 영향은 직무 스트레스로 인해 신체에 영향을 미치는데, 흡연, 과음, 과식 등으로 인해 비만 및 신체 불균형을 유발한다.

⑦ 직무 스트레스 결과로 인한 개인적인 영향은 위에서 설명한 4가지 영향으로 구분할 수 있으나 조직에 미치는 결과나 영향 또한 다양한데, 공통된 특징은 조직에 비용적인 손실을 유발한다는 점이다.

⑧ 직무 스트레스로 인해 경영 효율성의 감소는 물론, 의사결정의 혼란과 창의성 결여, 작업 시간의 손실, 이직에 의한 손실, 의료비용 지출의 증가 등 부정적인 결과가 초래된다.

스트레스 반응	주요 내용
생리적 결과	▪ 단기적 : 심장 박동수 증가, 호흡장애, 두통 등 ▪ 장기적 : 위궤양, 혈압, 심장질환, 호흡기 질환 등
감정적 결과	▪ 단기적 : 좌절감, 지루함, 불만, 불신감, 무력감, 기억감퇴, 주의력 감소, 판단력 둔화, 애매성 또는 새것에 대한 거부, 편집증 등 ▪ 장기적 : 사고의 경직화, 폐쇄적이고 부정적인 태도, 자신의 능력에 대한 회의, 동료와 소속집단에 대한 회의 등
행동적 결과	▪ 단기적 : 식욕감퇴, 과음, 외양의 변화, 불규칙한 행동, 사고유발, 거친 행동, 약물 복용 ▪ 장기적 : 알코올 중독, 약물중독, 사회적 부적응 등
인지적 결과	▪ 단기적 : 집중력 분산, 판단 착오, 주의산만 ▪ 장기적 : 잦은 업무 실수나 사고 유발(산업재해), 지적 기능의 감소

⑵ **조직에서 직원의 스트레스를 관리해야 하는 이유**

① 직원 스트레스는 조직 성과와 직 · 간접적인 영향을 미치는 요소이므로 직원 개인이 아닌 조직적인 차원에서 체계적인 관리가 이루어져야 한다.

② 과도한 스트레스는 직원들에게 부정적인 태도를 양산하고 긍정적인 기대감을 감소시킨다.

③ 직원의 스트레스가 많은 조직일수록 직원 이직률, 업무상 재해, 성취동기 저하 등으로 불필요한 비용이 발생한다.

④ 경쟁이 심화된 환경이나 중요한 의사결정을 할 때 필요한 평정심이나 몰입을 유도하는 스트레스에 대한 내성이 성과를 직접적으로 좌우함으로 스트레스를 관리해야 한다.

⑤ 과도한 스트레스로 인해 제대로 실력이나 역량을 발휘하지 못하므로 적절한 스트레스 관리가 필요하다.

⑥ 직원의 회복탄력성이 조직의 성과나 역량에 영향을 미치므로 스트레스를 관리해야 한다.

⑦ '회복탄력성'이란 원래는 제자리로 돌아오는 힘을 의미하나, 학문적인 용어로는 보

통 힘든 역경이나 상황 속에서 발생하는 시련이나 고통을 이겨 내는 힘을 의미한다.

⑧ 향후 스드레스 관리는 스트레스를 제거하는 것이 아닌 스트레스를 효과적으로 다루는 기술을 습득하게 하는 것이 바람직하다.

⑨ 직원 스트레스가 발생하는 원인은 개인에 의한 것도 있지만 대부분 기업 내부에서 발생하는 것이므로 스트레스 관리가 이루어져야 한다(상사와 동료로 인한 스트레스, 실적 압박, 과도한 업무, 업무 방식이나 리더십, 업무 환경이나 조건 등).

(3) 조직 내 직무 스트레스 관리의 장애 요인

조직에서는 스트레스 관리의 필요성에 대해서는 많은 관심을 가지고 있지만 여전히 스트레스는 적절하게 관리되지 않고 있는데, 주요 원인은 아래와 같다.

① 직원 스트레스 관리에 대한 전반적인 이해 및 구체적인 실행 방법에 대한 이해가 부족하다.

② 직원들 스스로가 본인의 스트레스 정도를 알지 못한 채 과도한 스트레스를 경험하더라도 스스로 해결하려는 등 소극적으로 대응하기 때문이다.

③ 성과 지향적인 조직 분위기로 인해 직원들의 과도한 스트레스 관리를 별도로 해 줄 수 없는 조직 분위기나 관리자의 이해 부족으로 인해 발생한다.

④ 스트레스 해소를 위한 제도적 또는 시스템적인 배려가 미흡한 것도 장애 원인 중 하나이다.

3) 직무 스트레스 예방 및 관리

(1) 직무 스트레스 예방 활동 지침 개요

① 산업안전보건연구소의 직무 스트레스 예방 활동 지침은 「산업안전보건법」에 의거해 각 사업장에서 직무 스트레스 예방 활동 추진을 위해 필요한 사항을 규정하는 것을 목적으로 개발한 것이다.

② '직무 스트레스 예방 활동'이란 근로자, 관리감독자, 사업주가 협력해 직무 스트레스 위험요인을 감소시키고 조직이 스트레스의 핵심 원인을 관리하는 활동을 의미한다.

③ '직무 스트레스 위험요인'이란 작업과 관련하여 정신적 · 육체적 자극에 대해 생물학

적 · 심리적 · 행동적 반응을 유발하는 요인을 의미한다.

④ 위험요인은 직무 스트레스 요인 측정 지침인 KOSHA Guide H-67-2012에서 제시한 8개 영역에 해당하는 요인이다(물리적 환경, 직무 요구, 직무자율, 관계 갈등, 직무 불안정, 조직 체계, 보상 부적절, 직장 문화 등).

⑵ 감정노동을 하는 근로자를 위한 스트레스 관리

한국산업안전보건공단에서 제시한 감정노동을 하는 직원을 위한 스트레스 관리는 아래와 같다.

① 감정노동을 하는 직원의 직무 스트레스 예방과 관리를 위하여 크게 일상관리, 조기발견과 조기대응 그리고 직장복귀 지원을 한다.

② 감정노동에 대한 '일상관리'에 해당하는 내용은 아래와 같다.

– 감정노동은 직무 스트레스의 중요한 요인이라는 인식을 한다.

– 산업안전보건교육에 감정노동에 관한 내용을 포함한다.

– 감정노동 자체를 완화시키는 방안을 마련한다.

– 고객과의 갈등이 발생할 때의 조치를 마련한다.

③ 감정노동에 따른 건강문제의 조기발견과 조기 대응해야 하며 이를 위해 평상시와 다른 근로자 태도나 행동을 빨리 알아채야 한다.

④ 조속히 알아채기 위해서는 평소부터 직원들에게 관심을 가지고 평소의 행동양식이나 인간관계에 대해서 알아 두어야 한다.

⑤ 평상시와 다른 직원에 대해서 관리자는 직무상 적절한 대응을 할 필요가 있다.

⑥ 관리자는 평상시와 다르다고 느낀 직원에 대해서는 사내 상담창구, 보건관리자, 산업보건의의 상담을 받게 할 필요가 있다. 산업보건의가 없는 사업장에서는 외부 전문가(직업환경의학 전문의, 정신건강의학과 전문의, 심리 상담사 등)를 활용한다.

⑦ 휴직자의 직장복귀 지원은 휴직자가 복귀할 때에 잘 적응할 수 있도록 복직자의 기분을 이해해 주려고 노력하는 마음을 갖는다.

⑧ 복직자를 지원하기 위해 관리자가 배려할 내용은 아래와 같다.

– 이전 일과 비교해 작업내용이 단순한 일을 노동시간에 알맞은 양만큼 준다.

– 작업의 진척상황이나 어려운 점이 없는지에 대해 말을 건네 꼼꼼하게 확인한다.

- 근무상황이나 출퇴근 등에 대해서는 적절히 관리하고 특별 취급은 하지 않는다.
- 복직자의 심리상태에는 변화가 있으므로 양호한 상태, 저하된 상태, 평균적인 상태인지를 파악해 보건관리자나 산업보건의와 상담하면서 회복상황을 이해한다.
- 장기간에 걸친 정기적인 통원을 필요로 하는 경우에는 통원하는 것을 지지한다.
- 의사가 처방해 준 약을 먹는 것에 대하여 부정적인 발언은 하지 않는다.
- 다른 직원에게 과도한 부담이 가지 않게 주의하고 복귀자를 대하는 방법이나 배려해야 할 점에 대해서도 미리 전달해 둔다.
- 순조롭게 회복되고 있는 것처럼 보이는 경우에도 3~6개월 후에 다시 재발하는 경우도 있다.
- 생각대로 원활하게 잘 되지 않는 경우도 많으므로 산업보건 직원이나 인사노무관리 직원 또는 외부 전문가와 제휴하는 것도 중요하다.

(3) 직무 스트레스 예방 활동 절차

직무 스트레스 예방 활동은 크게 6가지 단계의 절차를 거쳐 시행된다.

절차	주요 내용
예방 활동 사전준비	▪ 취지 및 경영방침 천명 ▪ 예방 활동 참여 유도 및 해당 부서 구성 ▪ 직무 스트레스 예방 교육 및 훈련 실시 ▪ 조직 내 신뢰감 형성 및 협조 유도 ▪ 예방 활동 관련 문서 기록 및 보관
위험요인 확인	▪ 직무 스트레스 요인 측정 도구로 조사 및 위험요인 파악
위험 대상군 선정	▪ 각종 자료와 조사 결과 및 면담, 모니터링을 통해 위험 대상군 선정 ▪ 사업장 자료 : 결근, 지각, 조퇴, 병가, 이직, 성과지표, 직원만족도 ▪ 스트레스 반응지표 　－ 사회심리적 스트레스 지표(Psychosocial Wellbeing Index, PWI) 　－ 정신건강설문지(Patient Health Questionnaire, PHQ-9, PHQ-2) 　－ 알코올 중독검사법(Cut, Annoyed, Guilty, Eye opener, CAGE) 　－ 자살성 사고(Suicidal Ideation)

절차	주요 내용
위험 대상군 선정	■ 개별 및 집단 면접을 통해 업무 절차 및 내용 파악 ■ 파악된 위험요인의 과중 파악(위험요인의 크기, 심각성, 발생 과정)
우선순위 선정 및 개선 대책 수립	■ 위험요인, 위험 대상군 평가 결과 공개(개인정보 관련 주의) ■ 조직 내 위험요인 공유 및 개선 대책 수립 ■ 우수 사례 발굴 ■ 개선 방안에 대한 실현 가능성 여부 확인 및 우선순위 선정
활동 계획 실행	■ 개입 대상이 조직일 경우 　– 주관 부서에서 직무 스트레스 감소와 관련한 우수 사례 공유 　– 개선 필요 부분은 개선 활동 계획 수립(실행 주체, 시기, 방법 등) ■ 개입 대상이 개인일 경우 　– 스트레스 이상 증상 및 스트레스 반응지표가 높으면 전문의 상담 　– 우울증 및 사업장 중대 재해 발생 시 각 해당 지침(KOSHA) 적용 　– 주관 부서는 외부 전문가 활용을 위한 체계 구축(의뢰 및 협조)
예방 활동 평가 및 피드백	■ 사전 평가 결과와 비교 후 직무 스트레스 위험수준 재평가 ■ 평가 및 피드백을 위해 직원, 직원 대표(노조), 사업주 의견 청취 ■ 목표 달성 여부 파악 및 보고 활동 ■ 개선, 보완 사항 리뷰 후 향후 직무 스트레스 예방 활동에 반영

(4) 직무 스트레스 관리 포인트

① 주기적으로 스트레스 원인과 스트레스 수준(정도)이 무엇인지 파악하고 분석한다.

② 원인과 수준을 파악하기 위해서는 정기적인 면담이나 만족도 조사, 토의가 이루어져야 한다.

③ 직무 스트레스를 관리하는 전담 부서를 구성하고, 이를 체계적으로 운영한다.

④ 직원 개인의 특성과 업무의 적합성을 고려하여 업무에 배치한다.

　– 개인의 특성 중 고려해야 할 사항 : 배경지식이나 성격, 신체적인 특징이나 태도, 적성, 능력(역량)

⑤ 직원들의 감정이나 정서를 관리할 수 있는 감성리더십이 발휘되어야 한다.

⑥ 직원들이 업무에 몰입할 수 있는 분위기를 조성한다(편경영, 신나는 일터(GWP) 만들기).

(5) 직무 스트레스 관리 절차

① 직무 스트레스 관리는 '계획–수행–평가'의 단계를 거쳐 진행된다.

단계	주요 수행 활동

계획 수립	■ 직무 스트레스 현황 파악 및 분석
	  – 설문지 또는 면담을 통한 직무 스트레스 수준 파악
	  – 스트레스 및 우울증 진단 조사 항목(진단평가표)
	  – 근무 환경, 스트레스, 만족도(ESI) 등을 수치화함
	  – 부서별 · 연령별 · 성별로 구분
	■ 스트레스 관리 프로그램 계획 수립
	  – 예산 및 지원 조직 확보
	  – 프로그램 내용 및 홍보 방법, 시행 시기 등 결정

수행	■ 직무 스트레스 조사 진행
	  – 조사 결과 진행 후 리뷰 및 분석
	  – 스트레스 정도에 따른 대상 선정(그룹군)
	  – 스트레스 개선 목표 및 개입의 우선순위 결정(개입 정도 포함)
	■ 결과에 따른 분위기 및 환경 조성(스트레스 감소를 위한 프로그램 진행)
	  – 전사적인 스트레스 감소 및 스트레스 관리 캠페인 진행
	  – 직무 스트레스 관리를 위한 지식 및 정보 제공(공유)
	  – 전문가(코칭)를 통한 주기적인 상담 프로그램 운영
	  – 조사 결과에 따른 대상군에 맞는 프로그램 운영
	  – 전 직원 대상 교육 및 훈련 진행(교육, 집체 교육, 워크숍 등)

평가	■ 평가 및 결과 보고
	  – 관리 전 · 관리 후 스트레스 수준 비교 분석
	  – 프로그램 운영에 따른 비용 및 효과 분석
	  – 향후 보완 및 개선 이슈 도출과 향후 활동 계획(특이사항 위주)
	  – 평가 결과는 향후 활동에 있어 개입 전략의 수정 및 보완에 활용
	  – 결과 보고 및 보존

(6) 직무 스트레스 관리 – 개인 차원과 조직 차원

① '스트레스 관리'란 부정적 스트레스 결과의 최소화를 위하여 스트레스 반응을 이해하고 스트레스 요인을 인식하며 스트레스 대처 기법을 이용하여 스트레스를 감소시

키는 프로그램을 의미한다.

② 스트레스 예방은 사전에 스트레스 요인의 통제 및 제거에 초점을 맞춘 것을 의미하고, 관리는 스트레스를 효율적으로 대처하고 감소시키는 절차에 초점을 맞춘다는 점에서 차이가 있다.

③ 개인적인 차원의 스트레스 관리 방법과 조직 차원의 스트레스 관리 방법은 아래와 같다.

구분	방법	내용
개인 차원	인지적 기법	▪ 스트레스 요인에 대한 개인의 반응이 인지적 과정이나 인지적 사고에 의해 조절(자기 위로, 자기 암시, 혼잣말 등)
	바이오 피드백	▪ 놀람, 짜증, 분노, 불안, 화 등으로 인한 신체적·생리적 변화를 전자감지장치나 컴퓨터를 이용해 관찰하고 변화시키려는 방법
	긴장완화훈련	▪ 호흡훈련, 근육이완훈련, 자율훈련, 다양한 정신완화 전략
	초월명상법	▪ 명상을 통해 스트레스를 해소하고 나아가 질병 치유는 물론 건강을 유지하는 방법
	약물 사용, 음식 조절	▪ 신경안정제, 항우울제, 흡연, 커피, 당분이 많은 음식의 절제
	업무 적응하기	▪ 고객의 입장을 이해하려고 노력하고 상황에 직접 적응
	업무와의 분리	▪ 일과 자신을 연관 지어 그 상황을 받아들이면 안 됨
	분노조절 트레이닝	▪ 심호흡, 자극 피하기, 관심 바꾸기, 용서, 소리 지르기 등
	생각 멈추기	▪ 심리적 상처에 대한 생각 중지 및 긍정적 생각
	기타	▪ 충분한 수면, 식이요법, 자기존중, 스트레스 대응 기술 연마 등
조직 차원	근로 조건 개선	▪ 직무 스트레스 요인을 규명하고 변화·제거 ▪ 종업원들의 직무 스트레스에 대한 지각과 이해를 지원 ▪ 물리적 작업 환경 개선(휴게 시설 확충) ▪ 직무 재설계 / 조직 재구조화 ▪ 업무훈련 전 적합성 검사, 위험집단에 대한 특별한 프로그 ▪ 업무량 / 마감 시간 / 휴식 시간 / 업무 중지 ▪ 작업 일정, 신축적 작업 시간, 휴식 시간 변경 ▪ 목표 관리, 목표 설정 프로그램 실시 ▪ 규칙적인 직업적 및 의학적 관찰 및 개선과 보완 활동

감정노동실무

구분	방법	내용
	근로 조건 개선	▪ 역할명료성 및 역할분석 워크숍(Workshop) ▪ 감정노동관리 및 언어폭력, 성희롱, 욕설 등으로부터의 보호 ▪ 종업원들이 스트레스 결과에 효율적으로 대처하도록 지원
	조직 관리 개선	▪ 보상체계 조정 : 엄격한 성과평가 및 공정한 보상 ▪ 선발 · 배치 · 훈련의 공정성 : 개인과 직무의 부적합 관계 해소 ▪ 의사결정과정에 직원 참여 허용: 역할 갈등 및 역할 과중에 따른 스트레스 감소, 적절한 권한의 위임 및 직무자율성 제공 ▪ 직무 정보의 공유 및 커뮤니케이션 채널 활성화

⑺ 직무 스트레스 예방 활동 국내외 사례

구분	분류	주요 내용
국내	A사	▪ 직무 스트레스 위험성 평가 후 부서별 스트레스 개선 활동 시행 (포괄적인 스트레스 관리 프로그램)
	B사	▪ 직무 스트레스 관련 비용 및 인력 자체 운영 ▪ 상담 센터 개설 → 상담, 코칭, 자문, 교육 진행(정신 건강 서비스) ▪ 사업장 스트레스 관리 프로그램 운영
	C사	▪ EAP(직원 지지 프로그램)를 활용 ▪ 직무 스트레스 외 총 10가지의 포괄적인 상담 제공
국외	일본	▪ 직무 스트레스 개입 및 예방 활동(1~3차)을 포괄하는 정신보건 사업 시행
	국제 노동기구	▪ 직무 관련 사회심리학적 문제에 대한 조직적 전략 수립(개입 1단계)
	영국	▪ 직무 스트레스를 받은 사람의 심리적 유연성 강화(개입 2단계)
	스웨덴	▪ 직무 스트레스로 인해 병가를 낸 직원 복귀 시 인터뷰 및 교육을 진행하는 직업 복귀 프로그램(개입 3단계)
	스위스	▪ 자체적으로 건강 증진 활동 기획 및 중소기업대상 웹 기반 건강 증진 활동 도구(SME-Vital)의 지원

⑻ 8단계 직무 스트레스 관리 프로그램

한국산업안전관리공단(KOSHA)에서 제시한 8단계 직무 스트레스 관리 프로그램은 아래와 같다.

① 1단계 : 직무 스트레스의 요인과 증상 파악하기

② 2단계 : 스트레스란 무엇인지 이해하기

③ 3단계 : 직무 스트레스에 대한 자신의 대처 방법 파악하기(스트레스 요인에 대해 그것이 발생한 당시 자신의 감정과 생각을 적는다)

④ 4단계 : 목표 설정 – 스트레스에 효과적으로 대응하기 위한 목표 정하기

⑤ 5단계 : 동기 부여하기

⑥ 6단계 : 인정수정기법 – 생각 바꾸기

⑦ 7단계 : 신체 조절법 익히기

⑧ 8단계 : 생활 습관 개선하기

프로그램	주요 내용
인지도 향상을 위한 홍보	▪ 스트레스에 대한 인지도 강화를 위한 교육 　– 사내방송, 사보, 포스터, 강연, 회의시간 공고 등 통해 홍보
생활 습관 개선 프로그램	▪ 스트레스에 영향을 주는 생활습관 개선 　– 직장 내 건전한 음주(회식)문화 캠페인 시행 　– 허리둘레 5% 줄이기(비만 줄이기를 통한 건강문화 정착) 　– 체력을 단련할 수 있는 공간 마련 　– 사무실(현장)내 환경미화 및 동호회 적극 지원 　– 신체적, 정신적인 균형 유지를 위한 프로그램 운영
직장 문화 개선	▪ 경직된 직장문화 및 분위기 바꾸기 　– 정시퇴근을 통한 야간 근무 축소 　– 조직 내부 소통 강화 및 업무부담 경감 ▪ 조직 내 공감문화 및 자존감을 높이는 교육 프로그램 마련 ▪ 관행적인 직장문화 개선 및 자기 계발할 수 있는 분위기 조성 ▪ 직장 업무와 가정의 조화로운 양립 지지

감정노동실무

프로그램	주요 내용
지지적 환경 마련	<ul><li>휴식을 취할 수 있는 공간 및 시간의 확보(심신수련)</li><li>직원의 사기진작 및 자긍심 고취</li><li>구성원 모두가 수긍할 수 있는 합리적인 의사결정 및 경영방침</li><li>승진 및 합리적인 임금체계</li><li>직무만족도 향상을 위한 예산 확보 및 구체적인 지침 개발</li></ul>

[직무스트레스 관리 프로그램 예시]

⑼ **직무 스트레스에 의한 악영향을 최소화하기 위한 단계별 개입(Intervention) 방법**

① 직무 스트레스에 대한 개입 1단계는 주로 질병 또는 병적인 상태로 발생하기 전 스트레스 정도를 인식 및 조절하는 단계다.

② 1단계에서는 스트레스로 작용하는 다양한 환경에 대한 개선을 통해 직무 스트레스가 발생하지 않도록 하는 데 초점을 맞춘다.

③ 2차 개입 단계에서는 스트레스에 대한 반응 조절 및 치료는 물론 스트레스에 대한 대응이나 분노를 조절하는 방법을 통해 개입한다.

④ 3차 개입 단계는 이미 직무로 인한 스트레스가 발생한 상태에서 더 이상 악화되지 않도록 해당 질병에 대한 치료를 통해 최소화하는 단계이다.

개입 단계	목적	예시
1단계	■ 스트레스 예방 및 선제적인 대응 – 잠재적 위험요소 감소 – 관련 질병, 증상을 경험하기 전 원인 제거	– 직무 재설계 – 업무 부담 경감 – 조직 내부 소통 개선 – 갈등관리기술 향상
2단계	■ 스트레스 개선 – 스트레스 대응 관련 지식, 기술 및 자원 제공 – 스트레스에 대한 반응조절 및 개선	– 인지행동치료 – 분노 조절 훈련 – 스트레스 대응 훈련

개입 단계	목적	예시
3단계	■ 스트레스에 대한 반응 – 관련 증상이나 질병에 치료, 재활, 보상	– 직장복귀요법 – 작업요법(OT) – 치료를 위한 의료 개입

[직무 스트레스 최소화를 위한 단계별 개입방법]

⑤ 다양한 연구 결과에 의하면 1차 개입이 2·3차 개입보다 훨씬 효과적이라고 하는데, 조직 수준의 중재가 개인 수준의 중재에 대한 예방보다 훨씬 효과가 크다.

⑥ 각 개입 단계는 통합적으로 기능할 때 효과가 크며, 2·3단계에서 습득한 문제점을 바탕으로 주요 스트레스 인자를 관리하는 1단계에 피드백을 하는 접근이 바람직하다.

실전 예상 문제

1. 직무소진의 개념에 대한 설명으로 바르지 않은 것은?

① 장기적인 스트레스를 받기 때문에 나타나는 신체적 · 정서적인 고갈을 의미한다.

② 장기간 사람들을 대상으로 하는 직업을 전문으로 하는 종사자들이 지속적이고 반복적인 정서적 압박의 결과로 발생하는 탈진 상태(Burnout)를 의미한다.

③ 개인마다 고유의 특징이나 특성을 가지고 다양한 환경이나 상황에 대응하는 방식이 다르기 때문에 다양한 이론이 존재한다.

④ 직무소진은 정서적 박탈감과 함께 부정적 태도나 감정을 가지게 되는 결과를 초래하지만, 성취감과의 상관관계는 비교적 적은 편이다.

2. 직무소진의 구성 요인의 하나로 보기 힘든 것은?

① 감정고갈(Emotional exhaustion) ② 탈인격화(Depersonalization)
③ 몰개성화(Deindivisuation) ④ 개인 성취감 저하(Diminished personal accomplishment)

3. 탈인격화(Depersonalization)가 발생하는 원인으로 바르지 않은 것은?

① 고객, 동료, 또는 조직으로부터 심리적으로 이탈되어 냉소적이고 냉담한 태도를 보이는 것이다.

② 주로 조직에 대한 부정적인 반응으로 인해 발생하는 현상이다.

③ 탈인격화를 경험하는 직원이 자신이 대하는 사람들을 물건처럼 취급하거나, 자신과 무관하다고 지각하는 경우에 발생한다

④ 탈인격화를 경험한 직원은 자신의 직무에 대한 본분을 망각해 서비스 질(Quality)을 저하시킨다.

[해설] 탈인격화는 주로 고객에 의해서 발생하는 직무소진이다.

4. 직무소진에 영향을 미치는 요소 중 '직무요구'에 대한 설명으로 바르지 않은 것은?

① 지속적인 육체적 혹은 정신적 노력을 요구하는 제반 직무 특성이나 측면들을 의미한다.

② 업무부하, 업무 수행을 위한 시간적 압박, 역할 갈등이 대표적인 예라고 할 수 있다.

③ 직무 수량은 주로 직무 부하를 의미하며, 직무의 양과 질에 연관되어 있지 않다.

④ 직무의 질은 주로 역할의 충돌과 역할 모호 등을 일컫는다.

5. 직무소진이 발생하는 원인은 바르지 않은 것은?

① 동일한 업무를 수행하더라도 개인에 의한 특성이 다르므로 직무 수행에 대한 반응도 다른 형태로 나타난다.

② 직무소진이 발생하는 원인은 주로 고객에 의한 것과 개인적인 특성에 기인한 것이 크며, 근무환경과는 크게 연관이 없다.

③ 고객응대 시 발생하는 고객의 무리한 사과 요구나 인격 무시로 인해 발생한다.

④ 직무소진이 발생하는 원인이 다양하여 어느 한 가지 원인으로 특정 지어 규명하기 어렵다.

6. 아래 예시는 직무소진이 발생하는 원인이다. 성격이 다른 하나는 무엇인가?

① 욕설, 폭언, 각종 시설물 파손 행위

② 권한위임(업무재량권)의 부재

③ 공정하지 못한 평가 및 리더십의 부재

④ 불분명한 업무 역할과 과도한 업무량

[해설] ①은 고객에 의한 직무소진 발생 원인이다.

7. 스트레스에 대한 설명으로 바르지 않은 것은?

① 스트레스란 심리학 및 생물학에서 스트레스 요인에 대항하려는 심신의 변화 과정을 의미한다.

② 스트레스 반응은 외부에서 위협을 당하거나 도전을 받을 때 신체를 보호하기 위해 발생한다.

③ 외부에서 압력을 받으면 긴장, 흥분, 불안 등이 유발되며 이러한 외부 압력을 '스트레스 요인'이라고 한다.

④ 외부 압력이라고 할 수 있는 스트레스 요인과 스트레스를 명확히 구분 지을 필요는 없다.

[해설] 외부 압력이라고 할 수 있는 스트레스 요인과 스트레스는 명확히 구분 지어야 한다.

8. 캐나다의 한스 셀리에(Selye)는 스트레스를 받을 때 신체에 나타나는 반응을 '일반적응증후군 (General Adaptation Syndrome; GAS)'으로 명명하였다. 일반적응증후군에 대한 설명으로 바르지 않은 것은?

① 셀리에는 스트레스 수준 및 강도와 건강 또는 생산성 간의 관계를 U자 관계라고 주장했다.

② '일반적인(General)'이란 스트레스 결과가 신체 부위에 영향을 끼친다는 의미이다.

③ '적응(Adaptation)'이란 스트레스 원인에서 신체를 대처하게 하거나 적응하게 한다는 의미이다.

④ '증후군(Syndrome)'이란 스트레스 결과에 의거해 어떤 반응이 일어난다는 의미이다.

[해설] 셀리에는 스트레스 수준 및 강도와 건강 또는 생산성 간의 관계를 '역(逆)U자 관계'라고 주장했다.

9. 셀리에의 일반적응증후군에 의하면 아래 내용은 어느 단계에 해당하는가?

- 경계반응에도 불구하고 지속될 경우, 적응 또는 저항 형태로 이어짐
- 저항단계가 지속될 경우 불면증이나 면역력이 저하됨
- 애초의 스트레스 유발 요인에 대한 저항은 증가하나 신체 전반적인 저항력은 저하됨

① 경계(경고반응)단계   ② 저항단계   ③ 탈진(소모)단계   ④ 위기단계

10. 스트레스의 요인으로 잘못 짝지어진 것은?

① 물리적 요인 : 업무 수행 장소, 소음 및 진동, 강한 빛이나 열기, 춥거나 더운 업무 환경
② 생물학적 요인 : 세균, 전염병, 해충, 기생충 등으로 인한 요인
③ 사회적인 요인 : 가족, 친지, 직장동료, 친구, 상사 등과의 관계에서 오는 요인
④ 생활 속 요인 : 산소 부족, 음식물 과잉 섭취, 부적절한 약물 복용으로 인한 요인

[해설] 생활 속 요인은 친척의 죽음, 아내와 사별, 실직, 가출 등 생활 속에서 발생하는 요인이다.

11. 스트레스 원인에 대한 설명으로 바르지 않은 것은?

① 스트레스 원인을 보통 '스트레서(Stressor)' 또는 '유발 인자'라고도 한다.
② 스트레스 원인은 크게 '외적 요인'과 '내적 요인'으로 구분하지만, 보통 외부 요인에 기인한다.
③ 외적 요인은 주변 환경 또는 일상적인 사건에 의해서 발생하는 스트레스 요인이다.
④ 스트레스는 상대적 개념으로 상황 또는 개인에 따라 의미 자체가 달라질 수 있다.

12. 스트레스 증상은 다양한 형태로 나타난다. 아래 스트레스 증상은 어떤 형태의 스트레스인가?

- 안절부절, 손톱 깨물기, 손이나 말 떨림
- 과음, 과식, 폭음, 과도한 흡연, 마약, 도박
- 자해 행위 또는 타인 구타 행위 등
- 폭력적인 말과 행동

① 신경적인 증상　　② 행동적인 증상　　③ 심리적인 증상　　④ 신체적인 증상

13. 스트레스의 반응 단계에 대한 설명이다. 이 중 바르지 않은 것은?

① 경고단계는 스트레스에 대항하기 위해 준비하는 단계를 의미하는데, 교감 신경계가 활성화되는 단계로 아드레날린이 분비되어 흥분 및 심장박동수가 빨라진다(생리적 현상 발생).
② 저항 및 적응단계는 말 그대로 신체가 스트레스에 대항은 물론 적응하려는 단계를 의미하는데, 이 단계에서는 스트레스로 인한 반응으로 인해 특정 부위가 자극을 받을 수 있고 부신피질 호르몬의 분비로 인해 신진대사가 활발해진다.
③ 질병으로 발전할 수 있으므로 경고기 단계부터는 반드시 전문가의 상담을 받은 것이 좋다.
④ 소모 및 탈진단계는 신체가 스트레스에 적응하지 못해 질병으로 발전하는 단계를 의미하며, 신체 조절 능력이 상실되어 많은 문제가 발생한다(탈진 및 죽음에 이름).

[해설] 경고기가 아닌 저항기 단계부터는 전문가의 상담을 받는 것이 바람직하다.

14. 스트레스 해소 방법 중 아래에서 설명하고 있는 것은 어떤 유형의 해소 방법인가?

- 스트레스는 자극에 대한 생리적, 감정적 반응
- 생리적 · 감정적 반응요소를 적극적인 행동으로 대처해서 스트레스 관리

  [예] 점진적 근육이완, 명상, 최면, 이완훈련

---

① 행동전략에 따른 스트레스 해소　　② 인지전략에 따른 스트레스 해소
③ 약물치료를 통한 스트레스 해소　　④ 동조적(지지적) 정신치료를 통한 스트레스 해소

15. 스트레스를 어떻게 받아들이는가도 중요한 요소이며, 스트레스 상황에 대한 태도 및 해석을 변경함으로써 대처 가능한 스트레스 해소 방법으로는 경직된 사고나 완벽주의에서 벗어나 유연하고 합리적인 사고로 전환하는 것을 예로 들 수 있다. 이는 어떤 유형의 스트레스 해소 방법인가?

① 동조적(지지적) 정신치료를 통한 스트레스 해소　　② 약물치료를 통한 스트레스 해소
③ 행동전략에 따른 스트레스 해소　　④ 인지전략에 따른 스트레스 해소

16. 감정노동자가 스트레스 받는 원인에 대한 설명으로 바르지 않은 것은?

① 서비스 산업의 급격한 발달과 '고객은 왕'이라는 왜곡된 의식에 의한 과도한 서비스를 요구하는 과정에서 발생한다.
② 고객 대면 시간이 길어지게 되면서 자신의 감정과 노동자로서 느끼는 감정의 부조화로 인해 스트레스가 발생한다.
③ 근로자가 조직의 행동 규칙을 내면화하기를 요구하고 있으며, 윤리적이고 스마트한 고객의 등장으로 인해 이들의 기대 수준을 맞추기 위해 서비스 직종의 정규직의 확대 때문에 발생한다.
④ 서비스 업무 수행에 필요한 구체적인 행동 요령에 대한 지침서를 만들어서 배포하고, 지침서대로 잘 따르고 있는지를 수시로 감독하기 때문이다.

17. 비대면 대표 채널인 콜센터의 직무 스트레스 유발 요인으로 바르지 않은 것은?

① 부적절한 부스나 불편한 의자, 다발적인 응대로 인한 소음, 실내 공기, 부적절한 위생 등

② 업무 특성상 CS와 판매를 동시에 진행해 업무의 모호성 발생, 야간 근무, 콜폭주 시 비상 대기

③ 단조롭고 반복적인 업무, 통화시간의 제한 및 권한위임의 부재

④ 친절 강요 및 억지 웃음과 미스터리쇼퍼를 통한 인사고과 반영에 대한 부담

18. 직무 스트레스에 대한 설명으로 바르지 않은 것은?

① 직무 스트레스라는 것을 단순히 불쾌한 일, 경험만을 의미하며 최상의 기쁨이나 흥분을 유발하는 상황에서는 발생하지 않는다.

② 유익한 측면과 파괴적인 측면을 동시에 지니고 있으며, 저정 수준이 스트레스를 유지시킴으로써 성과를 증대시킬 수도 있다

③ 스트레스의 긍정적인 결과에 초점을 맞춘 것을 '유스트레스(Eustress)'라고 한다.

④ 바람직하지 않고 좋지 않은 일로 인해서 발생하는 스트레스의 부정적 측면을 '디스트레스(Distress)'라고 한다.

[해설] 스트레스는 불쾌, 유쾌 또는 기쁨, 흥분된 상황에 상관없이 발생한다.

19. 아래에서 설명하고 있는 직무 스트레스는 어떤 유형의 직무 스트레스인가?

- 바람직하고 좋은 일에서 유도되는 스트레스의 유쾌한 측면
- 삶에 있어 동기부여 제공 및 성장에 기여
- 당장은 부담스럽더라도 적절한 대응을 통해 건전하고 건설적인 결과를 창출
- 승진, 급여 인상, 포상 수상, 바람직한 이동 배치, 도전적 직무 이동
- 자신감 제공 및 업무 생산성 및 창의력 향상

① 긍정적인 직무 스트레스(Eustress)   ② 부정적인 직무 스트레스(Distress)

③ 과도한 스트레스(Hyper-stress)   ④ 과소한 스트레스(Hypo-stress)

[해설] Hyper-stress와 Hypo-stress는 스트레스 양에 따른 스트레스 유형이다.

20. 직무 스트레스가 조직에 미치는 영향으로 바르지 않은 것은?

① 직무 스트레스로 인해 경영 효율성의 감소는 물론, 의사결정의 혼란과 창의성 결여, 작업 시간의 손실, 이직에 의한 손실, 의료비용 지출의 증가 등 부정적인 결과가 초래된다.

② 인지적 영향은 직무 스트레스로 인해 영향을 미치는데, 흡연 · 과음 · 과식 등으로 인해 비만 및 불균형을 유발한다.

③ 생리적 영향은 심장박동수의 증가 또는 혈압 상승, 근육의 긴장, 소화기계의 능력 저하 또는 두통, 어지럼증, 심혈관 질환 등 다양한 질병을 유발한다.

④ 감정적 영향으로는 과도한 스트레스로 인해 감정에 문제가 발생하여 수면장애는 물론 우울증, 분노, 짜증, 불안감, 분노, 감정적인 소진(Burn out) 등에 빠지게 된다.

[해설] 흡연, 과음, 과식으로 인한 것은 인지적 영향이 아닌 행동적 영향이다.

21. 조직에서 직원의 스트레스를 관리해야 하는 이유로 바르지 않은 것은?

① 과도한 스트레스는 직원들에게 부정적인 태도를 양산하고 긍정적인 기대감을 감소시킨다.
② 직원의 회복탄력성이 조직의 성과나 역량에 영향을 미치므로 스트레스를 관리해야 한다.
③ 직원의 스트레스가 많은 조직일수록 직원 이직률, 업무상 재해, 성취동기 저하 등을 통해 불필요한 비용을 발생하게 한다.
④ 향후 스트레스 관리는 스트레스를 효과적으로 다루는 기술이 아닌 스트레스를 제거하는 방법을 습득하게 하는 것이 바람직하다.

[해설] 스트레스는 제거될 수 있는 것이 아니며, 대다수의 전문가는 향후 스트레스 관리는 스트레스를 효과적으로 다루는 기술에 초점을 맞추어야 한다고 주장한다.

22. 조직 내 직무 스트레스 관리의 장애 요인으로 틀린 것은?

① 직원 스트레스 관리에 대한 전반적인 이해 및 구체적인 실행 방법에 대한 이해가 부족하다.
② 직원들 스스로가 본인의 스트레스 정도를 알지 못한 채 과도한 스트레스를 경험하더라도 스스로 해결하려는 등 적극적으로 대응하기 때문이다.
③ 성과 지향적인 조직 분위기로 인해 직원들의 과도한 스트레스 관리를 별도로 해 줄 수 없는 조직 분위기나 관리자의 이해 부족으로 인해 발생한다.
④ 스트레스 해소를 위한 제도적·시스템적인 배려가 미흡한 것도 장애 원인 중 하나이다.

23. 직무 스트레스 예방 활동 절차를 올바르게 나열한 것은?

- (가) 위험 대상군 선정
- (나) 우선순위 선정 및 개선 대책 수립
- (다) 활동 계획 실행
- (라) 예방 활동 평가 및 피드백
- (마) 예방 활동 사전준비
- (바) 확인

① (바)→(가)→(마)→(다)→(나)→(라)
② (바)→(가)→(마)→(나)→(다)→(라)
③ (마)→(바)→(가)→(나)→(다)→(라)
④ (마)→(가)→(바)→(나)→(다)→(라)

24. 아래 직무 스트레스 예방 활동 절차 중 어디에 해당하는 절차인가?

- 취지 및 경영방침 천명
- 예방 활동 참여 유도 및 해당 부서 구성
- 직무 스트레스 예방 교육 및 훈련 실시
- 조직 내 신뢰감 형성 및 협조 유도
- 예방 활동 관련 문서 기록 및 보관

① 예방 활동 사전준비
② 예방 활동 평가 및 피드백
③ 우선순위 선정 및 개선 대책 수립
④ 위험 대상군 선정

25. 직무 스트레스 관리에 대한 설명으로 바르지 않은 것은?

① 직원 개인의 특성과 업무의 적합성을 고려하여 업무에 배치한다.
② 주기적으로 스트레스 원인과 스트레스 수준(정도)이 무엇인지 파악하고 분석한다.
③ 직원들이 성과 및 생산성에 몰입할 수 있는 조직 문화 및 분위기를 조성한다.
④ 원인과 수준을 파악하기 위해서는 정기적인 면담이나 만족도 조사, 토의가 이루어져
   야 한다.

26. 직무 스트레스 관리는 개인 차원과 조직 차원에 따라 다르게 관리되어야 한다. 아래 예시 중 성격이 다른 하나는 무엇인가?

① 긴장완화훈련　　　　　② 분노조절 트레이닝
③ 근로 조건 개선　　　　　④ 바이오 피드백

[해설] 근로조건 개선은 조직 차원의 직무 스트레스 관리 방법이다.

27. 직무 스트레스에 의한 악영향을 최소화하기 위한 단계별 개입(Intervention) 방법에 대한 설명으로 바르지 않은 것은?

① 1단계는 스트레스로 작용하는 다양한 환경에 대한 개선을 통해 직무 스트레스가 발생하지 않도록 하는 데 초점을 맞추는 단계라고 할 수 있다.

② 2차 개입 단계에서는 스트레스에 대한 반응 조절 및 치료는 물론, 스트레스에 대한 대응이나 분노를 조절하는 방법을 통해 개입한다.

③ 3차 개입 단계는 이미 직무로 인한 스트레스가 발생한 상태에서 더 이상 악화되지 않도록 해당 질병에 대한 치료를 통해 최소화하는 단계이다.

④ 각 개입 단계는 개별적으로 기능할 때 효과가 크며, 2·3단계에서 습득한 문제점을 바탕으로 주요 스트레스 인자를 관리하는 1단계에 피드백을 하는 접근이 바람직하다.

[해설] 직무 스트레스의 악영향을 최소화하기 위한 단계별 개입 방법은 개별이 아닌 통합적으로 기능할 때 효과가 크다.

28. 직무 스트레스 관리 프로그램을 시행하기 위한 다양한 방법 중 '직원의 사기 진작 및 자긍심 고취' 또는 '승진 및 합리적인 임금 체계'는 어느 관리 프로그램 유형에 포함되는 것인가?

① 인지도 향상을 위한 홍보
② 직장 문화 개선 및 분위기 개선
③ 지지적 환경 마련
④ 생활습관 개선 프로그램

29. 직무 스트레스 관리를 위한 조직 차원의 노력 중 '근로 조건의 개선'에 포함되지 않는 것은?

① 종업원들이 스트레스 결과에 효율적으로 대처하도록 지원

② 의사결정과정에 직원 참여 허용

③ 규칙적인 직업적 및 의학적 관찰 및 개선과 보완 활동

④ 업무 훈련 전 적합성 검사, 위험집단에 대한 특별한 프로그램

[해설] 의사결정과정에 직원 참여 허용은 근로 조건의 개선이 아니라 조직 관리 개선이다.

30. 직무 스트레스 관리절차 중 계획 수립 단계의 활동이라고 보기 힘든 것은?

① 설문지 또는 면담을 통한 직무 스트레스 수준 파악

② 예산 및 지원 조직 확보

③ 스트레스 개선 목표 및 개입의 우선순위 결정

④ 프로그램 내용 및 홍보 방법, 시행 시기 등 결정

[해설] 스트레스 개선 목표 및 개입의 우선순위 결정은 수행 단계의 활동이다.

감정노동과 감성역량

    고객만족을 위해 접점 직원들이 수행해야 하는 업무는 어쩔 수 없이 감정노동을 수반할 수밖에 없다. 감정노동이라는 것이 서비스 산업의 발전과 더불어 필연적으로 발생할 수밖에 없는 불가피한 상황이라는 점을 모두 인지하고 있으며, 감정이 필연적으로 개입되면 이성적으로 해결하는 데는 한계가 있다는 것을 익히 알고 있다. 감정노동문제를 해결하는 데 있어 국가 · 기업 · 조직 · 직원들이 각각 노력해야 하는 부분이 있으며, 가장 우선시되어야 할 것은 감정노동으로부터 접점 직원을 보호하기 위한 시스템은 물론 프로세스가 먼저 갖추어져야 한다. 그와 동시에 리더를 포함한 직원들도 감정노동을 극복해 나가기 위해 필요한 감성역량을 갖추기 위해 노력해야 한다. 감성역량이 뛰어난 리더나 직원일수록 감정노동으로 인한 문제점을 극복할 수 있는 조직의 성과 창출에 기여할 수 있기 때문이다.

1) 감성경영

(1) 감정노동과 감성경영

① '이성적 효율성'만을 강조하는 기업경영으로 인해 발생하는 다양한 문제점을 개선하기 위해 감성에너지에 기반한 감성지능을 기업경영에 반영하는 것을 의미한다.

② 구성원들의 감성지능은 물론 리더십, 인적자원관리, 조직문화 등 조직 전반에 걸쳐 감성에 기반을 둔 기업 경영활동을 의미한다.

③ 최근 연구결과에 의하면 고성과 기업들의 경우 감성 리더십을 갖춘 최고 경영자와 높은 감성 역량을 갖춘 직원들로 이루어진다는 특징을 가진다.

④ 감성경영은 기업의 주요자원을 활용해 직원들의 감성에 호소함으로써 감성을 이끌어내고 이를 의미 있는 경영성과로 전환하는 경영방식이라고 할 수 있다.

⑤ 감성경영에 있어 가장 중요한 것은 바로 최고경영자의 의지이며 감성경영을 현실화하기 위해서는 감성이 바탕이 된 리더십 발휘가 무엇보다 중요하다.

⑥ 특히 감정노동으로 인해 고통받는 현장 직원들에게 감성경영은 감정 및 정서관리를 통해 감정노동 문제를 해결하는데 긍정적인 역할을 수행한다.

⑦ 감성경영을 통해 감정노동자들이 스스로 자존감을 회복하고 조직의 활력을 회복하며 긍정적인 동력을 이끌어내는 것이 핵심이다.

(2) 감성경영의 기대효과

① 업무 효율성 향상 및 탁월한 성과 창출

② 기업의 매출과 브랜드 가치의 상승

③ 직원들의 기업에 대한 충성도 및 업무 만족도 향상

④ 조직 내 발생하는 갈등을 순기능적으로 해결

⑤ 조직 분위기 활성화 및 핵심인재 양성을 촉진

⑥ 직원 스스로 창의적으로 일할 수 있는 분위기 조성

2) 감성지능의 이해

(1) 감성지능의 개념

① 감성지능이란 자신은 물론 타인의 감정을 인식·이해하고, 이러한 인식을 바탕으로 자신의 행동과 관계를 조절하는 능력이다.

② 인간의 정신능력은 이성능력과 감성능력과 같이 2개의 능력으로 이루어진다.

정신능력	개념 정의
이성능력	합리적인 사고 능력으로, 기억력·이해력·추리력·계산력·창의력 등 똑똑하고 영리한 사람일수록 그 수치가 높음
감성능력	감정을 다스릴 줄 아는 통제력을 말하는데, 인내심·지구력·충동 억제력·만족 지연 능력·용기·절제 등 신념과 용기가 있는 사람, 자기 절제를 잘하는 사람이 높게 나타남

③ 감성지능 개념은 1920년대 손다이크(Thorndike)가 미국에서 지능 검사 도구를 개발하면서 지능의 한 가지 중요한 측면으로 주장한 '사회적 지능(Social intelligence)'이라고 볼 수 있다.

④ '사회적 지능'이란 타인을 이해하고 인간관계를 지혜롭게 하는 행위이며, '감성지능'은 흔히 지적 능력과는 구별되고 인간의 행위에 영향을 미치는 가장 근본적인 요소와 관련이 있다.

⑤ 보통 지능지수(IQ)는 태어나면서부터 정해지며, 새로운 정보나 사실을 안다고 향상되지는 않는 반면 감성지능(EQ)은 학습을 통해 변화할 수 있다.

⑥ 감성지능은 우리가 사회를 살아가는 데 필요한 대인관계능력, 상황에 따른 대처능력, 자기 조절력 등과 같은 것으로 인간이 보다 바람직하고 성취도 높은 사회생활을 영위하는 데 필요한 능력이라고 말할 수 있다.

(2) 감성지능의 영향

① 트래비스 브래드베리와 진 그리브스에 의하면, 감성지능은 개인의 능력을 어떤 분야에 집중시키는 것만으로도 놀라운 결과를 일으킨다는 사실을 알아냈다.

② 감성지능이 시간관리는 물론 의사결정과 커뮤니케이션을 포함한 인간의 행동에 직간접적인 영향력을 행사한다.

③ 감성지능은 직장에서 직무 수행 능력을 예측할 수 있는 가장 중요한 수단 중에 하나이며 리더십은 물론 개인이 업무에 있어 뛰어난 능력을 발휘할 수 있도록 한다.

④ 직장인을 대상으로 실시한 연구 결과에 의하면, 감성지능이 우수한 사람일수록 직무 성과가 뛰어나다는 사실을 밝혀냈다(직무 성과가 우수한 사람들의 90%가 감성지능도 우수).

⑤ 감성지능이 높은 사람들이 그렇지 않은 사람들보다 수입이 높았으며, 감성지능과 수입과의 관계를 분석한 결과 감성지능이 1점 높아질 때마다 연간 수입도 의미 있게 증가하는 것으로 나타났다.

(3) 감성지능의 구성

① 대니얼 골맨에 의하면 감성지능은 자기감정 이해 능력, 자기감정 조절 능력, 동기부여 능력, 타인의 감정 이해 능력, 대인관계 등 5가지로 구성된다고 한다.

② '자기감정 이해 능력'은 자신의 감정을 스스로 인식하는 것을 의미하는데, 다른 모든 감성지능의 근간이 되는 요소로 감정과 행동 간의 차이를 인지하는 능력 등을 포

함한다.

③ '자기감정 조절 능력'은 자신이 감정을 적절히 관리하고 조절하는 능력으로, 충동이나 자기 파괴적인 행동을 절제하거나 긍정적인 감정을 갖고 내·외부 스트레스에 잘 대처하는 능력 등이 포함된다.

④ '동기부여 능력'은 자신의 감정을 생산적으로 활용하는 능력으로, 최악의 상황에서 좌절하지 않고 자신을 격려하고 동기를 부여하는 능력이라고 할 수 있다.

⑤ '타인의 감정 이해 능력'은 타인의 상황이나 감정에 공감할 수 있는 능력으로, 상대방의 감성적인 반응에 따라 감정을 이입하며 타인의 감정을 수용하거나 경청하는 능력이 이에 포함이 된다.

⑥ '대인관계능력'은 조화로운 삶이나 상황을 만들어 내는 능력으로, 대인관계 속에서 협조 및 협력을 이끌어 내며 갈등을 해결하고 능동적이고 적극적인 커뮤니케이션이나 민주적인 일 처리, 사교적이고 타인에 대한 관용이 이에 포함된다.

(4) 감성역량에 대한 이해

① 정서지능에 뿌리를 두고 있는 학습된 능력으로, 업무에서 뛰어난 성과를 낼 수 있도록 하는 역량이라고 정의할 수 있다.

② 여러 가지 정서와 관련된 문제와 직면했을 때, 효과적으로 상황에 대처하고 업무를 성공으로 이끄는 능력을 의미한다.

③ 정서지능과 감성지능의 특징을 보면 아래와 같다.

구분	주요 특징
정서지능	▪ 자신과 타인의 정서에 대한 정확한 평가와 표현 능력 ▪ 자신 및 타인의 정서를 적절하게 조절하는 능력 ▪ 자신의 행동을 계획, 창출하고 동기화시킬 수 있도록 정서를 활용하는 능력
감성지능	▪ 감성을 정확하게 인식·지각·표현하는 능력 ▪ 감성을 생성·이용하여 사고를 촉진시키는 능력 ▪ 감성과 감성지식을 이해하는 능력 ▪ 감성 발달과 지적 발달을 촉진시키기 위해 감성을 조절하는 능력

④ 감성지능을 토대로 자신과 타인의 감성을 이해하고 다른 사람과 교감하면서 감정을 관리할 수 있는 능력이다.

⑤ 탁월한 업무 성과를 낼 수 있도록 감성지능에 근거하여 학습된 능력이다.

⑥ 감성지능이 하나의 기질이라면 감성역량은 학습 능력을 의미한다.

⑦ 감성지능이 높은 사람은 업무에서 훌륭한 성과를 창출할 수 있는 잠재력을 보유하고는 있으나 그 자체가 업무에서 그대로 표출되는 것은 아니며, 실제 수행에서 감성지능이 발현되기 위해서는 감성역량을 갖추어야 한다.

(5) 정서의 개념

① 정서는 인간에게 있어 인생 전체를 영향을 미치며 개인 행동의 근간을 이룬다.

② 정서란 용어는 감정(Feelings), 정의(Affect), 정서(Emotions), 기분(Moods) 등의 용어와 혼용되어 사용해 왔으며 초기에는 정서와 감정의 의미를 구분하여 사용했다.

③ 감정이란 것은 인간이 기쁨, 즐거운, 분노 등을 느끼는 것이고 이러한 감정의 정도가 과도해 행동으로 연결되면 정서라고 정의함으로써 정서를 좀 더 포괄적인 것으로 보는 견해도 있다.

④ 정서는 사회적 상호작용에 영향을 미치는 요소다.

⑤ 정서는 사회적 평가는 물론, 자기 평가에 기초가 되는 역할을 한다.

⑥ 정서는 심리적 분위기와 함께 표정에 영향을 미친다.

⑦ 정서는 지적 능력은 물론 지적 활동에 영향을 미친다.

3) 조직과 감성역량의 이해

(1) 조직에서 감성역량

① 고도의 지식사회로 발전하면서 객관적인 제도와 시스템만으로 해결하기 어려운 일들이 지속적으로 발생하고 있는데, 이를 해결하기 위해서는 이성에 의한 제도 또는 효율성이 아닌 감성이 중요한 요소로 부각되었다.

② 해외 사례를 통해서도 조직에서 감성역량이 성과를 향상시키는 데 중요한 요인이라는 점이 점차 확산되고 있으며, 이를 통해 리더십에서도 감성역량이 중요시되고

있다.

③ 감정 또는 감성이라는 것은 직·간접적으로 개인의 특정 행동을 유발하기 때문에 조직의 총체적인 행동 변화 유발을 위한 프로그램이 필요하다고 주장하는 연구가 증가하고 있다.

④ 조직 구성원의 감성관리는 향후 기업을 운영하는 데 가장 중요한 핵심역량이 될 것이며, 따라서 기업은 긍정적인 감성을 환기하는 근무 환경이나 적극적인 활동을 독려하는 분위기를 제공해야 한다.

⑤ 직원들에 대한 감성관리를 통해 조직이 높은 감성역량을 보유하게 되면 조직의 효율성과 효과성이 증가한다는 사실이나 사례가 늘어나고 있다.

(2) 조직에서 감성역량이 필요한 이유

① 효과적인 업무 수행 및 성과를 좌우하는 핵심요인이다.

② 감성역량이 높은 직원에 의한 긍정적인 감성이 증가한다.

③ 부정적 감성을 감소시키고 극복할 수 있게 업무 환경을 개선하는 역할을 한다.

④ 고객과의 갈등이나 불만을 순기능적으로 해결한다.

⑤ 조직 목표 달성 의지 향상은 물론, 기능 수행과 적응의 근거가 된다.

(3) 감성역량이 우수한 조직의 특징

① 직원에 대한 신뢰와 존중에 기반을 둔 조직문화를 갖추고 있다.

② 지속적으로 직원의 성장과 발전에 투자와 지원을 아끼지 않는다.

③ 직원이 자신이 속한 조직에 대한 소속감 및 자부심이 높다.

④ 조직 구성원의 의견이나 아이디어를 회사 경영에 반영한다.

⑤ 동료 간 강한 연대 의식과 감정적 유대감이 뛰어나다.

⑥ 직원에 대한 공정한 대우 및 공정성 확보를 위해 다양한 노력을 기울인다.

⑦ 리더가 조직의 몰입을 이끌어내기 위해 감성에 기반을 둔 리더십을 발휘한다.

⑧ 조직 내 커뮤니케이션이 개방적이고 자율적이다.

⑷ **조직에서 감정공유의 이해**

① 일반적으로 사람은 감정을 표현함으로써 다양한 반응이나 신호를 제공한다.

② 감정표현은 상대방에게 자신의 생각이나 의견을 전달하는 데 가장 효과적인 방법
이다.

③ 감정표현은 감정의 노출 여부에 따라 감정공유와 감정은폐로 구분한다.

④ 감정공유는 자신이 느낀 감정을 숨기지 않고 타인에게 솔직하게 표현하는 것을 의
미한다.

⑤ 감정은폐는 감정공유와는 다르게 자신이 느낀 감정이나 신호를 타인으로부터 숨기
는 것을 의미한다.

⑥ 조직 내 감정공유가 잘되면 상호 간에 작용이 활발하여 정보나 지식의 공유가 활발
하며 직무만족도 수준이 높다.

⑦ 감정공유는 파괴적이거나 부정적인 현상이 발생하였을 경우, 더욱 활성화되며 감
정적 영향의 정도가 강할수록 타인에 대한 감정공유(전달) 확률이 증가한다.

⑸ **조직에서의 감정공유 메커니즘**

① 조직 내에서 감정이 공유 과정은 크게 무의식 과정과 의식 과정으로 구분된다.

② 감정이 공유하는 과정에서 조직에 영향을 미치는 과정이 별도의 개입이나 의도 없
이 이루어지는 것을 '무의식 과정'이라고 한다.

③ 반면 감정공유 과정이 지극히 의도적이고 적극적인 개입이나 조절을 통해 이루어지
는 것을 '의식 과정'이라고 한다.

감정공유의 무의식적 과정	감정공유의 의식적 과정
▪ 감정전염 ▪ 동일한 근무 환경 ▪ 대리적 경험	▪ 직원의 감성역량 ▪ 리더에 의한 영향 ▪ 대인관계 ▪ 조직 내 규범 및 규칙

⑹ 감정전염

① 감정전염이란 다른 사람의 얼굴 표정, 말투, 목소리, 자세 등을 자동적이고 무의식
적으로 모방하고 자신과 일치시키면서 감정적으로 동화되는 경향'을 의미한다.

② 다니엘 골맨은 자신이 처한 감정 상태를 다른 사람과 공유하고자 하는 경향을 보인
다며 감정전염을 언급하였다.

③ 직장에서 일하는 직원들의 감정은 따로 떨어져 있는 것이 아니라 각각의 '감정 유발
자'로서 자신의 감정을 다른 동료들에게 지속적으로 퍼뜨리며 감정의 영향을 받는다.

④ 팀이나 그룹으로 근무를 할 때, 직원들의 감정이 마치 바이러스처럼 다른 동료들에
게 전염된다.

⑤ 특히 조직 내 부정적인 전염에 주목해야 하는데, 긍정적인 전염보다 훨씬 전염성이
높으며 조직에 미치는 영향이 매우 크다.

⑥ 시카고 대학의 존 카시오포 교수는 공포, 분노, 슬픔 같은 부정적인 감정은 긍정적
인 감정보다 인간 생존 본능과 직접적으로 연결되므로 감정 표출이 크게 나타나며,
주변 사람들도 자신의 생존 위협을 감지해 부정적인 감정에 더욱 민감하게 반응한
다고 주장했다.

⑦ 감정전염은 아래와 같이 3가지 경로로 전달된다.

경로	주요 내용
무의식적인 모방	▪ 무의식적으로 타인의 표정이나 자세를 보고 모방한다.
타인과의 비교 · 표출	▪ 자신의 감정을 타인의 감정과 비교하려는 본성을 가진다.
거울 신경세포 이론	▪ 타인의 행동 관찰할 때 마치 자신이 스스로 행동하는 것처럼 느낀다. ▪ 타인의 감정을 공유하고 비슷한 감정상태를 경험한다.

⑺ 감정전염의 유형

① 감정전염의 유형은 크게 리더의 감정전염, 직원들의 감정전염, 그리고 고객에 의한
감정전염 등 3가지로 구분한다.

② '리더의 감정전염'은 조직 내 직원들이 잘 보이고 싶어 하는 대상으로 조직 내 권한

도 강해, 직원들이 리더의 표정이나 말 또는 행동 및 감정에 따라 민감하게 반응하는 것을 의미한다.

③ 직원들은 리더의 감정을 파악하는 데 주의를 기울이고 이에 민감하게 반응하므로 리더는 감정 형성은 물론 팀 분위기 형성에 큰 영향을 미친다.

④ '직원(구성원)의 감정전염'은 직원에 의한 감정전염으로서 '물결효과(Riffle effect)'라고도 하며, 호수에 작은 돌멩이 하나가 잔잔한 파장을 일으키며 퍼지는 현상과 같이 감정이 조직 내 직원들에게도 큰 파장이나 효과를 일으킬 수 있다.

⑤ 직원의 사소한 부정적 감정이 섞인 말이나 행동이 서서히 조직 내에 퍼져 무기력증을 유발한다.

⑥ '고객에 의한 감정전염'은 말 그대로 고객에 의한 감정의 전염인데, 이는 기업의 제품이나 서비스에 영향을 미치기 때문에 매우 중요하다.

⑦ 고객의 감정이 중요한 이유는 고객의 의사 확인, 부정적인 단어 선택, 불평 및 불만 및 기업에 대한 충성도를 느끼는 데 있어서 직·간접적인 영향을 미친다.

⑧ 긍정적인 감정을 경험한 고객은 충성도나 회사의 이미지에 대해 긍정적인 이미지를 가지게 될 것이고, 부정적인 감정을 경험한 고객은 부정적인 이미지를 가지게 된다.

⑻ **조직 내 부정적인 감정 확산 최소화 방법**

① 조직 내 리더의 감성역량을 강화한다(감성역량이 리더십의 중요 요인).

② 직원 개개인의 감정에 관심을 가진다.

③ 직원 스스로 감정을 모니터링할 수 있는 교육 및 코칭, 심리 프로그램을 제공한다.

④ 직원들이 겪는 업무에 대한 중압감, 과도한 스트레스, 부정적인 감정을 최소화할 수 있는 프로그램을 운영한다.

⑤ 조직 내 부정적인 감정 확산에 대한 지속적인 모니터링 체계를 구축한다. 예를 들어 병가, 결근율, 잦은 지각 또는 집단 이직 현상 등을 모니터링하고 원인 분석 및 해결 방안을 마련한다.

⑥ 부정적인 감정 확산에 대해서 사후약방문식이 아닌 선제적으로 대응을 한다. 예를 들어 직원 만족도 조사나 스트레스 유발 요인을 파악하고, 이를 제거하기 위한 다양한 활동을 전개한다.

4) 감성리더십

(1) 감성과 리더십의 관계

① 직원에게 직·간접적인 영향을 미치는 요소로 감성이 주요한 역할을 한다.

② 감성과 리더십과 어우러진 변혁적 리더십에 의해 직원들의 좌절감이나 지나친 낙관주의를 낮춤으로써 업무 성과에 긍정적인 영향을 미친다[집단감정].

③ 실제 관리자의 리더십이 조직의 정서적 분위기에 막대한 영향을 미친다[정서적 사건이론].

④ 직원들은 리더의 행동이나 표정에 따른 감정반응을 통해 조직에서 발생하는 상황을 해석하므로 리더는 감정표현에 주의하면서 집단감정을 관리해야 한다.

⑤ 리더의 감성지능은 직원의 감정을 이해하고 관리하는 리더십과 밀접한 관련이 있다.

⑥ 많은 전문가에 의하면, 지속적인 성과를 창출해 내는 리더들의 공통점으로 감성지능이 높다고 한다.

⑦ 대니얼 골맨은 리더의 감성역량은 훌륭한 리더십의 도구라고 하며, 감성지능을 4가지 요인으로 구분하고 하위 요소로 18개의 역량을 정의하였다.

구분	구성 요인	내용	역량
개인적 능력	자기감정 이해능력	자신의 감정, 가치, 한계 등을 스스로 인식하는 능력	자기 감정인식 / 자기 확신 / 정확한 자기평가
	자기감정 조절능력	자신감정조절이 가능하고 부정적 감정에서 벗어날 수 있는 능력	솔직함 / 주도성 / 낙관성 / 적응력 / 목표 성취의 추구 / 감정적 자기통제
사회적 능력	타인의 감정 이해 능력	타인의 감정을 읽어 내고 공감 및 동조하는 능력	공감 / 고객서비스 조직 인식
	대인관계 능력	타인과 좋은 관계를 형성하고 팀, 조직 가치, 목표에 깊이 공감할 수 있게 올바른 방향으로 이끄는 능력	영향력 / 영감 제공 / 타인과의 발전 촉진 / 변화 추구 및 촉진 팀워크 / 유대 형성

[감성지능 구성요인 및 역량 Goleman, Boyatzis & Mckee 2002]

⑧ 실제 국내 연구 자료를 조사한 결과, 관리자의 감성역량(감성리더십)은 부하직원들

의 직무만족은 물론 조직 몰입에 긍정적인 영향을 미치는 것으로 나타난다.

⑨ 이익에 이직 의도 및 직무 스트레스를 감소시키고, 상사는 물론 동료와의 관계 또한 만족시키는 요인으로 작용한다.

⑩ 감성리더십은 업무에 필요한 창의성을 발휘하게 하고 긍정적인 조직 형성에 기여하며 직원들의 심리 상태에 큰 영향을 미친다.

⑪ 감성지능이 높은 리더일수록 부하 직원과 좋은 관계를 형성함으로써 조직에 대한 협력과 신뢰의 분위기를 조성하고 열정과 긍정적인 에너지를 만든다.

- 정서적 사건이론(Affective Event Theory, AET) : 직장에서 발생하는 일련의 사건들로 인해 직원들이 긍정 또는 부정적인 정서를 경험하게 됨에 따라 구성원들의 업무 태도나 행동에 영향을 미친다는 이론
- 감정지원행위(Emotional Helping) : 직원이 부정적인 정서를 경험하고 있을 때 리더가 직원들의 말에 귀 기울이거나 조언이나 공감을 하는 행위

(2) 감성리더십의 이해

① 감성리더십이란 구성원들이 즐거운 기분으로 업무를 수행할 수 있도록 업무 환경을 조성해 주고 배려해 주는 리더십을 뜻한다.

② 영향력 있는 리더가 되기 위해서는 논리적이고 이성적인 측면의 지성만이 아닌 따듯한 감성도 함께 가지고 있어야 한다.

③ Goleman, Boyatzis, & Mckee에 의하면 감성리더십이란 "리더 스스로 자신의 내면을 이해하고, 구성원의 감성 및 필요를 배려하며 동시에 조직의 구성원들과의 관계를 자연스럽게 형성하여 조직의 감성역량을 높이는 능력"이라고 정의하였다.

④ 감성리더십을 효과적으로 발휘하기 위해서는 무엇보다 리더 스스로가 감성지능을 구성하는 다양한 감성적 역량을 갖추기 위하여 노력해야 한다.

⑤ 감성리더십은 직원의 고충을 이해하고 그들과 함께 성장하는 리더십이며 단순히 '착한 리더 증후군'과는 구별되어야 한다.

⑥ 감성리더십은 선천적인 것이 아닌 후천적으로도 충분히 개발 가능한 역량이므로 지속적인 노력을 통해 향상시킬 수 있다.

⑦ 감성리더십은 선천적인 성품이나 태도가 아닌 후천적인 노력에 의해서 향상될 수

있는 직원과의 관계 형성, 신뢰와 존중을 기본으로 하는 역량에서 발현된다.

⑧ 감성리더십은 진정성에 바탕을 두고 스스로가 솔선수범함으로써 조직 구성원들에게 긍정적인 태도와 우호적인 관계를 유지해야 발현될 수 있다.

⑨ 리더는 냉철하게 자아를 관찰하고 이해해야 하며, 자신의 감정을 통제할 수 있어야 하며, 타인에 대한 배려와 애정이 있어야 하며, 도전 정신과 열정이 뒷받침되어야 한다.

⑩ 리더가 자신의 감정을 잘 다스리고 다른 사람의 감정에 긍정적인 영향을 주는 것은 단순히 개인의 문제가 아니라 조직의 성공 여부를 좌우하는 요인이 된다.

⑪ 사람들의 감정에 공감할 줄 아는 리더의 감성능력은 그가 이끄는 집단 열정과 함께 일체감을 불러일으킨다.

⑫ 리더는 공감적인 능력을 바탕으로 자신의 비전을 실현해 나가는 과정에서 사람들에게 동기를 부여하고, 그들을 이끌고 격려하며, 귀 기울이고 설득할 줄 알아야 한다.

(3) 감정노동 완화를 위해 필요한 감성 리더십의 조건

① 조직 분위기가 침체되면 업무 성과 또한 저하되므로 감성적인 접근 및 커뮤니케이션을 통한 문제 해결이 필요하다.

② 숨 쉴 여유를 줄 수 있는 정서적인 공간과 시간 제공을 통해 업무상 여유는 물론 삶의 균형을 회복 또는 유지할 수 있는 기회를 제공한다.

③ 리더와 직원 간 감성적인 교감 형성을 통해 상호 신뢰, 존중하는 분위기를 조성한다.

④ 직원들의 고민을 들어주고 그들의 고충을 이해하며 그들의 입장에서 생각해주는 자세와 문제가 되는 상황과 상태를 정확히 이해하고 해결해주려는 노력이 필요하다.

⑤ 감성 리더십에서 가장 중요한 것은 소통을 통해 발현되는 '감성'이라고 할 수 있으며 진정한 소통은 상호 신뢰가 바탕이 되어야 한다.

⑥ 감정노동으로 인해 발생하는 문제점을 이해하고 이를 개선하기 위한 방안을 마련하고 지속적으로 노력하는 자세를 유지해야 한다.

⑦ 단순한 일회성 이벤트를 통해 얻어지는 것이 아니라 감성 리더십의 본질을 이해하고 체계적인 접근을 통해 직원과 관계를 공고히 해야 한다.

⑷ **감성지능가 리더십**

① 연구 결과 높은 성과를 내는 성공적인 리더들이 공통점은 감성지능이 높은 것으로 나타났다.

② 80%의 감성지능과 20%의 지적 능력이 조화를 이루면 효과적으로 리더십이 발휘된다고 한다.

③ 다니엘 골먼에 의하면 리더가 갖추어야 할 다양한 능력과 역량을 근거로 조직 성과에 대한 영향력을 계산한 결과, 감성지능은 모든 업무 영역에서 다른 개인적 능력보다 약 2배 이상 중요한 것으로 나타났다.

④ 실제로 영향력 있는 리더가 되기 위해서는 논리적이고 이성적인 측면의 지성만이 아닌 따뜻한 감성도 함께 가지고 있어야 한다.

⑤ 상위 계층의 리더일수록 감성지능의 중요성이 커지고 있으며, 성과 차이에 있어 약 90% 이상이 감성지능의 정도에 따라 차이가 나는 것으로 나타난다.

⑥ 일반적으로 감성지능이 높은 리더들이 상황에 따라 유연하고 탄력적인 리더십을 발휘함으로써 조직의 공감대를 형성함과 동시에 직원들의 열정과 참여를 고무시키기도 한다.

	공감유도방식	영향력	적합한 상황
비전제시형	꿈과 비전 공유	매우 긍정적	명확한 목표 및 방향성
코칭형	조직과 개인 목표 동시 추구	매우 긍정적	장기적인 관점에 직원 역량 향상을 목표로 하는 상황
관계중시형	직원 간 유대 및 일체감 중시	긍정적	불안정한 조직 안정화 및 유대 강화
민주주의형	자발적 행동, 참여를 통한 소속감 유도	긍정적	의견 수렴 및 합의 도출이나 자발적인 참여 유도
선도지향형	도전 목표 제시 및 몰입 유도	기대에 못 미치면 매우 부정적	도전 및 의욕이 넘치는 조직에서 최고의 성과 도출
지시형	위기 시 명확한 목표 제시 불확실성 제거 → 몰입 유도	잘못 발휘될 경우 매우 부정적	위기 상황의 전환 또는 문제 있는 구성원 개선

[리더십 유형 및 주요 특징]

(5) **조직 내 감성리더십 구축 프로세스[1]**

① 조직 전반에 걸쳐 감성리더십을 구축하기 위해서는 감성지능 개발은 물론, 구성원
들과의 관계를 강화하는 단계적인 접근이 필요하다.

② 조직 내 감성리더십을 구축하기 위해서는 아래와 같이 4단계를 거친다.

③ 조직 내 감성리더십이 제대로 정착하기 위해서 가장 중요한 것은 지속성과 일관성
이다.

단계	주요 내용
1단계	▪ 자기조절 및 통제 – 조직에 리더의 감성이 전이되므로 자신에 대한 감정의 조절 및 통제 – 리더의 감정은 개인적인 차원이 아닌 조직 차원의 문제라는 점 인식
2단계	▪ 조직 내부 및 구성원과 신뢰 구축 – 신뢰 구축이 전제되지 않으면 리더십 발휘가 어려움 – 지속적인 커뮤니케이션 및 직원과 동반 역량 강화 및 성장
3단계	▪ 개별적인 관심과 배려 – 직원에 대한 관심과 배려만으로도 열정 및 몰입 발생 – 금전적인 것과 함께 비금전적인 보상(칭찬, 인정) 병행 시행 및 맞춤형 배려 필요
4단계	▪ 조직 내 긍정적 감성 형성 – 조직 전체에 긍정적인 정서 활성화(불필요한 갈등 해소 및 배려와 협력 촉진) – 시스템, 프로세스, 커뮤니케이션에 있어서도 긍정적인 감성을 발휘할 수 있도록 지원

(5) **조직 내 감성리더십 구축방안[2]**

고객뿐만이 아닌 조직 내부의 직원들의 마음을 헤아리고 단순한 이벤트가 아닌 다양한
방식을 통해 조직 전반에 걸쳐 감성리더십을 확산시키기 위해 삼성경제연구소에서 제안
한 감성리더십 단계별 구축방안은 아래와 같다.

① 감성리더십은 '자기 통제', '조직 내 신뢰구축', '개별적 관심과 배려', '긍정적 집단

---

1   감성리더십의 구축 4단계는 SERI경영노트 제57호에 나오는 내용을 재인용하여 정리하였음

2   조직 내 감성리더십 구축방안은 2010년 삼성경제연구소 경영노트 제57호에 실린 주요 내용을 요약 및 재정리하였음

지성 형성'의 4단계를 거쳐야 효과를 발휘할 수 있다.

② '자기 통제' 단계는 리더의 감정표현이 조직에 미치는 영향을 명확히 인식하는 단계로 리더 스스로가 감정을 통제 및 자제한다(직장 상사의 감정은 조직 구성원에게 전염이 됨).

③ '조직 내 신뢰구축'는 신뢰가 형성되지 않은 상태에서는 감성리더십이 발휘되기 어려우므로 직원들에게 진정성을 기반으로 직원들과 신뢰성을 구축하는 단계이다.

④ 이러한 신뢰 형성을 위해 일회성이 아닌 지속적인 커뮤니케이션을 통한 직원과 감정적인 유대감을 형성해야 한다.

⑤ 단순히 직원 개인의 희생 및 번아웃된 상태에서 창출되는 조직의 성과가 아닌 직원들의 역량을 강화는 물론 성장을 통해 성과를 창출하는데 초점을 맞춘다.

⑥ '개별적 관심과 배려'는 직원들과 개별적인 관계를 구축하고 개인적인 관심과 칭찬과 인정(Recognition)을 통해 직원의 열정을 환기시키는 단계이다.

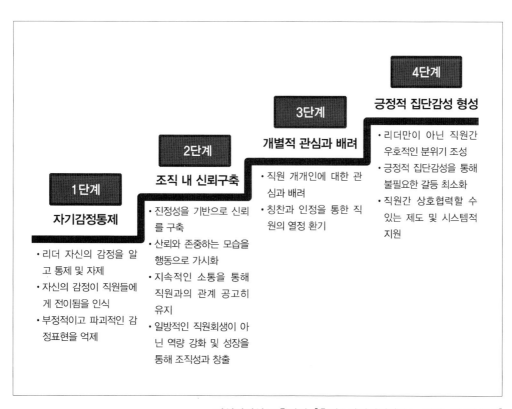

감성리더십 구축방안 [출처 : 삼성경제연구소. 경영노트 제 57호]

⑦ 마지막으로 '긍정적인 집단감성 형성' 단계는 조직 내 직원 간 우호적인 관계 형성 및 긍정적인 분위기 조성을 통해 긍정적인 에너지가 넘치도록 하는 단계이다.

⑧ 리더 혼자만 직원들의 감성을 이해하고 공감하는 것이 아니라 조직 내 모든 직원들이 상호 간의 관심과 배려, 칭찬과 인정을 하도록 독려하고 분위기를 조성한다.

⑨ 리더의 지속적인 메시지 전달과 함께 이를 뒷받침할 수 있는 제도나 교육을 통해서 조직 내 직원들이 서로 협조할 수 있는 환경 및 시스템적인 지원을 한다.

(6) 감정노동자 대상 감성 리더십의 기대효과

① 상대방의 흥분된 감정을 가라앉히고 조정이 가능해진다.

② 조직 내 발생하는 갈등을 효과적으로 관리할 수 있다.

③ 조직 내부 구성권 간 커뮤니케이션을 활성화시킬 수 있다.

④ 긍정적인 근무환경 조성 및 직원의 사기를 진작시킬 수 있다.

5) 임파워먼트(Empowerment)

(1) 임파워먼트의 의미

① 'Empowerment'는 '주다'란 의미의 'em'과 '권력'이란 뜻의 'power'가 결합된 말로, 권력을 제공한다는 것을 의미한다.

② 임파워먼트에서 'Power'가 가지는 의미를 자세히 살펴보면 '합법적인 권한', '업무 수행에 대한 자신감', '에너지 및 활력 충전'이라는 의미로 해석될 수 있다.

③ 흔히 권한이란 어떤 직원이 조직 내에서 차지하고 있는 위상이나 직급 등으로 인해 갖게 되는 공식적인 힘을 의미한다[조직의 목표 달성].

④ 임파워먼트는 직원의 파워를 늘리는 것이 아니라, 직원들이 가지고 있는 지식과 능력을 발휘하도록 하는 것이다.

⑤ 임파워먼트는 직원들에게 책임 범위를 확대함으로써 신뢰를 바탕으로 직원의 능력과 잠재력을 키워 주는 방법이다.

(7) 임파워먼트의 개념 및 정의

① 조직에서 의사결정 혹은 업무 수행 과정에서 조직 구성원에게 부여되는 재량권 또는 책임의 배분 및 정보 공유 등을 통한 권한의 배분을 의미한다.

② 임파워먼트는 일방적인 의사결정(Top down)이나 정보 및 권한의 집중에 따른 부작용을 해결하기 위한 기법으로, 직원들의 업무동기를 증진시키는 기법이라고 할 수 있다.

③ 직원이 가진 잠재 능력을 최대한 활용하는 것도 임파워먼트라고 할 수 있으며 '권한', '권한위임', '권한 위양', '역량 강화'라는 의미로도 쓰인다.

④ 임파워먼트는 직원들의 잠재력을 향상시키기 위해 책임 및 권한 등을 부여하고 충분히 활용할 수 있도록 해 주는 기법이라고도 할 수 있다.

⑤ 임파워먼트와 관련한 학자들이 정의를 보면 아래와 같다.

연구자	정의
Conger & Kanungo (1988)	조직 구성원을 무기력하게 만드는 여건을 파악하여 공식적 또는 비공식적 방법에 의해 제반 여건을 개선시켜 감으로써 조직 구성원들에게 자기 효능감(Self-Efficacy)을 고양시켜 주는 과정
Thomas & Velthouse(1990)	부여된 역할에 대한 개인의 성향과 인지에 관한 것으로 의미, 선택권, 능력, 효과 등을 동기부여의 내재적인 요소로서 제시
Vogt & Murrell (1990)	제로섬 방식의 단순한 파워 재분배가 아니며, 재배분이 어려운 상황에서도 파워를 배가시키는 시너지를 창출하는 과정
Staples(1990)	파워를 획득하고, 증진시키고, 활성화하는 과정
Sims & Lorenzi (1992)	공식적·비공식적 방법에 의해 무력감을 촉진시키는 요인들을 제거함으로써 효능감이 고양될 수 있도록 하는 과정
Byham(1994)	품질, 생산성, 고객서비스, 혹은 사이클 타임 감소 같은 중요한 성공 영역에서 지속적인 향상을 가져오는 행동을 유발해 주는 에너지의 원천
Kinlaw(1995)	영향력 있는 능력을 개발하고 신장시킴으로써 지속적 향상을 성취해 내는 과정
Randolph(1995)	유용한 지식과 내적 동기부여에 대한 파워를 인정해 주고 자율적으로 발휘할 수 있도록 하는 것
Speitzer(1995)	의미, 능력, 자기 결정감, 효과라는 4가지 요인을 통해 인지적으로 구체화되는 동기부여의 개념(motivational construct)
Ford & Fottler(1995)	권한(Authority)의 하위자에게로의 재분배 및 책임 부여

⑶ 임파워먼트의 특징

① 직원들이 자신이 하고 있는 업무의 중요성을 일깨우는 역할을 한다.

② 우수 인력을 양성하거나 직원 개인의 역량을 향상시키는 데 초점을 둔다.

③ 직원이 담당하고 있는 업무에 대해서 스스로 의사결정을 할 수 있도록 해 준다.

④ 스스로 통제 및 관리하게 함으로써 업무 의욕 고취 및 성취감을 제공한다.

⑤ 임파워먼트는 환경 변화에 신속하게 적응하게 하고 업무 처리에 있어서도 능동적이고 적극적으로 대응할 수 있도록 해 준다.

⑷ 임파워먼트가 중요한 이유

① 경쟁 심화로 인해 신속한 변화 감지와 함께 적절하게 대응하는 능력이 핵심 역량으로 부각

② 직원들의 잠재 능력을 최대한 발휘하고 업무 몰입도 극대화

③ 업무 관련 문제점에 대한 신속한 문제 해결을 통해 품질과 서비스 수준 향상

④ 고객 접점에서 신속하고 탄력적인 대응을 통해 고객만족도 향상

⑤ 관리, 감시, 연락, 조정 등 불필요한 절차가 감소되어 비용 절감

⑸ 임파워먼트의 구성 요소

임파워먼트는 개인의 사고 변화, 집단에서의 관계 변화, 조직에서의 제도나 구조의 변화를 통해 변화될 수 있으며 한 가지 영역에서의 변화가 아닌 전체적인 영역에서의 변화가 요구된다.

⑹ 조직 내 성공적인 임파워먼트의 조건

① 명확한 비전과 목표 제시 및 임파워먼트 관련 내용에 대한 명확한 이해

② 직원을 중시하는 인간 중심의 기업 문화 구축

③ 공정한 평가와 보상 및 실패에 대한 용인

④ 임파워먼트에 대한 직원들의 역할 재정립 및 Mind-set 고취

⑤ 임파워먼트 실행 능력과 상황에 따른 리더십의 발휘

⑥ 철저한 벤치마킹이나 성공 요인 분석을 통한 조직 내 신뢰 구축

⑺ 감정노동과 임파워먼트

① 국내 감정노동의 경우, 저임금 구조에 권한 부재가 주요 특징으로 나타난다.

② 감정소비가 크면서 직무자율성이 낮은 감정노동자의 경우, 자살 충동이 높은 것으로 나타났다.

③ 대부분 감정노동이 이루어지는 곳에서 임파워먼트(업무재량권)가 부재하거나 미흡하다.

④ 임파워먼트의 부재로 인해 좌절감이나 업무 의욕 저하가 발생한다.

⑤ 권한의 확장과 자율성을 부여하는 것만으로도 감정노동의 근본 문제를 해결할 수 있다.

⑥ 감정노동자에 대한 명확한 역할 부여와 함께 권한위임의 범위 설정이 필요하다.

⑦ 임파워먼트를 부여함으로써 감정노동자들에게 일의 가치 및 정체성이 명확해진다.

⑻ 임파워먼트의 조건

① 관용적인 태도

② 제대로 수행 또는 기능할 수 있도록 지켜보는 태도

③ 실수에 대한 이해

④ 신뢰하는 태도

⑤ 어느 정도의 위험을 감수하려는 태도

⑼ 임파워먼트의 방해 요소

구분	방해 요소
직무 차원	■ 명확한 역할 및 구분 미흡 ■ 교육 및 훈련 미흡 ■ 비현실적이고 도달 불가능한 목표 ■ 적절한 권한 / 업무재량권의 결여 ■ 직무와 연관 있는 회의나 미팅, 의사결정과정에 참여 제한 ■ 직무 수행에 필요한 자원의 결여

구분		방해 요소
직무 차원		▪ 인적 네트워킹 형성 기회의 부족 ▪ 획일적인 규칙이나 명령 ▪ 관리자와의 제한된 접촉
리더십 차원		▪ 권위주의적이고 강압적인 리더십 ▪ 부정적이고 회의적인 태도 및 말투 ▪ 과정 및 결과에 대한 합리적 설명의 결여 ▪ 비합리적인 의사결정
조직 차원	조직요인	▪ 급격한 조직의 변화 ▪ 치열한 경쟁 분위기 ▪ 비인격적인 관료제 분위기 ▪ 제한적인 내부 커뮤니케이션 ▪ 업무 수행에 필요한 조직 자원 편중 심화
	보상제도	▪ 공정한 평가가 아닌 임의적인 평가에 의한 보상 ▪ 기대했던 수준보다 낮은 인센티브 ▪ 성과 대비 낮은 수준의 보상 ▪ 능력에 따른 보상 수준의 미흡

6) 감정노동과 회복탄력성

(1) 회복탄력성에 대한 개념

① 물질이 외부 충격에 의해 변경이 일어날 경우, 본래 상태로 되돌아가려는 성질이다.

② 신체적 · 심리적으로 위험한 상황에 처했을 때, 불안을 극복하고 빠르게 회복할 수 있는 능력이다.

③ 직면한 문제를 해결하고 자신의 역량을 성장시킬 기회로 전환하는 능력이다.

④ 스트레스가 상승하는 조건에서도 스트레스를 거의 느끼지 못하거나 원활하게 대응하여 스트레스 지수를 낮추는 능력이다.

⑤ 급격히 변화하는 상황을 긍정적으로 수용하고 신속하게 적응하려는 능력이다.

⑥ 변화 가능한 성질로, 스트레스 · 위기 · 역경 등에 맞서 이기고 헤쳐 나가야 하는 현대인들에게 필요한 자질적 특성이다.

⑦ 부정적인 상황을 극복하고 건강한 자아를 형성할 수 있게 만들어 주는 개인의 특성이다.

⑧ 고난을 헤쳐 나가는 과정에서 소실된 용기, 의지를 다시 회복시키는 개인의 능력이다.

⑵ **회복탄력성의 구성 요소**

① 성공적인 문제 해결을 결정하는 주요 요소로, 개인의 주간적인 대처 능력과 의지가 중요하다.

② Wagnild Young은 자기신뢰, 인내심, 독립심, 평정심, 의지력을 하위 요인으로 정의했다.

③ Dyer & McGuinness는 자아의식, 결단력, 유연성, 친사회적 태도를 하위 요인으로 정의했다.

④ Reivich & Shatte는 감정조절능력, 공감능력, 충동통제력, 낙관성, 원인 분석력, 자기효능감, 적극적 도전성을 하위 요인으로 정의했다.

⑤ '감정조절 능력(Emotion control)'은 불안하거나 긴장한 상태에서도 긍정적 감정을 유지할 수 있도록 자신의 감정을 스스로 조절할 수 있는 능력이다.

⑥ '공감능력(Empathy)'은 상대의 입장에서 이해하고 타인의 감정을 배려하는 마음으로, 원만한 대인관계 형성 및 친화적인 정서를 유지할 수 있는 능력이다.

⑦ '충돌통제력(Impulse control)'은 미래의 보상을 위해 현재의 욕구를 참아낼 수 있는 인내력으로, 문제가 발생했을 때 신중하고 인내하는 행동을 보인다.

⑧ '낙관성(Optimism)'은 미래의 삶은 나아질 것이라는 긍정적인 믿음으로, 스트레스 환경에서 긍정적이고 적극적인 태도로 대처할 수 있는 능력이다.

⑨ '원인분석력(Causal analysis)'은 갈등의 원인을 진단하여 문제를 제대로 해결할 수 있도록 문제의 원인을 정확하게 분석할 수 있는 능력이다.

⑩ '자기효능감(Self-efficacy)'은 스스로 유능하고 가치 있는 사람이라고 인정하며 자신은 무엇이든 해낼 수 있다는 믿음으로, 자신의 삶에 긍정적인 영향을 준다.

⑪ '적극적 도전성(Reaching out)'은 새로운 것에 도전하는 것을 두려워하지 않으며 능동적인 태도로 배우며 성취하려는 개방적인 태도이다.

(3) 회복탄력성 향상 방법

① 자극이나 사건에 직면했을 때, 뇌는 습관적으로 반응하며 자신의 의식적인 통제는 불가능하다.

② 지속적이고 체계적인 훈련을 통해 긍정적 정보 처리 루트를 활성화시키고, 긍정적 습관성을 강화할 수 있다.

③ 긍정적 습관성이 강화된 경우, 실수에 긍정적으로 반응하며 자신의 실수에 보다 적극적으로 모니터링하는 태도를 보인다.

④ 긍정적 습관성이 약화된 경우, 실수를 두려워하는 소심한 성향으로 실수를 회피하려는 무의식적인 태도를 보인다.

⑤ 긍정적인 스토리텔링의 습관으로 고정관념이나 편견을 약화시키고 긍정적인 정서를 강화하여 감정조절력과 충동통제력을 향상시킨다.

⑥ 타인에게 신뢰와 호감을 바탕으로 맺은 인간관계를 통해 사람들을 설득하고, 이끌어 갈 수 있는 소통 능력을 강화하여 대인관계능력을 향상시킨다.

⑦ 역지사지(易地思之)의 마음으로 상대의 입장을 헤아리고 타인의 의견에 경청하여 공감의 원리를 이해하고 지속적으로 훈련한다.

⑧ 나에게 닥친 문제를 긍정적으로 수용하고 원인을 정확히 진단해 문제를 제대로 해결할 수 있도록 원인분석력을 향상시킨다.

⑨ 지속적인 자기성찰 훈련을 통해 자기 스스로를 이해하고, 나를 통해 타인을 이해할 수 있는 능력을 키운다.

⑩ 마틴 셀리그만(Seligman, M.) A-B-C 연결고리 이론
'사건(Accident)'과 '결과(Consequences)' 사이에는 '믿음(Belief)'이 존재한다. 즉, 사건 자체보다 중요한 것은 그 사건에 자신이 어떤 스토리텔링을 하느냐에 따라 결과를 다르게 해석할 수 있다는 점이다.

⑷ 감정노동과 회복탄력성의 상관관계

① 업무 압박 및 감정억제에 따른 부작용을 해소하기 위한 역경을 이겨 내는 긍정적인 정서를 강화하기 위해서는 감정통제력, 충동통제력, 원인 분석력, 공감능력은 필요한 하위 요인이다.

② 긍정적인 믿음을 갖고 감정을 조절하려는 노력을 하더라도 조직 내 목표 달성을 위해 충동통제력이 커질수록 직원들은 더 많은 감정노동에 노출된다.

③ 하위 요인과 감정노동의 상관관계 검증 결과, 충동통제력, 낙관성, 감정통제력 순으로 상관관계가 높은 것으로 나타났다.

④ 스스로 감정을 회복하고 자존감을 유지할 수 있는 환경 조성 및 미래에 대한 긍정적인 기대는 하위 요인 중 충동통제력과 낙관성과 유의미한 관계가 있다.

⑤ 직원들의 감정노동과 회복탄력성은 일반적 요인(연령, 경력 등)에 의해 영향을 받을 수 있다.

⑥ 업무 중 마찰 혹은 충돌이 발생할 경우, 연령이 낮은 집단에 비해 연령이 높은 집단의 충동통제 능력이 높다.

⑦ 근무 경력이 오래된 집단일수록 감정패턴을 유지하는 자제력은 낮았으며, 자신의 능력에 대한 믿음이 저하, 매너리즘에 빠져 극단적인 선택을 결정하게 된다.

⑧ 문제의 원인을 분석하는 능력은 미혼 집단이 기혼 집단보다 높으며, 어려운 환경 속에서도 낙관적인 성향을 보이는 태도 및 상대에 대한 공감능력도 미혼 집단이 높다.

⑨ 고학력일 경우, 새로운 업무에 도전에 긍정적인 반응을 보이며 문제 해결에 대한 성취감이 높다.

⑸ 감정노동의 회복탄력성 향상 방법

① 감정 부조화 상태가 반복되어 발생된 스트레스를 극복할 수 있도록 조직 내에서 스트레스 해소를 위한 훈련을 진행한다.

② 반복적인 업무를 지속적으로 진행할 수 있도록 미래에 대한 보상(승진, 급여 인상 등)을 마련한다.

③ 문제의 원인을 정확하게 파악, 신속하게 처리할 수 있도록 체계적인 훈련 과정을

기반으로 전문가를 양성한다.

④ 자신감 향상을 위해 긍정적인 마인드 교육을 통해 지속적으로 비전을 제시 및 내부적인 관리 지침을 마련한다.

⑤ 감정통제력 향상을 위해 긍정적인 정서 관리를 위한 감정순화 교육 및 환경 조성 등 내부 관리를 마련한다.

⑥ 소통능력은 올바른 인간관계를 맺기 위해 필수 조건으로, 타인의 호감과 신뢰를 바탕으로 한 소통은 조직 내 갈등 위기를 극복해 나갈 수 있다.

⑦ 긍정적 정서는 누구에게나 있기 때문에 적절한 훈련과 자신의 노력으로 향상될 수 있으며, 긍정적 정서의 힘이 강해질수록 문제해결능력, 도전의식도 향상된다.

⑧ 도전의식, 창의성, 동기유발은 긍정적인 정서에 의해 그 능력이 결정되며, 상대를 존중하고 배려하려는 마음, 타인의 장점 찾기 노력 등을 통해 긍정적 정서는 키워 나갈 수 있다.

실전 예상 문제

1. 감성지능에 대한 설명으로 바르지 않은 것은?

① 감성지능이란 자신은 물론 타인의 감정을 인식 및 이해하고, 이러한 인식을 바탕으로 자신의 행동과 관계를 조절하는 능력이다.

② 감성지능 개념은 손다이크(Thorndike)가 미국에서 지능 검사 도구를 개발하면서 지능의 한 가지 중요한 측면으로 주장한 '사회적 지능(Social intelligence)'이라고 볼 수 있다.

③ 감성지능은 인간이 보다 바람직하고 성취도 높은 사회생활을 영위하는데 필요한 능력이라고 할 수 있다.

④ 감성지능(EQ)은 지능지수(IQ)와 같이 태어나면서부터 정해지며, 새로운 정보나 사실을 안다고 해서 향상되지는 않는 특징이 있다.

[해설] 지능지수(IQ)는 태어나면서부터 정해지고 새로운 정보나 사실을 안다고 해서 IQ가 향상되지는 않는 반면, 감성지능(EQ)은 학습을 통해 변화할 수 있다.

2. 아래에서 설명하는 것은 인간이 갖추어야 할 능력 중에 어떤 능력에 해당하는 것인가?

- 타인을 이해하고 인간관계를 지혜롭게 하는 행위
- 타고나는 것이 아니라 후천적으로 습득하는 능력
- 스트레스 또는 환경적 결핍 및 박탈을 효과적으로 극복하는 능력을 포함

① 사회적 능력

② 정서적 능력

③ 대인관계 능력

④ 자기조절 능력

3. 감성지능의 영향에 대한 다양한 설명이다. 이 중 바르지 않은 것은?

① 감성지능은 개인의 능력을 어떤 분야에 집중시키는 것만으로도 놀라운 결과를 일으킨다.

② 시간관리는 물론 의사결정과 소통을 포함한 인간의 행동에 직·간접적인 영향력을 행사한다.

③ 직장에서 직무 수행 능력이나 개인 능력을 예측할 수 있는 가장 중요한 수단 중 하나이다.

④ 감성지능이 우수한 사람일수록 직무 성과가 뛰어나다는 사실은 일부에 국한되는 사실이다.

[해설] 직장인을 대상으로 실시한 연구 결과에 의하면, 직무 성과가 우수한 사람들의 90%가 감성지능도 우수하다고 한다.

4. 자신은 물론 타인의 감정을 인식 및 이해하고 이러한 인식을 바탕으로 자신의 행동과 관계를 조절하는 능력이라고 할 수 있는 감성지능의 구성 요소가 아닌 것은?

① 자기감정 이해 능력　　　② 동기부여 능력

③ 타인의 감정 이해 능력　　④ 문제해결 능력

5. 아래 설명하고 있는 것은 대니얼 골맨이 주장하는 감성지능의 구성 요소 중 하나다. 감성지능의 어떤 능력에 대한 설명인가?

> 조화로운 삶이나 상황을 만들어 내는 능력으로, 조직이나 사람들 사이에서 협조 및 협력을 이끌어 내며 갈등을 해결하고 능동적이고 적극적인 커뮤니케이션이나 민주적인 일 처리, 사교적이고 타인에 대한 관용이 이에 포함된다.

① 자기감정 이해 능력　　　② 동기부여 능력

③ 대인관계 능력　　　　　④ 타인의 감정 이해 능력

6. 감성역량에 대한 설명으로 바르지 않은 것은

① 정서지능에 뿌리를 두고 있는 학습된 능력으로 업무에서 뛰어난 성과를 낼 수 있도록 하는 역량이다.

② 다양한 정서와 관련된 문제와 직면했을 때 효과적으로 상황에 대처하고 업무를 성공으로 이끄는 능력을 의미한다.

③ 감성역량은 학습능력을 의미하며 감성역량만 갖추면 업무에서 훌륭한 성과를 창출할 수 있다.

④ 자신의 행동을 계획, 창출하고 동기화시킬 수 있도록 정서를 활용하는 능력이다.

7. 아래 설명하고 있는 것은 무엇에 대한 설명인가?

- 타인을 이해하고 인간관계를 지혜롭게 하는 행위
- '감정(Feelings)', '정의(Affect)', '기분(Moods)' 등의 용어와 혼용되어 사용
- 사회적 상호작용에 영향을 미치는 요소
- 심리적 분위기와 함께 표정에 영향을 미침

① 정서   ② 감성   ③ 사회성   ④ 이성

8. 조직에서 감성역량이 필요한 이유로 바르지 않은 것은?

① 효과적인 업무 수행 및 성과를 좌우하는 핵심요인이다.

② 감성역량이 높은 직원에 의한 긍정적인 감성이 증가한다.

③ 조직 목표 달성 의지 향상 및 기능 수행과 적응의 근거가 된다.

④ 고객과의 갈등이나 불만을 역기능적으로 해결한다.

9. 다음은 조직에서의 감성역량에 대한 설명이다. 사실과 다른 것은?

① 제도와 시스템만으로 해결하기 어려운 일들을 해결하기 위해서는 감성보다는 이성이 중요한 요소로 부각되었다.

② 조직에서 감성역량이 성과를 향상시키는 데 중요한 요인이라는 점이 점차 확산되고 있다.

③ 조직 구성원의 감성관리는 향후 기업을 운영하는 데 가장 중요한 핵심 역량이 될 것이다.

④ 조직이 높은 감성역량을 보유하게 되면, 조직의 효율성과 효과성이 증가한다.

10. 조직에서 감정은 다양한 형태로 나타난다. 조직에서 나타나는 감정의 표현에 대한 설명으로 바르지 않은 것은?

① 감정표현은 상대방에게 자신의 생각이나 의견을 전달하는 데 가장 효과적인 방법이다.

② 감정표현이라는 것은 감정의 노출 여부에 따라 감정공유와 감정은폐로 구분한다.

③ 조직 내 감정공유가 잘되면 상호작용이 활발해져, 정보나 지식의 공유가 활발하며 직무만족도 수준이 높다.

④ 조직에서 감정적 영향의 정도가 강할수록 타인에 대한 감정공유(전달) 확률이 오히려 감소한다.

[해설] 조직에서 감정적 영향의 정도가 강할수록 타인에 대한 감정공유(전달)확률이 증가한다.

11. 다음 조직에서의 감정표현에 대한 설명을 잘 읽고 괄호 안에 들어갈 말을 바르게 나열한 것을 고르시오.

> 일반적으로 사람은 감정을 표현함으로써 다양한 반응이나 신호를 제공한다. 일반적으로 감정표현이라는 것은 감정의 노출 여부에 따라 (ⓐ)와(과) (ⓑ)(으)로 구분하는데, (ⓐ)은(는) 자신이 느낀 감정을 숨기지 않고 타인에게 솔직하게 표현하는 것을 의미하고 (ⓑ)은(는) 자신이 느낀 감정이나 신호를 타인으로부터 숨기는 것을 의미한다.

	ⓐ	ⓑ		ⓐ	ⓑ
①	감정은폐	감정은폐	②	감정공유	감정은폐
③	감정공유	감정조작	④	감정전염	감정은폐

12. 조직 내에서 감정이 공유과정은 크게 무의식 과정과 의식 과정으로 구분되는데, 감정공유 과정이 지극히 의도적이고 적극적인 개입이나 조절을 통해 이루어지는 것을 '의식 과정'이라고 한다. 그렇다면 아래 예시 중 의식적인 과정이 아닌 것은?

① 직원의 감성역량   ② 리더에 의한 영향
③ 동일한 근무 환경이나 조건   ④ 조직 내 규범 및 규칙

[해설] 동일한 근무환경이나 조건은 무의식적인 과정이며, 이외에 감정전염, 대리적인 경험이 무의식적인 과정에 포함된다.

13. 조직 내 감정전염에 대한 설명을 바르지 않은 것은?

① 감정전염이란 '다른 사람의 얼굴 표정, 말투, 목소리, 자세 등을 자동적이고 무의식적으로 모방하고 자신과 일치시키면서 감정적으로 동화되는 경향'을 의미한다.
② 직장에서 일하는 직원들의 감정은 각각의 '감정 유발자'로서 자신의 감정을 다른 동료들에게 지속적으로 퍼뜨리며 감정의 영향을 받는다.
③ 일반적으로 조직 내 감정전염은 부정적인 전염보다 긍정적인 전염이 훨씬 전염성이 높고 조직에 미치는 영향이 매우 크다.
④ 팀이나 그룹으로 근무할 때 직원들의 감정이 바이러스와 같이 다른 동료들에게 전염된다.

[해설] 최근 기업에서 조직 내 부정적인 전염에 주목하는 이유는 긍정적인 전염보다 훨씬 전염성이 높으며 조직에 미치는 영향이 매우 크기 때문이다.

14. 조직 내 부정적인 감정 확산 최소화 방법으로 바르지 않은 것은?

① 조직 내 리더의 감성역량이 중요하므로 강화한다.
② 부정적인 감정 확산에 대해서 사전 예방보다는 사후 관리에 초점을 맞추어 대응해야 한다.
③ 조직 내 부정적인 감정 확산에 대한 지속적인 모니터링 체계를 구축한다.
④ 업무에 대한 중압감, 과도한 스트레스, 부정적인 감정을 최소화할 수 있는 프로그램을 운영한다.

15. 감성과 리더십의 관계에 대한 설명으로 바르지 않은 것은?

① 직원에게 직·간접적인 영향을 미치는 요소로 이성보다는 감성이 주요한 역할을 한다.

② 감성이라는 것이 리더십과 어우러지면 직원들의 좌절감이나 지나친 낙관주의를 낮춤으로써 업무 성과에 긍정적인 영향을 미친다.

③ 많은 전문가들에 의하면, 지속적인 성과를 창출해 내는 리더들의 공통점으로 감성지능이 높다고 한다.

④ 직원들은 리더의 행동이나 표정에 따른 감정반응을 통해 조직에서 발생하는 상황을 해석하므로 리더는 감정표현을 자제하는 것이 바람직하다.

16. 직장에서 발생하는 일련의 사건들로 인해 직원들이 긍정 또는 부정적인 정서를 경험하게 됨에 따라 구성원들의 업무 태도나 행동에 영향을 미친다는 이론을 무엇이라고 하는가?

① 정서적 사건이론　　② 행동감정이론　　③ 조직행동이론　　④ 인지감정이론

17. 감성리더십에 대한 설명으로 바르지 않은 것은?

① 감성리더십이란 구성원들이 즐거운 기분으로 업무를 수행할 수 있도록 업무 환경을 조성해 주고 배려해 주는 리더십을 뜻한다.

② 영향력 있는 리더가 되기 위해서는 논리적이고 이성적인 측면의 지성만이 아닌 따뜻한 감성도 함께 가지고 있어야 한다.

③ 감성리더십을 효과적으로 발휘하기 위해서는 무엇보다 이성적인 판단력을 기른 후 다양한 감성적 역량을 갖추기 위하여 노력해야 한다.

④ 감성리더십은 직원의 고충을 이해하고 그들과 함께 성장하는 리더십이며 단순히 '착한 리더 증후군'과는 구별되어야 한다.

[해설] 감성리더십을 효과적으로 발휘하기 위해서는 무엇보다 리더 스스로가 감성지능을 구성하는 다양한 감성적 역량을 갖추기 위하여 노력해야 한다.

18. 조직 내 감성리더십 구축 프로세스를 순서대로 나열한 것은?

- (가) 자기조절 및 통제
- (나) 조직 내부 및 구성원과 신뢰 구축
- (다) 조직 내 긍정적 감성 형성
- (라) 개별적인 관심과 배려

① (가)➔(라)➔(나)➔(다)　　　② (가)➔(나)➔(라)➔(다)

③ (다)➔(가)➔(나)➔(라)　　　④ (다)➔(나)➔(가)➔(라)

19. 임파워먼트에 대한 설명으로 바르지 않은 것은?

① 권한이란 어떤 직원이 조직 내에서 차지하고 있는 위상이나 직급 등으로 인해 갖게 되는 공식적인 힘을 의미한다.

② 임파워먼트는 직원들에게 책임 범위를 확대함으로써 신뢰를 바탕으로 직원의 능력과 잠재력을 키워 주는 방법이다.

③ 직원이 가진 잠재 능력을 최대한 활용하는 것은 임파워먼트라고 할 수 없으며, 업무 수행 과정에서 부여되는 재량권 또는 정보 공유 등을 통한 권한의 배분을 의미한다.

④ 임파워먼트는 직원의 파워를 늘리는 것이 아니라, 직원들이 가지고 있는 지식과 능력을 발휘하도록 하는 것이다.

[해설] 직원이 가진 잠재능력을 최대한 활용하는 것도 임파워먼트라고 할 수 있다.

20. 조직 내 임파워먼트가 중요한 이유로 보기 힘든 것은?

① 고객 접점에서 신속하고 탄력적인 대응을 통해 우수 직원을 단계별로 확보한다.

② 직원들의 잠재 능력을 최대한 발휘하고 업무 몰입도를 극대화한다.

③ 업무 관련 문제점에 대한 신속한 문제 해결을 통해 품질과 서비스 수준이 향상된다.

④ 관리, 감시, 연락, 조정 등 불필요한 절차가 감소되어 비용이 절감된다.

21. 국내 감정노동과 임파워먼트에 대한 설명이다. 사실과 다른 것은 무엇인가?

① 감정소비가 작고 직무자율성이 높은 감정노동자의 경우, 자살 충동이 높다.

② 대부분 감정노동이 이루어지는 곳에서 임파워먼트(업무재량권)가 부재하거나 미흡하다.

③ 권한의 확장과 자율성을 부여하는 것만으로도 감정노동의 근본 문제를 해결할 수 있다.

④ 감정노동자에 대한 명확한 역할 부여와 함께 권한위임의 범위 설정이 필요하다.

22. 조직 내 임파워먼트의 방해 요소 중 '직무 차원'에 대한 요소가 아닌 것은?

① 획일적인 규칙이나 명령

② 직무와 연관 있는 회의나 미팅, 의사결정과정에의 참여 제한

③ 과정 및 결과에 대한 합리적 설명의 결여

④ 비현실적이고 도달 불가능한 목표

[해설] 과정 및 결과에 대한 합리적 설명의 결여는 리더십 차원의 방해 요소이다.

23. 아래 내용은 임파워먼트의 방해 요소 중 어느 차원의 요소인가?

- 부정적이고 회의적인 태도 및 말투
- 비합리적인 의사결정
- 과정 및 결과에 대한 합리적 설명의 결여

① 직무 차원　　　　　　② 리더십 차원

③ 조직 차원 – 조직 요인　　④ 조직 차원 – 보상 요인

24. 회복탄력성에 대한 설명으로 바르지 않은 것은?

① 고난을 헤쳐 나가는 과정에서 소실된 용기, 의지를 다시 회복시키는 개인의 능력이다.

② 신체적 · 심리적으로 위험 상황에 처했을 때 불안을 극복하고 빠르게 회복할 수 있는

능력이다.

③ 변화 자체는 어려워 건강한 자아 형성에는 한계가 있으나 부정적인 상황을 극복하고 기회로 전환시키려는 개인적인 능력이다.

④ 스트레스가 상승하는 조건에서도 스트레스를 거의 느끼지 못하거나 원활하게 대응하여 스트레스 지수를 낮추는 능력이다.

[해설] 회복탄력성은 변화 가능한 성질로, 스트레스 · 위기 · 역경 등에 맞서 이기고 헤쳐 나가야 하는 현대인들에게 필요한 자질적 특성이다.

25. 아래에서 설명하고 있는 것은 무엇에 대한 설명인가?

- 신체적 · 심리적으로 위험한 상황에 처했을 때 불안을 극복하고 회복할 수 있는 능력
- 고난을 헤쳐 나가는 과정에서 소실된 용기, 의지를 다시 회복시키는 개인의 능력
- 직면한 문제를 해결하고 자신의 역량을 성장시킬 수 있는 기회로 전환시키는 능력

① 임파워먼트   ② 회복탄력성   ③ 문제해결능력   ④ 감정회복력

26. 감성경영과 감정노동에 대한 설명으로 바르지 않은 것은?

① 감정노동으로 인해 고통받는 현장 직원들에게 감성경영은 감정 및 정서관리를 통해 감정노동 문제를 해결하는데 긍정적인 역할을 수행하는 데 한계가 있다.

② 구성원들의 감성지능은 물론 리더, 인적자원관리, 조직문화 등 조직 전반에 걸쳐 감성에 기반을 둔 기업 경영활동을 의미한다.

③ 감성경영을 통해 감정노동자들이 스스로 자존감을 회복하고 조직의 활력을 회복하며 긍정적인 동력을 이끌어내는 것이 핵심이다.

④ 감성경영은 기업의 주요자원을 활용해 직원들의 감성에 호소함으로써 감성을 이끌어내고 이를 의미 있는 경영성과로 전환하는 경영방식이라고 할 수 있다.

27. 감성경영의 기대효과라고 보기 힘든 것은?

① 업무 효율성 향상 및 탁월한 성과 창출

② 동료 간의 연대 및 협력 유도와 소속감 저하

③ 직원들의 기업에 대한 충성도 및 업무 만족도 향상

④ 조직 내 발생하는 갈등을 순기능적으로 해결

28. 감성역량이 우수한 조직의 특징이라고 보기 힘든 것은?

① 리더가 조직의 몰입을 이끌어내기 위해 감성에 기반을 둔 리더십을 발휘한다.

② 지속적으로 직원의 성장과 발전에 투자와 지원을 아끼지 않는다.

③ 직원이 자신이 속한 조직에 대한 소속감 및 자부심이 높다.

④ 조직 내 커뮤니케이션이 일반적으로 개인적이고 폐쇄적이다.

29. 감정노동 완화를 위해 필요한 감성 리더의 조건으로 바른 것은?

① 조직 분위기가 침체되면 업무 성과 또한 저하되므로 이성적인 접근 및 커뮤니케이션을 통한 문제 해결이 필요하다.

② 숨 쉴 여유를 줄 수 있는 정서적인 공간과 시간 제공을 통해 업무상 여유는 물론 삶의 균형을 회복 또는 유지할 수 있는 기회를 제공한다.

③ 감성 리더에서 가장 중요한 것은 소통을 통해 발현되는 '감성'이라고 할 수 있으며 진정한 소통은 상명하복의 조직문화가 바탕이 되어야 한다.

④ 감정노동의 문제점을 이해하고 개선 방안을 마련하는 것보다는 명확한 목표와 구체적인 지시를 통해 업무를 효율화하는 것이 감정노동을 완화할 수 있다.

30. 조직 내 감성리더십과 관련한 설명 중 바르지 않은 것은?

① 감성리더십은 직원들과의 개별적인 관계보다는 조직 전체와 수직적인 관계를 더욱 강화하고 개인적인 관심보다는 집단적인 관심을 통해 집단 감성이 발현될 수 있도록 해야 한다.

② 단순히 직원 개인의 희생 및 번아웃된 상태에서 창출되는 조직의 성과가 아닌 직원들의 역량 강화는 물론 성장을 통해 성과를 창출하는데 초점을 맞춘다.

③ 리더 혼자만 직원들의 감성을 이해하고 공감하는 것이 아니라 조직 내 모든 직원들이 상호 간의 관심과 배려, 칭찬과 인정을 하도록 독려하고 분위기를 조성한다.

④ 리더의 지속적인 메시지 전달과 함께 이를 뒷받침할 수 있는 제도나 교육을 통해서 조직 내 직원들이 서로 협조할 수 있는 환경 및 시스템을 지원한다.

3

감정노동
해결

감정노동 해결을 위한 접근 방법

현재 국내 감정노동 문제는 개인적인 차원에서 해소되고 있는 실정이나, 감정노동 문제는 단순히 개인이 해결할 수 있는 일이 아니다. 서비스 사회화와 더불어 갈수록 강도가 심해지는 감정노동 문제는 정부, 소비자(고객), 기업, 감정노동자 개인 등 주요 주체들이 나서서 해결해야 하는 문제라고 할 수 있다. 감정노동은 여전히 우리 사회가 해결하지 못하고 있는 대표적인 문제로 인식되고 있다. 이 때문에 감정노동과 관련된 여러 주체가 다양한 활동을 하고는 있지만, 아직 감정노동에 대한 사회적 인식이 미흡하고 구체적인 대안이나 대책이 미흡한 상황이다.

1) 감정노동 문제 해결을 위한 노력들

① 감정노동과 관련한 논의가 다양한 영역에서 구체화

② 감정노동자 보호를 위한 법 개정 활동(「산업재해보상보험법」 등)

③ 일부 기업들의 감정노동자 보호 프로그램 운영

　　– 직원 지지 프로그램(EAP) 도입

　　– 감정노동휴가 및 수당 지급

　　– 블랙컨슈머 전담조직 개설

　　– 스트레스 해소 프로그램 운영 등

④ 일부 사회단체가 주도하는 감정노동 캠페인

⑤ 공공 부문 감정노동 가이드라인 마련

2) 감정노동 문제 해결 접근 방향성

① 정부기관은 감정노동을 유발되는 다양한 피해 사례 파악 및 개선 활동 병행

② 보호와 함께 예방적인 차원에서 정책과 제도 마련

③ 감정노동에 대한 사회적 합의 및 각 주체별 역할 시행을 위한 환경과 분위기 조성

④ 감정노동 보호 프로그램의 효과를 제대로 발휘할 수 있는 체감적인 운영 활동

⑤ 블랙컨슈머에 대한 고소 · 고발 등의 적극적인 대응

⑥ 감정노동에 대한 사회적 인식 변화(배려 및 존중하는 소비문화 지향)

⑦ 감정노동자 보호에 대한 기업의 적극적인 대응(매뉴얼, 권한위임 등)

⑧ 감정노동을 발생하게 하는 근본적인 원인에 대한 개선(과도한 업무, 감정노동 방어권 등)

3) 감정노동해결을 위한 각 주체별 역할

주체	주요 역할
기업	<ul><li>감정노동자들의 위한 휴식 시간 및 공간 마련</li><li>감정노동에 대응하기 위한 관리자의 역할 및 책임 부여</li><li>감정노동 문제에 신속하게 대응할 수 있는 시스템 및 프로세스 마련</li><li>감정노동자를 위한 심리 치료 및 상담 프로그램 운영</li><li>고민 및 애로사항을 표출할 수 있는 커뮤니케이션 채널 확보</li><li>감정노동자들을 위한 지지 및 격려 체계(멘토제 등)</li><li>블랙컨슈머에 대응하기 위한 매뉴얼 구축 및 업무재량권 부여</li><li>감정노동자를 보호하기 위한 다양한 캠페인 전개</li><li>블랙컨슈머 전담팀 구축 및 체계적인 운영</li><li>직원 대상 정기적인 감정관리 교육 실시</li><li>감정노동 대응에 대한 불이익을 주지 않는 합리적인 조직 문화 조성</li></ul>
개인	<ul><li>감정관리</li><li>긍정적인 심리 유지 및 관리</li><li>직무에 대한 전문성 확보</li><li>본인 직무에 대한 자긍심 및 자존감 향상</li><li>감정노동 수행에 따른 고충 및 애로사항에 대한 표출</li><li>체계적인 고객 커뮤니케이션 방법의 습득</li></ul>

주체	주요 역할
정부기관	<ul><li>감정노동에 대한 체계적이고 종합적인 접근</li><li>기업의 감정노동에 대한 인식 개선 촉구</li><li>감정관리 기법의 연구 및 관리 기법 확대 보급</li><li>대국민 감정노동 예방 캠페인 전개(언론 및 기업 연계)</li><li>감정노동 문제 예방 및 해결을 위한 법제화 노력</li><li>감정노동 관련 지침 및 가이드 마련 후 확대 보급(모니터링)</li></ul>
고객(소비자)	<ul><li>감정노동자를 배려하고 존중하는 소비문화 지향</li><li>감정노동자에 대한 가치 인정 및 인식 전환</li><li>소비 주체로서의 잘못된 인식의 개선 및 소비윤리 함양</li><li>감정노동자에 대한 배려 및 존중</li></ul>

② 감정노동과 학습된 무력감

⑴ 학습된 무력감 이해

① 감정노동에 노출되어 있는 사람들이 안고 있는 문제 중 하나가 바로 '학습된 무력감'이다.

② 학습된 무력감이란 피할 수 없는 부정적인 자극에 반복적으로 노출될 경우 나중에 부정적이거나 혐오스러운 자극에도 피하지 않고 그대로 받아들이는 상태라고 할 수 있다.

③ 감정노동자의 경우에도 현장에서 부정적인 자극에 대해 반복적으로 노출되다 보면 무기력에 빠지게 되고, 심해지면 우울증으로 확대될 수 있다.

④ 욕설이나 폭력과 같은 부당한 고객의 행동에 대해서 어떠한 업무 재량권이나 문제를 해결할 수 있는 권한이 주어지지 않거나 제한적으로 주어지는 감정노동자의 경우 이러한 무력감을 경험한다.

⑤ 학습된 무력감으로 인한 부정적인 자기 암시는 자신을 존중하지 못하고 스스로를 비난하거나 질책하며 자기 비하는 물론 실망 또는 포기 및 무관심으로 이어져 자신이 좋아하는 일이나 즐거운 일에 대해서 주도적이지 못하게 되며 작은 일에 쉽게 화를 내고 분노를 참지 못한다.

⑥ 부정적인 자기 암시가 잠재의식을 지배하게 되면 충분히 극복할 수 있는 상황이나 환경에 놓여 있음에도 불구하고 쉽게 포기한다.

⑦ 감정노동으로 인해 학습된 무력감을 경험하게 된 사람들은 대부분 자신이나 상황에 대해서 항상 부정적인 암시나 습관적으로 비관하는 태도를 보인다.

⑧ 학습된 무력감 상태에 지속적으로 노출이 되면 감정노동자의 입장에서는 자신이 하는 일에 대해서 의미를 찾기 쉽지 않고 자포자기 상태에 놓이게 되며, 심하면 우울증으로 발전해 극단적인 상황으로 치닫는 경우까지 발생한다.

⑨ 이러한 학습된 무력감은 단순히 개인적인 차원에서 멈추는 것이 아니라 집단적으로 학습된 무력감에 빠질 가능성이 높기 때문에 조직에서는 이러한 학습된 무력감을 극복하기 위해 노력해야 한다.

(2) 현장에서 학습된 무력감 극복하기

① 학습된 무력감을 극복하기 위해 가장 필요한 것은 어떤 상황을 스스로 극복할 수 있고 자신에게 주어진 업무나 과제를 효과적으로 수행할 수 있다는 기대와 신념이다.

② 어떤 상황에서 적절한 행동을 할 수 있다는 기대와 신념인 자기 효능감(Self-efficacy)이란 바로 학습된 무력감을 극복하기 위해 필요한 가장 중요한 요소이다.

③ 무력감에서 벗어나기 위해 반드시 필요한 것이 바로 긍정적인 자기 암시이며 자신의 장점이나 강점을 나열하고 인식하는 방식을 취해 스스로 무력감에서 벗어나는 방법을 취하는 것도 도움이 된다.

④ 상황 또는 환경에 대한 긍정적인 사고 인식을 가지는 것이 중요한데 긍정적인 인식이라는 것은 말 그대로 자신의 감정이나 기분을 긍정적인 상태로 끌어올리는 것을 의미한다.

⑤ 현장에서 고객으로부터 상처를 입을 말한 말을 들었다면 제일 먼저 자신의 상황을 객관화해 보거나 불만이나 불평의 대상이 자신이 아닌 상품이나 서비스라고 분리하여 생각한다.

⑥ 긍정적인 사고 인식이 중요한 이유는 감정노동으로 인해 발생하는 스트레스를 감소시킴은 물론 문제 중심적인 사고방식에서 벗어나도록 도와주기 때문이다.

⑦ 자신이 스스로 상황이나 환경을 통제하는 것도 중요한데 이것은 자신이 스스로 할 수 있는 일들을 생각해 내고 바람직하다고 생각되는 행동을 선택한다(행동중심).

⑧ 자기 자신이 하고 있는 일에 대해서 의미를 부여하는 것도 학습된 무기력을 극복하는 데 도움이 된다.

⑨ 감정노동에 의한 무력감을 극복하는 데 있어 작은 성취감(Quick-win) 맛보는 것도 중요한데 이러한 경험을 통해 미래에 대한 희망이나 현 상황을 극복할 수 있는 용기가 생긴다.

⑩ 마지막으로 긍정적인 자기 강화가 있는데 이는 부정적인 상황과 환경 속에서도 잘

극복하거나 긍정적이 태도를 유지할 경우 자신에게 상징적인 보상이나 칭찬을 하면, 우리의 뇌는 내면적으로 긍정적이 감정을 느끼려고 노력한다.

(3) 감정노동에 있어 자기 효능감
① 감정노동에 있어 자기 효능감은 감정노동으로 인해 발생하는 문제를 자신의 능력을 통해 성공적으로 해결할 수 있다는 신념 또는 기대감이라고 할 수 있다.
② 감정노동을 수행하는 데 있어 발생하는 개인의 어려운 상황을 잘 이겨내기 위해 필요한 동기부여, 인지자원, 행동과정을 최고로 높일 수 있는 능력이 자신에게 있다는 믿음이라고 할 수 있다.
③ 자기 효능감이 높은 직원은 자신이 어려운 상황을 극복하려는 신념과 기대감이 높기 때문에 업무를 성공적으로 수행하겠다는 자신감이 높아 개인 성과에도 긍정적인 영향을 미친다.
④ 자기 효능감이 높은 직원은 자신에 대한 신념과 의지가 강해 긍정적인 자아상을 형성하는데 도움을 준다.
⑤ 자기 효능감이 높은 직원일수록 긍정 에너지가 높으며 힘든 상황에서도 긍정적인 선택을 할 가능성이 높고 자신이 내리는 판단이나 감정을 신뢰할 가능성이 높다.

(4) 자기 효능감 향상시키기
① 모든 선택의 기준 및 결정의 주체는 자신이라는 것을 인식하기
② 자신의 생각이나 감정, 행동에 대해 객관적으로 파악하기
③ 타인의 성공사례를 수집하고 역할모델을 설정하기
④ 작고 사소한 목표에 대해 지속적인 성공 맛보기
⑤ 자신을 알아주는 사람과 함께 지내기(격려와 지지)
⑥ 정서적인 각성과 불안감에서 탈피하기

(5) 감정의 주도권 확보하기
감정의 주도권을 확보한다는 것은 '타인에게 휘둘리지 않겠다'라는 의미이며 어떤 상황이나 조건에서도 주도적인 위치에서 이끌거나 지도할 수 있고 타인에 맞서 자신의 의견

이나 주장을 지키고 타인을 유도할 수 있도록 도와주는 역할을 의미한다.

① 감정노동의 주도권을 확보하기 위해서는 상처를 받는다고 하더라도 스스로 자신만의 기준을 세우는 것이 중요하다.

② 만일 자신을 힘들게 하는 고객이라면 시간과 에너지를 쏟아 부을만한 가치가 있는 고객인지를 생각해보는 것이다.

③ 자신만의 기준이라는 것은 회사가 세워 주는 것이 아닌 자신이 직접 세워 놓은 기준에 입각해 업무를 수행하는 것이며 이렇게 자신만의 기준을 세우는 것만으로도 감정적으로 힘들게 하는 고객과 상황으로부터 주도권을 갖는 것이라고 할 수 있다.

④ 감정의 모든 결정과 선택의 주체는 바로 '자신'이라는 것을 인식해야 하는데 고객의 반응이나 행동에 대해서 화를 낼 것인지 아니면 분노할 것인지 평정을 유지할 것인지를 결정하는 주체는 바로 '자신'이라는 것을 인식한다.

⑤ 감정적으로 대응하고자 한다면 다시 한번 생각해야 하는데 이때 감정적인 대응을 하는 것은 주도권을 상대방에게 넘기는 행위임을 인식해야 한다.

⑥ 감정의 주도권을 확보하기 위해 자신에게 주어진 선택과 결정을 인정하는 것도 좋은 방법인데 결과가 좋건 나쁘건 자신은 최선을 다한 선택과 결정이므로 이에 대해 걱정할 필요가 없다고 생각하는 것이다.

⑦ 주어진 권한과 책임질 수 있는 범위 내에서 이루어지는 업무에만 집중하는 것으로 자신이 최선을 다했는데 불구하고 해결되지 않으면 그것은 본인의 책임이 아니라 회사의 전략이나 시스템 또는 프로세스나 지침이 문제이다.

⑧ 자신의 감정에 대해서 주도권도 없이 자기 자존심마저 버리고 수동적으로 휘둘리는 삶은 결코 주체적이지 않고, 실제 감정노동을 해결하는 데 별로 도움이 되지 않는다.

감정노동해결

감정코칭 및 치유기법

1) 코칭의 이해

(1) 코칭의 정의

① 코칭은 개인과 조직의 잠재력을 극대화하여 최상의 가치를 실현할 수 있도록 돕는 수평적 파트너십이다(한국코치협회).

② 코칭은 고객의 개인적·전문적 잠재성을 극대화하기 위해 영감을 불어넣고 사고를 자극하는 창의적인 프로세스 안에서 코치와 고객이 협력 관계를 갖는 것이다(국제코치연맹).

③ 코칭은 개인의 자발적 행동을 유발하기 위한 소통의 기술이다.

④ 코칭은 대화를 통해 상대방의 성장과 성과 향상을 돕는 목표 지향적 프로세스이다.

(2) 코칭철학의 3요소

① 모든 사람에게는 무한한 잠재력이 있다.

② 코그 사람에게 필요한 해답은 그 사람 내부에 있다.

③ 효과적으로 해답을 찾기 위해 파트너가 필요하다.

(3) 효과적인 코칭이 이루어지기 위한 전제조건

① 직원과 믿음을 바탕으로 한 상호 신뢰가 있어야 한다.

② 공감대 형성을 위한 조직의 분위기나 환경을 조성한다.

③ 제대로 역량을 갖춘 코치 또는 관리자가 배치되어야 한다.

(4) 코칭의 유형 – 개별 코칭

① 코칭은 개별 직원을 대상으로 하는 개별 코칭과 그룹을 대상으로 하는 그룹 코칭으

로 나뉜다.

② 개별 코칭은 말 그대로 직원 개인을 대상으로 하는 코칭을 의미한다.

③ 개별 코칭은 코칭을 담당하는 사람과 직원이 1:1로 만나서 이루어지는 개인적인 코칭이다.

④ 코치의 경험이나 지식에 의존하며 다양한 종류의 코칭 방법이 존재한다.

⑤ 코치와의 친밀감 형성이 가능하고 집중 및 세분화된 코칭이 가능하다.

⑥ 개인화된 코칭 및 피드백이 가능하며 상대적으로 여유가 있다.

(5) 코칭의 유형 – 그룹 코칭

① 1:N의 형태를 유지하면서 이루어지는 코칭이며, 적정 인원을 대상으로 하기 때문에 개별 코칭과는 다른 다양한 이점이 있다.

② 직원 간 유대감은 물론 타 직원과 협력을 통해 시너지효과(Synergy effect)가 발휘될 수도 있다.

③ 일반적이고 기본적인 코칭이 주를 이루며, 상대적으로 개인화된 코칭에는 한계가 있다.

④ 인원이 상대적으로 많아 일정 부분 통제가 필요하다.

⑤ 일관성을 유지할 수 있도록 사전에 많은 준비와 집중력이 필요하다.

⑥ 참여 인원에 따라 코칭 분위기나 행동 및 태도가 달라지므로 적정 인원의 참여가 필요하다(5~8명).

⑦ 코칭의 시기 및 시간의 조절은 물론 코칭의 방향이나 취지, 목표의 일관성이 유지되어야 효과가 크다.

⑧ 간결하고 필요한 사항만으로 구성하여 진행해야 하며, 그룹 코칭 후 지속적인 피드백을 실시해야 한다.

2) 코칭 스킬

코칭이라는 것은 단순히 개개인의 문제 해결 및 성장, 발전을 뛰어넘어 팀과 조직의 경쟁력을 높이고 조직에 활력을 불어넣는 데 큰 역할을 한다. 코칭의 이러한 효과를 극대화하기 위해서는 체계적인 코칭 스킬이 필요하다.

① 코칭 스킬이란 말 그대로 코칭을 진행할 때 효과를 극대화하기 위해 필요한 기술이다.
② 코칭 스킬은 의사소통기술이라고도 할 수 있는데, 코칭을 효과적으로 진행하기 위해서는 직원들과의 커뮤니케이션이 바탕이 되어야 한다.
③ 커뮤니케이션에는 언어적 커뮤니케이션(대화·문자 등 음성언어 또는 문자언어 등)과 비언어적 커뮤니케이션(행동이나 동작, 표정, 태도, 신체적 접촉 등)을 적절히 활용한다.
④ 코칭 스킬의 핵심은 크게 질문, 경청, 피드백이며 그 자체로 구체적인 코칭 실행 전략이라고 한다.

(1) 경청 스킬

① 상대방의 말을 듣기만 하는 것이 아니라 상대방이 전달하고자 하는 내용과 그 이면에 있는 동기 및 정서를 이해하고, 이를 상대방에게 피드백해 주는 기술이다.
② 모든 커뮤니케이션의 시작은 경청에서부터 시작된다.
③ 직원이 전달하고자 하는 언어 및 비언어적 표현과 메시지를 포착하고 이해하는 것이다.
④ 직원은 자신의 말에 진심으로 깊게 듣는다고 느끼면 자신의 마음을 연다.
⑤ 경청의 반응 유형은 명확하게 표현하기, 바꾸어 말하기, 반영하기, 요약하기 등이 있다.
⑥ 공감적 경청은 상대방의 상황이나 말을 이해하려는 의도를 가지고 경청하는 것을 말한다.
⑦ 공감적 경청은 코칭 시 들은 내용을 다시 한 번 확인함으로써 말을 제대로 이해하고 있다는 것을 보여 주는 경청이다.
⑧ 경청은 말 그대로 '옳다, 그르다'를 판단해 주는 것이 아니라, 상대방의 입장과 편에 서서 공감해 주는 것만으로도 큰 효과를 볼 수 있다.
⑨ 경청 시 너무 많은 말을 하지 않으며 직원의 말을 틔워 주는 말이나 어구를 활용해야 효과적이다.

(2) 질문 스킬

① 질문은 상대방으로 하여금 자신의 문제에 대해 생각하게 하고 이를 통해 해결 방법을 본인 스스로 찾게 해 줌으로써 문제해결능력을 향상시켜 주는 코칭 스킬이다.

② 단편적인 해결책보다는 다양한 질문을 던져 직원이 직접 문제를 해결할 수 있도록 지원(Support)과 협조(Assistance)를 해 주는 방식이 훨씬 효과적이다.

③ 질문을 통해 자신이 느끼는 감정에 대한 느낌이나 생각을 탐색하게 할 수 있으며, 문제 해결에 도움을 준다.

④ 질문은 상황이나 사건을 바라보는 시각이나 해석을 달리하게 하며, 이러한 과정에서 사고와 감정을 결정짓는다.

⑤ 코칭에서 이루어지는 질문의 유형은 아래와 같다.

유형	내용
열린 질문	■ '예' 또는 '아니오'로 답변할 수 없는 질문(↔폐쇄적인 질문) ■ 일반적으로 코칭에서 가장 많이 사용되는 질문의 유형 ■ 사고를 확대시키고 코칭에 적극적인 참여를 유도함 ■ 'What–Why–How–Where–When'에 입각하여 다양하게 질문 유도 ■ 부가적인 질문을 동반하고 문제 해결 지향적인 질문임
미래 지향적인 질문	■ 시간이나 시기를 중심으로 던지는 질문(↔과거 지향적인 질문) ■ 미래형 단어 표현을 주로 사용 ■ 잠재 능력 및 가능성에 초점을 맞춤
긍정적인 질문	■ 긍정적인 의미의 언어 및 단어를 사용하는 질문(↔부정적인 질문) ■ 직원의 의식과 생각에 실제로 영향을 미치는 정도가 큼 ■ 새로운 가능성과 대안을 모색하는 데 효과적임

(3) 피드백 스킬

① 피드백은 질문이나 경청과는 달리 보다 구체적으로 실천을 유도하게끔 하는 기술이다.

② 피드백 스킬은 직원으로 하여금 그들의 행동을 열게 하는 기술인데, 피드백의 역할

은 있는 사실(Fact)을 근거로 하기 때문에 말 그대로 구체적이고 명확한 커뮤니케이션이라고 할 수 있다.

③ 결과나 진행 상황에 따라 발생할 수 있는 잘못된 오류나 상태를 발견하여 보완 및 교정을 해 주는 역할을 수행하기 때문에 피드백은 빠를수록 좋다.

④ 피드백이 신속하고 시의적절하게 진행되면 향후에 발생할 수 있는 더 큰 문제나 상황을 최소화할 수 있고, 코칭 초기에 의도했던 목표를 완성하거나 예기치 못한 상황이 발생하더라도 신속하게 대응할 수 있게 해 준다.

⑤ 코칭에서 이루어지는 피드백의 유형은 아래와 같다.

유형	내 용
긍정적 피드백	▪ 장점과 잘한 점에 대해 칭찬 및 격려와 인정을 해 주는 피드백 ▪ 행동을 유발시키거나 강화시킴(Reinforcement) ▪ 자신감을 강화시켜 주며 성취감을 느낄 수 있게 하며 역량을 향상시킴 ▪ 더 높은 목표 부여를 통한 도전의식을 자극
부정적 피드백	▪ 단점이나 잘못한 점에 대해 지적 또는 충고를 해주는 피드백 ▪ 잘못 및 실수에 대해 구체적인 설명이나 반응이 없는 피드백(무반응) ▪ 긍정적인 피드백과 달리 행동 및 결과에 대한 징계 및 처벌(Punishment) ▪ 자신감 및 역량 저하요인으로 작용하며 대상자는 민감하게 반응(갈등 · 증오)
발전적 피드백	▪ 구체적으로 행위 또는 행동을 지적하고 개선 방향을 제시하는 피드백 ▪ 결과에 대한 질책보다는 실패 원인을 분석해 개선시킴(Improvement) ▪ 미래 지향적인 피드백이며 대상자와 합의를 이끌어 내야 함 ▪ 상호 간의 믿음과 신뢰가 바탕이 되어야 대상자가 오해하지 않음

⑥ 발전적 피드백은 구체적으로 행위 또는 행동을 지적하고 개선 방향을 제시하는 피드백이다.

⑦ 발전적 피드백은 코칭이 잘 이루어지지 않을 경우, 원인이나 느낌 또는 당시 상황을 솔직하게 피드백하는 것을 의미한다.

⑧ 코칭을 인한 직원의 행동 변화가 부족하다고 느낄 때 문제가 되는 부분을 솔직하게

말함으로써 발전과 변화를 이끌어 내므로 비난이나 비판과는 다른 개념의 피드백
이다.

⑨ 발전적 피드백이 효과를 거두기 위해서는 행동(Action)에 한정하고, 행동이 미치는
영향(Impact), 원하는 결과(Desired outcome)에 맞춰야 한다.

⑩ 발전적 피드백이 효과를 거두기 위해 필요한 내용을 정리하면 아래와 같다.

구성	주요 내용
행동(Action)	■ 어떤 상황이나 문제에 적극적으로 대처하고 있는지 여부 ■ 주체는 사람이 아닌 상황에 따른 태도나 행동에 초점을 맞춤
영향(Impact)	■ 행동이 미치게 되는 영향 ■ 개선 목적의 지적이나 피드백 수렴 후 행동이 미치는 영향
원하는 결과 (Desired outcome)	■ 해당 문제나 상황을 효율적으로 처리하기 위한 방법 ■ 향후 전개될 바람직한 결과를 위한 구체적인 행동에 대한 논의

(4) 침묵(머물기) 스킬

① 코칭에서 침묵은 필수적이며, 어떻게 활용하느냐에 따라 질문이 가진 힘을 더욱 강
화시킨다.

② 질문 이후 직원 스스로 문제에 대해 깊게 생각하고 사고하고 통찰하는 시간을 주는
것이 효과적이다(답을 발견해 내는 과정).

③ 침묵 스킬은 사고가 확장될 때 또는 중요한 내용을 언급할 경우와 감정이 일렁일 때
활용한다.

④ 침묵은 3~4초 정도가 적당하며, 이때는 눈맞춤(Eye contact)을 함께 병행한다(관찰).

⑤ 침묵 스킬을 잘못 활용하면 침묵이 지속되거나 또는 상호 간에 감정적으로 불편한
상황이 초래된다.

⑥ 침묵이 길어질 경우 실제 답변이 어렵거나 집중하지 못해 아무것도 생각해 내지 못
한 경우이므로 해당 사항을 명확히 파악한 후 조치를 취한다.

감정노동해결

3) 감정코칭의 이해

(1) 감정코칭의 핵심

① 감정을 삶의 일부로서 있는 그대로 자연스럽게 이해하고 받아들인다.

② 감정에는 좋고 나쁨이 없다.

③ 감정을 표현하는 방식인 행동에는 좋고 나쁨이 있으므로 명확한 한계를 둔다.

④ 바람직한 행동으로 표현할 수 있도록 이끌어 주는 것이다.

(2) 감정코칭의 기대효과

① 대인관계가 좋아지고 감정적 유대감을 형성한다.

② 직무몰입도가 향상되고 대인관계의 신뢰가 회복된다.

③ 감정적 상황에서 스스로 감정을 관리하고 문제를 해결할 수 있다.

④ 스스로 상황을 헤쳐 나갈 수 있는 의지를 체험함으로써 최상의 가치를 실현할 수 있다.

⑤ 성과 향상을 위해 내재되어 있던 개인의 잠재 능력과 가능성을 풀어 주는 계기가 된다.

4) 감정코칭의 5단계

(1) 1단계 : 감정 포착하기

① 행동보다 감정을 먼저 읽는다.

② 얼굴 표정 등 비언어적 표현을 통해 다채롭고 풍요로운 여러 가지 감정을 읽는다.

③ 얼굴에 나타나는 표정으로 단정짓지 않고 기분이 어떤지 물어본다.

④ 폴 애크만 박사는 감정을 7가지 기본 감정(분노, 경멸, 혐오, 공포, 기쁨, 흥미, 슬픔)으로 분류하였다.

(2) 2단계 : 좋은 기회로 여기기

① 상대방의 감정을 포착했다면 그의 내면세계를 이해하고 연결될 수 있는 긍정적인 기회라고 여긴다.

② 강한 감정을 보일수록 더 좋은 기회로 여기되, 감정적 중립에 머물며 감정이 과잉 상태로 진입하는 것을 예방한다.

③ 감정을 보일 때는 행동보다는 감정에 지속적으로 초점을 맞추며 안정감을 느낄 수 있도록 부드럽고 침착하게 반응한다.

④ 불안감, 죄책감, 두려움 등의 속마음을 헤아려 주고 같은 편이 되어 주고 지지해 주는 역할로 다가간다.

⑶ 3단계 : 감정을 들어주고 공감하기

① 다양한 이야기를 할 수 있는 열린 긍정적인 질문을 한다.

② 이야기를 경청하여 듣고 수용하거나 공감하고 감정을 받아주는 다가가는 대화법을 사용한다.

③ 코치는 자신의 신체적 · 감정적 · 환경적 느낌과 생각을 알아차린다.

④ 표현되는 감정과 섞여있는 여러 가지 감정들을 알아차릴 수 있게 충분한 시간을 갖고 진행한다.

⑤ 다가가는 대화의 비결은 경청하고 감정을 받아들이며 공감 및 두둔해 주는 것이다.

⑥ 성급하게 감정을 단정짓지 않으며, 충고나 조언을 하기 전에 충분한 공감과 이해부터 한다.

⑷ 4단계 : 감정에 이름 붙이기

① 감정에 이름 붙이기는 감정을 명료화하는 것이다.

② 막연한 감정을 구체화하고 명료화함으로써 이후 감정에 대해 더 탐색하고 논의할 수 있게 된다.

③ 감정에 이름을 붙이는 순간, 자신의 감정을 알게 되며 처리 방법을 찾는 것이 한결 수월해진다.

④ 명료화함으로써 직원 스스로가 이해받고 존중받는 느낌을 들게 하여 위로 및 안정감을 준다.

⑤ 감정을 처리하는 우뇌에서 이성을 관리하는 좌뇌의 언어로 표현함으로써 감정을 이성적으로 처리할 수 있게 된다.

감정노동해결

⑸ 5단계 : 바람직한 행동으로 이끌어주기

① 해결책을 주는 것이 아니라 스스로 원하는 결과를 얻을 수 있도록 '왜'보다는 '무엇', '어떻게' 등을 사용하여 질문한다.

⑹ **감정코칭을 하지 말아야 할 때**

모든 상황에서 감정코칭이 효과적인 것은 아니다. 별로 효과가 없거나 오히려 역효과를 낼 수 있는 상황도 있을 수 있다.

① 시간에 쫓길 때

② 주변에 사람들이 있을 때

③ 코치 자신의 감정이 격하거나 너무 피곤할 때

④ 심리적 불안 등 위험한 상황일 때

⑤ 거짓 감정을 꾸며낼 때

5) 감정치유를 위한 상담 기법의 유형

⑴ 주의집중과 경청

① 주의집중은 신체적·심리적으로 상담자와 함께 있음을 전달하는 것이다.

② 상담자가 대상자에 대한 관심을 보이는 신체적 자세로 직원에게 약간 기울인다.

③ 상담자와 눈맞춤, 표정, 제스처 등 비언어적 의사소통 통해 끊임없이 듣고 있다는 메시지를 보내는 것을 말한다.

④ 상담자 자신이 생각에 빠지거나 다음에 말할 것을 생각하는 등 주의집중의 어려움이 있다.

⑵ 침묵

① 상호 간 진술을 받아들인 후에 일어나는 정지 상태로, 말이 아닌 다른 형태의 대화이다.

② 침묵은 대상자에게 생각하고 반응할 시간을 제공한다.

③ 상황에 따라 상담자가 할 수 있는 가장 유용한 것은 아무 말도 하지 않는 것이다.

④ 침묵은 공감, 따뜻함, 존경을 전달하고 대상자에게 말할 시간과 공간을 준다.

⑤ 침묵은 도전을 위해 사용할 수 있으나 상황에 따라 부주의하게 사용될 수도 있다.

(3) 재진술

① 대상자 말의 내용이나 의미를 반복 및 부연하는 것을 말한다.

② 핵심을 파악해서 대상자의 진술보다 짧고 간결하게 한다.

③ 내면에 집중할 수 있도록 공감과 함께 사용하는 것이 바람직하다.

④ '당신의 말을 들으니~', '그건 마치 ~처럼 들리는군요.' 등과 같이 형태를 다양하게 한다.

(4) 개방형 질문

① 자신의 느낌과 생각 및 의견을 잘 표현할 수 있도록 요청하는 질문기법이다.

② 이외에도 생각이나 감정을 보다 명확하게 탐색하도록 하고자 할 때 사용한다.

③ 상담 도중 모순된 생각을 풀어내도록 돕고 싶을 때 사용한다(~에 관해 생각하면 마음속에 무엇이 떠오르세요?).

④ 상담 도중 잘못 알아듣거나 이해할 수 없을 때 사용한다.

⑤ 더 말할 내용이 있는데도 어려워하는 대상자를 격려할 때 사용한다.

⑥ 상담자가 대상자에게 관심을 기울이고 경청하고 있음을 보여 줄 때 활용한다.

(5) 초점 맞추기

① 중요하다고 생각되는 점에 초점을 맞추어 구체적으로 탐색하고 명료화하는 과정을 말한다.

② 대상자가 기꺼이 해 보고자 하는 문제에 초점을 맞춘다.

③ 만약 대상자가 위기 상황에 있다고 생각되면 우선 그 위기를 다룰 수 있도록 도와야 한다.

④ 대상자의 전체적인 향상에 기여할 수 있는 문제를 우선 다룬다.

⑤ 고통을 유발시키는 문제와 성공적으로 다룰 수 있는 작은 문제부터 시작한다.

(6) **요약**

① 상담 내용의 부분 혹은 전체를 간결하게 종합하여 대상자에게 제시하는 의사소통기술이다.

② 대상자를 준비시키기 위해 활용하는 기법이다.

③ 분산된 생각이나 느낌들에 초점을 맞추어 한 특정 주제를 마무리 짓기 위해 사용한다.

④ 해당 주제를 완전히 탐색하도록 하기 위해 사용한다.

⑤ 자신의 상황 및 문제 인식을 명확히 하도록 하기 위해 사용한다.

⑥ 새로운 관점을 갖도록 하기 위해 효과적으로 사용될 수 있다.

(7) **직면**

① 자기 타파적인 혹은 타인에게 해를 주는 행동에 대해 검토해 보도록 안내하는 기법이다.

② 대상자가 자신이나 다른 사람의 삶에 위험을 주는 행동을 보일 때 사용한다.

③ 앞뒤가 맞지 않거나 서로 모순되는 행동을 보일 때 사용한다.

④ 대상자의 생각이나 행동의 차이를 밝혀 준다.

⑤ 대상자와 라포가 잘 형성된 후, 대상자가 받아들일 준비가 되어 있을 때 사용한다.

⑥ 대상자에 대한 공감과 존중을 요구한다.

(8) **자기노출**

① 자신의 경험을 대상자에게 공개하여 공유하게 하는 것이다.

② 대상자의 속마음이나 경험을 더 개방할 수 있도록 한다.

③ 자기노출을 했을 경우, 대상자는 상담자를 한 인간으로 인식하고 더욱 친밀감을 느끼게 된다.

④ 상담에 촉진적이고 생산적인 경우에만 유용하다.

⑤ 노출 내용은 대상자가 문제 상황을 구체적으로 이해할 수 있는 것으로 선택적으로 공개한다.

⑥ 노출 시기와 정도, 수준을 잘 고려한다.

⑼ 공감

① 상담자의 입장을 유지하면서 직원의 입장이 되어 대상자의 방식대로 그의 세계를 수용, 지각하고 그 생각과 느낌을 표현해 주는 기법이다.

② 표면적 공감은 대상자의 말 또는 행동에서 외부로 드러난 기분이나 감정을 알아주고 이해해 주는 것이다.

③ 심층적 공감은 대상자의 감정이나 기분 이면에 숨겨진 내적인 기분을 알아주는 것이다.

④ 공감의 과정은 '경청 ⇨ 대상자의 입장 되기 ⇨ 대상자의 생각과 느낌에 적절한 표현 찾기 ⇨ 구체적인 언어와 비언어적 표현을 통해 대상자에게 전달하기' 순으로 진행된다.

⑤ 공감의 효과로 대상자는 부정적인 생각이나 감정도 수용된다는 생각을 하게 되어 문제에 대한 통찰이 가능해진다.

⑥ 상담자와 대상자 상호 간에 신뢰와 존중이 더해져서 상담 시 의사소통과 관계가 더욱 촉진된다.

6) 단계별 감정치유 상담 방법

⑴ 감정치유 초기 단계

① 직원의 이야기를 적극적으로 경청해 주며 희망 및 지지를 통해 신뢰감을 형성한다.

② 상담 이유와 개인적 특성과 관련된 정보를 파악하여 문제를 명료화해야 한다.

③ 직원이 자신의 문제에 대한 표현 방법을 파악할 수 있는 중요한 정보가 될 수 있다.

④ 일반적으로 첫 상담에서는 의도되고 정리된 행동일 가능성이 높으나, 시간이 지남에 따라 전형적인 행동들로 나타나게 된다.

⑤ 감정치유 초기 단계에서 상담 목표 설정은 핵심 성공 요소 중 하나이며, 설정 이유는 문제와 연관된 상황이나 행동 과정을 탐색하고 조정하며, 상담에 적극적인 참여를 유도하기 위함이다.

⑥ 초기 단계에 사용하는 상담 기법은 관심 기울이기, 공감적 경청, 개방형 질문 기법이 있다.

⑦ 시선, 몸짓, 자세, 표정, 목소리 등과 같은 비언어적 기법을 통해 직원에 대한 관심을 충분히 표현하고 공감해야 한다.

⑵ 감정치유 중기 단계

① 감정치유 중기 단계는 심리적인 문제, 문제의 발생 배경 등을 알고 문제와 관련된 부정적 사고, 감정, 행동패턴 등에 대해서도 깨닫게 된다.

② 자기 스스로 문제점에 대해 깨달은 사실을 구체적인 행동으로 옮기도록 격려한다.

③ 상담 진행 과정 및 진척 과정에 대해서 지속적인 평가를 한다.

④ 이 과정에서 직원이 자신감을 갖고 바람직한 행동이나 방식을 찾도록 지지해 준다.

⑤ 중기 단계에서 사용되는 상담 기법에는 심층적 공감, 감정의 반영, 재진술, 자기개방, 피드백 주기, 직면과 해석이 있다.

⑥ 중기 단계는 심층적 탐색과 지각의 단계이며 직원의 사고, 감정, 행동, 그리고 삶의 패턴에 불일치와 모순이 조금씩 나타나기 시작하므로 직원이 불안해할 수도 있다.

⑦ 이때 상담에 대한 저항이 다양한 방식으로 나타날 수 있다는 문제점이 있다.

⑶ 감정치유 종결 단계

① 종결 단계는 중기 단계에서 얻은 통찰을 바탕으로 현실 생활에 적용할 수 있는 새로운 행동을 시험하고 평가해 보는 시기이다.

② 가장 중요한 조건은 상담 목표가 달성됐는지 여부와 함께 현실적인 판단이 필요하다.

③ 종결 단계에서는 상담을 통해 얻은 것을 극대화하고, 상담을 통하여 얻은 효과를 어떤 방식으로 지속해 갈 수 있을지를 다룬다.

④ 종결 시 직원이 불안을 극복하고 스스로 설 수 있도록 지지하면서 종료해야 한다.

⑤ 상담 성과에 대한 평가와 문제 해결 능력이 일상생활에서 잘 유지되도록 하기 위해 필요한 노력을 구체화하며 추후 상담에 관해 논의해야 한다.

7) 감정을 다루는 치료 기법

(1) ACT(수용전념치료)

① ACT는 생각과 느낌을 수용하고(Accept), 지향하는 가치를 선택하며(Choose), 행동으로 실천하라는(Take action) ACT 상담치료의 핵심 과정을 의미한다.

② ACT는 많은 증상이나 부적응적 행동이 생각과 감정 같은 사적 경험을 피하거나 억제하려는 시도에서 생긴다는 관점에 기초한다.

③ ACT 에서는 심리적 고통은 그 자체로 비정상적이거나 문제가 아니며 오히려 정상적이라고 할 만큼 인간에게 보편적으로 존재하는 현상이라고 본다.

④ ACT가 제안하는 감정을 다루는 방법은 존재하는 심리적 고통을 있는 그대로 경험하는 것이다.

⑤ ACT의 6가지 치료 과정으로는 수용, 인지적 탈융합, 맥락으로서의 자기, 현재에 존재하기, 가치 찾기, 전념행동 6가지 접근 방법이다.

(2) 인지행동치료

① 감정을 다스려야 하는 이유는 우리의 생각과 행동에 중요한 영향을 미치기 때문이다.

② 일반적으로 인간의 경험이라는 것은 생각, 행동, 신체 감각, 감정의 4가지 요소로 구분한다.

③ 경험의 4가지 요소 중 생각, 행동, 신체감각은 상호 간에 영향을 주고받는다.

④ '감정'이나 '신체 감각'은 우리가 직접 조절하기가 어렵기 때문에 '생각'과 '행동'의 변화를 통해 신체 및 감정을 변화시키는 인지행동치료가 등장했다.

⑤ '생각'을 변화시키는 것을 인지치료, '행동'의 변화를 이용한 것을 행동치료라고 한다.

⑥ 흔히 인지행동치료란 사람들이 겪는 불편한 감정을 만들어 내는 다른 요소를 조절해서 우회적으로 감정을 다스리는 방법을 의미한다.

(3) 게슈탈트 상담 기법

① 인식되지 않은 감정이나 욕구 혹은 능력을 발견하고 안전한 환경에서 재경험함으로

써 대상자의 부정적인 감정들이 사라질 수 있도록 돕는 과정이 바로 게슈탈트 상담 기법이다.

② 대표적으로는 빈 의자 기법, 과장하기, 자기 부분과의 대화, 머물러 있기, 신체 자각, 반전 기법이 있다.

③ '빈 의자 기법'의 경우 가장 일반적인 기법으로 대상자 맞은 편에 사람이 있다고 가정하고 대화를 나누게 함으로써 자신의 내면세계에 대해 더 깊이 탐색할 수 있다.

④ '과장하기'의 경우 행동이나 언어 표현을 과장함으로써 대상자의 감정을 자각시키기 위한 기법이다.

⑤ '자기 부분과의 대화'는 대상자의 인격에서 분열된 부분을 찾아내어 대화를 하게 함으로써 내면을 통합할 수 있도록 돕는 기법이다.

⑥ '머물러 있기'는 해결되지 않은 과제를 회피하지 않고 그 때 남아있는 감정을 그대로 받아들이고 동일시함으로써 해소하도록 돕는 기법이다.

⑦ '신체 자각'은 자신의 신체감각을 자각함으로써 감정이나 욕구 및 무의식적인 생각을 알아차리게 하는 기법이다.

⑧ '반전 기법'은 대상자가 피하고 싶어하는 행동이나 감정들을 스스로 해보게 함으로써 억압 및 통제된 대상자 자신의 다른 측면을 접촉 및 통합할 수 있도록 돕는 기법이다.

⑷ 부정적 감정을 다스리는 치유법 − 감정의 ABC기법

① 심리상담 전문가 롤프 메르클레는 부정적인 감정이 발생했을 경우 ABC기법을 활용할 것을 제안하였다.

② 감정의 ABC는 생각이나 감정이 발생하는 순서를 나타내는 것으로, 상황(Accident), 평가 또는 믿음(Belief), 결과(Consequence)로 표현되는 기법이다.

③ 상황(Accident)은 어떠한 일이나 상황을 보거나 들었을 때 또는 어떤 일이 발생했는지 떠올리거나 기억하는 것을 의미한다.

④ 평가 또는 믿음(Belief)은 어떤 일이나 상황이 발생했을 때 그러한 상황을 긍정, 부정, 중립으로 평가하거나 그렇다고 믿는 행위를 의미한다.

⑤ 마지막으로 결과(Consequence)는 믿거나 평가한 상황에 대해 정신적 · 육체적으로

어떻게 반응하고 행동하였는지 의미한다(감정, 신체반응, 행동).

분류	예시
상황(Accident)	고객 응대 시 억지 주장과 함께 다짜고짜 욕설을 퍼부었다.
평가(Belief)	화가 나도 참아야지. 괜히 말대답했다가 컴플레인 제기를 하면 나만 손해고 인사고과에도 영향을 미칠 거야. 인사고과가 나쁘면 잘릴지도 몰라.
결과(Consequence)	두려움, 가슴이 두근거림, 미소를 지으면 친절하게 고객을 응대한다.

(5) 집단상담 프로그램

① 감정노동으로 인한 문제를 해결하기 위해 전문적으로 훈련을 받은 전문가와 동료들의 상호 교류를 통해 감정이나 태도, 행동 양식이나 생각을 탐색 및 이해하고 성숙된 수준에 이르도록 하는 상담치료기법이다.

② 보통 1명의 전문 상담가가 5~10명의 대상자들과 대인관계를 맺는다.

③ 집단상담은 1:1상담보다는 여러 가지 문제를 좀 더 용이하게 다룰 수 있으며, 동료들과 상호 관심사나 감정을 터놓고 이야기할 수 있기 때문에 쉽게 소속감이나 동료의식이 형성된다.

④ 상담 과정에서 자신의 문제가 자신만의 문제가 아님을 인지하게 된다.

⑤ 상호 간에 알고 있는 정보를 공유할 수 있으며, 상호 격려를 통해 상담 효과를 향상시킨다.

⑥ 참여한 대상자들 간 응집성이 커져 문제를 해결하는 데 직·간접적인 도움을 줄 수 있다.

⑦ 자신에 대한 이해는 물론 자아 존중감을 향상시키고 개인적 성장에 있어 자신감을 갖게 한다.

⑧ 타인에 대한 이해 및 수용을 통해 도움을 줄 수 있음을 알게 된다.

⑨ 타인과의 대화를 통해 공감적 경청을 할 수 있으며, 명확한 의사소통이 가능해진다.

⑩ 집단 상담이어서 특정 대상자의 개인 문제가 충분히 이루어지는 데 한계가 있다.

⑪ 대상자가 준비되기 전에 자신의 내면에 있는 사실을 터놓아야 한다는 압력을 받을

수 있다.

단계	주요 내용
참여 단계	■ 집단상담의 목적을 명료화하는 단계 ■ 대상자 간 친숙함 및 신뢰감 형성 ■ 자신의 느낌과 행동과 관련한 토의 및 토론 진행
과도적 단계	■ 대상자 간 주도권 다툼 및 알력이 발생하는 단계 ■ 대상자의 불안감이나 방어적 태도 발생 ■ 적대감 형성 및 저항 표면화
작업 단계	■ 집단 내부의 응집력이 발생하는 단계 ■ 집단 상담의 가장 핵심적인 단계 ■ 긍정적일 경우, 집단 신뢰 및 자신에 대한 솔직한 표현 표출 ■ 문제에 대한 구체적인 논의 ■ 구체적이고 바람직한 관점이니 방향과 실행 방인 모색
종결 단계	■ 집단상담 과정서 배운 내용에 대한 적용을 구체화하는 단계 ■ 행동방향에 대한 주의를 상기시킴 ■ 대상자에 대한 영향 평가 및 구체적인 개선 전망

⑹ **감정자유기법**(EFT : Emotional Freedom Technics)

① 부정적인 일을 경험하거나 상황에 놓였을 때 구체적으로 부정적 감성이나 증상을 말하면서 경혈을 손가락으로 가볍게 두드리는 행위를 통해 심리적인 증상이나 신체적인 증상을 해소하는 기법이다.

② 게리 크레이그가 한의학을 응용하여 개발한 요법으로, 실행이 쉽고 적용하기도 간단한 데 비해 효과가 크다.

③ 게리 크레이그에 의하면, 모든 부정적인 감정의 원인은 인체 에너지 시스템의 혼란에서 비롯된다고 주장한다.

④ 해소되지 않는 부정적인 감정들은 반드시 몸에 나타나며, 이러한 부정적인 감정이 누적되면 부정적인 신념이나 태도가 형성된다.

⑤ 감정자유기법의 핵심은 확언(자신의 고민이나 문제를 문장으로 만들어 혼자 되뇌어 얘기하는 행위)과 함께 경혈이라는 부분을 두드리는 것이다.

단계	주요 내용
문제 확인	대상자가 안고 있는 문제의 강도 확인(1~10까지)
준비작업단계	자신의 고민이나 문제를 문장으로 만들기
경혈 순서대로 두드리기	경혈을 7회씩 두드리면서 확언한 내용을 되뇌어 표현
결과 확인(강도 재확인)	문제해결 여부 확인(1~10까지) 미해결 시 위 과정을 반복

(7) 자기주장훈련(Assertion Training)

① 스스로 행동을 변화시켜서 자신에 대한 태도와 감정을 조절하는 훈련이다.

② 자존감이 낮은 사람들일수록 자신의 권리나 주장 또는 생각을 명확히 밝히는 것을 어려워하며, 이러한 상황으로 인해 스스로 분노와 같은 부정적인 감정이 발생한다.

③ 자기주장은 자신의 욕구나 생각을 타인에게 명확히 요구함으로써 구체적인 변화를 이끌어 내는 커뮤니케이션 방법이다.

④ 자기주장은 단순히 자신의 감정을 솔직히 표현하는 동시에 구체적으로 상대방에게 원하는 바를 명확히 밝히는 것이 중요하다.

⑤ 자기주장훈련은 자신의 감정을 제대로 표현하지 못하거나 자신의 욕구 또는 주장을 제대로 펼치지 못하는 사람들을 위해 개발된 기법으로 자신의 감정과 생각을 표현하도록 돕는다.

⑥ 자기주장훈련은 대인관계에 있어서 억눌린 감정이나 생각을 바람직한 방식으로 표현함으로써 적극적인 자세와 태도로 변화시키는 훈련이다.

⑦ 자기주장훈련은 보통 역할연기를 통해 상호 간의 역할을 바꾸어 가면서 자신의 감정과 생각을 표현하는 활동 및 연습을 통해 이루어진다.

⑧ 아래 DESC기법(프로그램)은 고든 H. 바우어가 고안한 방법으로, 부정적인 감정을 제거하고 좀 더 명확하게 자신의 주장을 하도록 해 주는 기법이다.

순서	내용
Describe(묘사)	<ul><li>자신의 현재 상황과 감정에 대해 객관적인 묘사</li><li>자신의 주관이 섞이지 않고 있는 그대로 간결하게 전달</li></ul>
Express(표현)	<ul><li>그러한 상황과 감정에 대한 표현</li><li>자신의 의견이나 기분을 표출</li><li>'나'라는 주어를 명확히 표현함으로써 경청 유도</li></ul>
Specify(구체화)	<ul><li>감정관리를 위한 해결책 제시</li><li>자신에게 일어났으면 하는 바람직한 결과 행위를 구체화</li><li>상황을 바꾸기 위한 해결책 또는 타협안 제시</li><li>"~해 주시지 않겠습니까?"라는 표현을 활용</li></ul>
Consequences(결론)	<ul><li>결과를 구체화함(긍정적인 결과와 부정적인 결과)</li><li>자신의 요구 사항에 대해 수용 여부에 따른 다음 행동 염두</li><li>이러한 일련의 행동을 상대방에게 인지시킴</li></ul>

[Assertion Training(**자기주장훈련**) **사례**]

실전 예상 문제

1. 감정노동 해결을 위한 접근 방법에 대한 설명으로 바르지 않은 것은?

① 감정노동자에 대한 보호조치가 필요하며, 산재로 접근하는 등 사후중심적으로 접근
   해야 한다.
② 기업이 감정노동 문제 개선을 위해 시스템적인 투자를 늘리는 방향으로 접근해야
   한다.
③ 감정노동을 바라보는 소비자와 기업의 인식차이를 줄이는 방향으로 접근해야 한다.
④ 감정노동 문제는 노동권 문제이자 인권문제로 인식하고 사회적 인식 개선이 선행되어
   야 한다.

2. 감정노동 문제 해결을 위한 각 주체별 노력들에 대한 설명으로 바르지 않은 것은?

① 감정노동자 보호를 위한 법 개정 활동(산업재해보상보험법 등)
② 일부 사회단체가 주도하는 감정노동 캠페인 활동
③ 공공기관 및 기업들의 감정노동 가이드라인 마련 및 적용
④ 일부 기업들의 감정노동자 보호 프로그램 운영

3. 감정노동 문제 해결 접근 방향성에 대한 설명이다. 아래 내용 중 바르지 않은 것은?

① 블랙컨슈머에 대한 고소 · 고발 등의 적극적인 대응
② 보호와 함께 사후 관리적인 차원에서 정책과 제도 마련
③ 감정노동에 대한 사회적 합의 및 각 주체별 역할 시행을 위한 환경과 분위기 조성
④ 감정노동자 보호에 대한 기업의 적극적인 대응(매뉴얼, 권한위임 등)

4. 감정노동해결을 위한 주체별 역할 중 정부기관의 역할은?

① 감정노동자를 배려하고 존중하는 소비문화 지향

② 감정노동 수행에 따른 고충 및 애로사항에 대한 표출

③ 감정노동 문제 예방 및 해결을 위한 법제화 노력

④ 블랙컨슈머에 대응하기 위한 매뉴얼 구축 및 업무재량권 부여

[해설] ①번은 소비자(고객), ②번은 감정노동자, ④번은 기업의 역할이다.

5. 아래의 감정노동 관련 예시 활동 중 주체가 다른 하나는 무엇인가?

① 감정노동자들의 위한 휴식 시간 및 공간 마련

② 감정노동에 대응하기 위한 관리자의 역할 및 책임 부여

③ 감정노동 문제에 신속하게 대응할 수 있는 시스템 및 프로세스 마련

④ 체계적인 고객 커뮤니케이션 방법의 습득

6. 코칭에 대한 설명으로 바르지 않은 것은?

① 코칭은 개별 직원을 대상으로 하는 개별 코칭과 그룹을 대상으로 하는 그룹 코칭으로 나뉜다.

② 개별 코칭은 코칭을 담당하는 사람과 직원이 1:1로 만나서 이루어지는 개인적인 코칭이다.

③ 코치와의 친밀감 형성에 한계가 있고 집중 및 세분화된 코칭이 어렵다.

④ 코치의 경험이나 지식에 의존하며 다양한 종류의 코칭 방법이 존재한다.

7. 코칭의 유형 중 그룹 코칭에 대한 설명으로 바르지 않은 것은?

① 1:N의 형태를 유지하면서 이루어지는 코칭이며, 개별 코칭보다는 상대적으로 이점이 없다.

② 참여 인원에 따라 코칭 분위기나 행동 및 태도가 달라지므로 적정 인원의 참어가 필요하다(5~8명).

③ 간결하고 필요한 사항만으로 구성, 진행해야 하며 코칭 후 지속적인 피드백을 실시해야 한다.

④ 일관성을 유지할 수 있도록 사전에 많은 준비와 집중력이 필요하다.

8. 코칭 스킬에 대한 설명으로 바르지 않은 것은?

① 코칭 스킬이란 말 그대로 코칭을 진행할 때 효과를 극대화하기 위해 필요한 기술이다.

② 코칭을 효과적으로 진행하기 위해서는 직원들과의 커뮤니케이션이 바탕이 되어야 한다.

③ 코칭 시 언어적 커뮤니케이션보다는 비언어적 커뮤니케이션을 활용하는 것이 더 효과적이다.

④ 코칭 스킬의 핵심은 크게 질문·경청·피드백이며, 그 자체로 구체적인 코칭 실행 전략이라고 한다.

9. 코칭 스킬 중 '질문스킬'에 대한 설명 중 바르지 않은 것은?

① 질문은 상대방으로 하여금 자신의 문제에 대해 생각하게 하고 해결 방법을 스스로 찾게 해 줌으로써 문제해결능력을 향상시켜 주는 코칭 스킬이다.

② 다양한 질문을 던짐으로써 직원이 직접 문제를 해결할 수 있도록 지원과 협조를 해 주는 방식은 시간이 오래 걸려 비효율적이다.

③ 질문을 통해 감정에 대한 느낌이나 생각을 탐색하게 할 수 있으며 문제 해결에 도움을 준다.

④ 질문은 상황이나 사건을 바라보는 시각이나 해석을 달리하게 하며, 이러한 과정에서 사고와 감정을 결정짓는다.

10. 아래 내용이 설명하고 있는 것은 무엇에 대한 설명인가?

- 모든 커뮤니케이션의 시작이라고 할 수 있다.
- 직원이 전달하고자 하는 언어 및 비언어적 표현과 메시지를 포착하고 이해하는 것이다.
- 상대방은 자신의 말에 진심으로 깊게 듣는다고 느끼면 자신의 마음을 연다.
- 이것에 대한 반응 유형은 명확하게 표현하기, 바꾸어 말하기, 반영하기, 요약하기 등이 있다.

① 경청 스킬
② 질문 스킬
③ 피드백 스킬
④ 침묵 스킬

11. 발전적 피드백에 대한 설명으로 바르지 않은 것은?

① 발전적 피드백은 구체적으로 행위 또는 행동을 지적하고 개선 방향을 제시하는 피드백이다.
② 코칭이 잘 이루어지지 않을 경우 원인, 느낌 또는 당시 상황을 솔직하게 피드백하는 것이다.
③ 행동 변화 부족, 문제점을 솔직하게 표현하므로 비난이나 비판과 유사한 개념의 피드백이다.
④ 효과를 거두기 위해서는 행동(Action)에 한정하고, 행동이 미치는 영향(Impact), 원하는 결과(Desired outcome)에 맞춰야 한다.

[해설] 발전과 변화를 이끌어 내므로 비난이나 비판과는 다른 개념의 피드백이다.

12. 아래 내용은 무엇에 대한 설명인가?

- 구체적으로 행위 또는 행동을 지적하고 개선 방향을 제시하는 피드백
- 결과에 대한 질책보다는 실패 원인을 분석해 개선시킴
- 미래 지향적인 피드백이며 대상자와의 합의를 이끌어 내야 함
- 상호 간의 믿음과 신뢰가 바탕이 되어야 대상자가 오해하지 않음

① 부정적인 피드백

② 발전적인 피드백

③ 긍정적인 피드백

④ 보완적인 피드백

13. 감정코칭의 핵심에 대한 설명으로 바르지 않은 것은?

① 감정을 삶의 일부로서 있는 그대로 자연스럽게 이해하고 받아들인다.

② 감정에는 좋고 나쁨이 명확하게 있다.

③ 감정을 표현하는 방식인 행동에는 좋고 나쁨이 있으므로 명확한 한계를 둔다.

④ 바람직한 행동으로 표현할 수 있도록 이끌어 주는 것이다.

14. 감정코칭의 기대효과로 옳지 않은 것은?

① 대인관계는 좋아지지만 감정적 유대감을 형성하기에는 한계가 있다.

② 직무몰입도가 향상되고 대인관계의 신뢰가 회복된다.

③ 감정적 상황에서 스스로 감정을 관리하고 문제를 해결할 수 있다.

④ 성과를 향상을 위해 내재된 잠재 능력과 가능성을 풀어주는 계기가 된다.

15. 감정코칭의 5단계를 순서대로 나열한 것은?

- (가) 감정 포착하기
- (나) 바람직한 행동으로 이끌어 주기
- (다) 감정을 들어주고 공감하기
- (라) 좋은 기회로 여기기
- (마) 감정에 이름 붙이기

① (가)→(라) →(다) →(마) →(나)　　② (가)→(다) →(라) →(마) →(나)

③ (가)→(라) →(마) →(다) →(나)　　④ (가)→(다) →(마) →(다) →(나)

16. 감정코칭 중 '감정에 이름 붙이기'에 대한 설명으로 바르지 않은 것은?

① 감정에 이름 붙이기는 감정을 명료화하는 것이다.

② 막연한 감정을 구체화 및 명료화함으로써 감정에 대해 더 탐색하고 논의할 수 있게 된다.

③ 감정에 이름을 붙이는 순간 자신의 감정을 알게 되며, 처리 방법을 찾는 것이 수월해 진다.

④ 감정을 처리하는 좌뇌에서 이성을 관리하는 우뇌의 언어로 표현함으로써 이성을 감성 적으로 처리할 수 있게 된다.

[해설] 감정을 처리하는 우뇌에서 이성을 관리하는 좌뇌의 언어로 표현함으로써 감정을 이성적으로 처리할 수 있게 된다.

17. 감정코칭을 하지 말아야 할 때로 맞지 않는 것은?

① 시간에 쫓기거나 주변에 사람들이 있을 때

② 코치 자신의 감정이 격하거나 너무 피곤할 때

③ 감정적으로 편안하고 이완된 상태일 때

④ 거짓 감정을 꾸며내거나 심리적 불안 등 위험한 상황일 때

18. 감정치유를 위한 상담 기법의 유형 중 아래에서 설명하고 있는 것은?

- 대상자 말의 내용이나 의미를 반복 및 부연하는 것을 말한다.
- 핵심을 파악해서 대상자의 진술보다 짧고 간결하게 한다.
- 내면에 집중할 수 있도록 공감과 함께 사용하는 것이 바람직하다.
- '당신의 말을 들으니~', '그건 마치 ~처럼 들리는군요.' 등과 같이 형태를 다양하게 한다.

① 주의집중과 경청　　　② 재진술　　　③ 초점 맞추기　　　④ 자기노출

19. 감정치유 상담 기법 중 '자기노출'에 대한 설명으로 바르지 않은 것은?

① 자신의 경험을 대상자에게 공개하여 공유하게 하는 것이다.

② 대상자의 속마음이나 경험을 더 개방할 수 있도록 한다.

③ 자기노출을 했을 경우, 오히려 심적 부담감을 느끼게 된다.

④ 노출 시기와 정도, 수준을 잘 고려한다.

[해설] 자기노출을 통해 상대방의 경계를 허물어 친밀감을 형성한다.

20. 감정치유 초기 단계에서 이루어지는 활동에 대한 설명으로 바르지 않은 것은?

① 직원의 이야기를 적극적으로 경청해 주며 희망 및 지지를 통해 신뢰감을 형성한다.

② 상담 이유와 개인적 특성과 관련된 정보를 파악하여 문제를 명료화해야 한다.

③ 주로 사용되는 상담 기법에는 심층적 공감, 감정의 반영, 재진술, 자기개방, 피드백 주기, 직면과 해석이 있다.

④ 일반적으로 첫 상담에서는 의도되고 정리된 행동일 가능성이 높으나, 시간이 지남에 따라 전형적인 행동들로 나타나게 된다.

[해설] 심층적 공감, 감정의 반영, 재진술, 자기개방, 피드백 주기, 직면과 해석은 중기 단계에서 사용하는 기법이며, 초기 단계에서는 주로 관심 기울이기, 공감적 경청, 개방형 질문 기법을 사용한다.

21. 아래에서 설명하고 있는 감정치유 방법은 어떤 단계에서 진행되는 것인가?

- 현실 생활에 적용할 수 있는 새로운 행동을 시험하고 평가해 보는 시기
- 가장 중요한 조건은 상담 목표가 달성됐는지 여부와 함께 현실적인 판단 필요
- 직원이 불안을 극복하고 스스로 설 수 있도록 지지
- 상담을 통하여 얻은 효과를 어떤 방식으로 지속해 갈 수 있을지를 다룸

① 감정치유 종결 단계 ② 감정치유 초기 단계 ③ 감정치유 중기 단계
④ 감정치유 이완 단계

22. 감정을 다루는 치료 기법 중 생각과 느낌을 수용하고, 추구하는 가치를 선택하며, 행동으로 실천하라는 3가지 핵심 과정을 통해 심리를 치료하는 기법으로, 자신을 힘들게 하는 문제를 자체적으로 수용하고 인정함으로써 더 가치 있는 일을 찾아서 새로운 기쁨을 되찾게 되는 하는 심리치료 방식을 무엇이라고 하는가?

① 집단상담 프로그램 ② 게슈탈트 상담기법 ③ 수용전념치료(ACT)
④ 감정의 ABC기법

23. 집단상담 프로그램의 특징에 대한 설명으로 바르지 않은 것은?

① 보통 1명의 전문 상담가가 5~10명의 대상자들과 대인관계를 맺는다.
② 전문가와의 상호교류를 통해 감정이나 태도, 행동 양식이나 생각을 탐색 및 이해하고, 성숙된 수준에 이르도록 하는 상담치료기법이다.
③ 상호 간에 알고 있는 정보를 공유할 수 있으며 상호격려를 통해 상담 효과를 향상시킨다.
④ 집단 상담이지만 특정 대상자의 개인 문제가 충분히 이루어지는 데 도움을 준다.

[해설] 집단 상담이므로 많은 사람을 대상으로 하기에 특정 대상자의 개인문제를 해결하는 데 한계가 있다.

24. 인지행동치료에 대한 설명으로 바르지 않은 것은?

① 인지행동치료란, 사람들이 겪는 불편한 감정을 만들어 내는 다른 요소를 조절해서 우회적으로 감정을 다스리는 방법을 의미한다.

② '생각'이나 '행동'은 직접 조절이 어려워 '감정'과 '신체 감각'의 변화를 통해 신체 및 감정을 변화시키는 인지행동치료이다.

③ '생각'을 변화시키는 것을 인지치료, '행동'의 변화를 이용한 것을 행동치료라고 한다.

④ 감정을 다스려야 하는 이유는 우리의 생각과 행동에 중요한 영향을 미치기 때문이다.

[해설] '감정'이나 '신체 감각'은 우리가 직접 조절하기가 어렵기 때문에 '생각'과 '행동'의 변화를 통해 신체 및 감정을 변화시키는 인지행동치료가 등장하게 되었다.

25. 집단상담프로그램은 총 4가지 단계로 이루어지는 감정치료 기법이다. 아래에서 설명하고 있는 것은 어느 단계에 해당하는가?

- 집단상담의 목적을 명료화하는 단계
- 대상자 간 친숙함 및 신뢰감 형성
- 자신의 느낌과 행동과 관련한 토의 및 토론 진행

① 참여 단계　　　② 과도적 단계　　　③ 작업 단계　　　④ 종결 단계

26. 부정적인 일을 경험하거나 상황에 놓였을 때 구체적으로 부정적 감성이나 증상을 말하면서 경혈을 손가락으로 가볍게 두드리는 행위를 통해 심리적인 증상이나 신체적인 증상을 해소하는 기법을 무엇이라고 하는가?

① 감정의 ABC기법　　　② 감정자유기법(EFT)　　　③ ACT(수용전념치료)

④ 인지행동치료

27. 자기주장훈련(Assertion Training)에 대한 설명으로 바르지 않은 것은?

① 자기주장훈련은 대인관계에 있어서 억눌린 감정이나 생각을 바람직한 방식으로 표현함으로써 적극적인 자세와 태도로 변화시키는 훈련이다.

② 자존감이 높은 사람들일수록 자신의 권리나 주장 또는 생각을 명확히 밝히는 것을 어려워하며, 이러한 상황으로 인해 스스로 분노와 같은 부정적인 감정이 발생한다.

③ 자기주장이라는 것은 자신의 욕구나 생각을 타인에게 명확히 요구함으로써 구체적인 변화를 이끌어내는 커뮤니케이션 방법이다.

④ 자기주장훈련은 자신의 감정을 제대로 표현하지 못하거나 자신의 욕구 또는 주장을 제대로 펼치지 못하는 사람들을 위해 개발된 기법으로, 자신의 감정과 생각을 표현하도록 돕는다.

[해설] 자기주장훈련(Assertion Training)은 자존감이 낮은 사람들을 대상으로 자신의 감정과 생각을 표현하도록 돕는 훈련이다.

28. 자신의 감정을 제대로 표현하지 못하거나 자신의 욕구 또는 주장을 제대로 펼치지 못하는 사람들을 위해 개발된 기법으로, 자신의 감정과 생각을 표현하도록 돕는 감정치료 기법을 무엇이라고 하는가?

① 감정의 ABC기법　　　② 자기주장훈련　　　③ ACT(수용전념치료)

④ 인지행동치료

29. 아래에서 설명하고 있는 자기주장훈련은 어느 단계에 해당하는가?

- 자신에게 일어났으면 하는 바람직한 결과 행위를 구체화
- 상황을 바꾸기 위한 해결책 또는 타협안 제시
- "~해 주시지 않겠습니까"라는 표현을 활용

---

① Describe(묘사)　　　② Express(표현)　　　③ Specify(구체화)

④ Consequences(결론)

30. 감정치유를 위한 상담기법 유형 중 '직면'에 대한 설명으로 바르지 않은 것은?

① 자기 타파적인 혹은 타인에게 해를 주는 행동에 대해 검토해 보도록 안내하는 기법이다.

② 앞뒤가 맞지 않거나 서로 모순되는 행동을 보일 때 사용한다.

③ 대상자와 라포가 잘 형성된 후 대상자가 받아들일 준비가 되어 있을 때 사용한다.

④ 상담 내용의 부분 혹은 전체를 간결하게 종합하여 대상자에게 제시하는 의사소통기술이다.

[해설] ④는 요약에 대한 설명이다.

31. 아래는 학습된 무력감에 대한 설명이다. 설명 중 바르지 않은 것은?

① 감정노동에 노출되어 있는 사람들이 안고 있는 문제 중 하나가 바로 '학습된 무력감'이다.

② '학습된 무력감'이란 피할 수 없는 부정적인 자극에 반복적으로 노출될 경우 나중에 부정적이거나 혐오스러운 자극에도 피하지 않고 그대로 받아들이는 상태라고 할 수 있다.

③ 부정적인 자기 암시가 잠재의식을 지배하게 되면 충분히 극복할 수 있는 상황이나 환경에 놓여 있음에도 불구하고 쉽게 포기한다.

④ 학습된 무력감은 개인적인 차원에 국한되는 것이어서 학습된 무력감에 빠질 가능성이 높은 직원들만을 대상으로 학습된 무력감을 극복하기 위해 노력해야 한다.

32. 아래에서 설명하고 있는 것은 무엇인가?

- 피할 수 없는 부정적인 자극에 반복적으로 노출될 경우 나중에 부정적이거나 혐오스러운 자극에도 피하지 않고 그대로 받아들이는 상태
- 이 상태에 지속적으로 노출이 되면 감정노동자의 입장에서는 자신이 하는 일에 대해서 의미를 찾기 쉽지 않고 자포자기 상태에 놓이게 된다.

① 학습된 무력감(learned helplessness) ② 감정의 소진상태(Burn-out)

③ 감정 부조화(Emotional Dissonance) ④ 감정 전염(Emotional contagion)

33. 현장에서 학습된 무력감을 극복하기 위한 방법으로 옳지 않은 것은?

① 감정노동에 의한 무력감을 극복하는데 있어 작은 성취감보다 구체적인 목표를 설정하여 한 번에 큰 성공을 경험하는 것이 학습된 무력감을 극복하는데 큰 도움이 된다.

② 어떤 상황에서 적절한 행동을 할 수 있다는 기대와 신념인 자기 효능감(Self-efficacy)이란 바로 학습된 무력감을 극복하기 위해 필요한 가장 중요한 요소이다.

③ 자기 자신이 하고 있는 일에 대해서 의미를 부여하는 것도 학습된 무기력을 극복하는데 도움이 된다.

④ 상황 또는 환경에 대한 긍정적인 사고 인식을 가지는 것이 중요한데 긍정적인 인식이라는 것은 말 그대로 자신의 감정이나 기분을 긍정적인 상태로 끌어올리는 것을 의미한다.

[해설] 감정노동에 의한 무력감을 극복하는데 있어 작은 성취감(Quick-win)을 경험하는 것이 중요하다.

34. 감정노동에 있어 자기 효능감에 대한 설명으로 바르지 않은 것은?

① 자기 효능감이 높은 직원일수록 긍정 에너지가 높으며 힘든 상황에서도 긍정적인 선택을 할 가능성이 높고 자신이 내리는 판단이나 감정을 신뢰할 가능성이 높다.

② 감정노동을 수행하는데 있어 발생하는 개인의 어려운 상황을 잘 이겨내기 위해 필요한 동기부여, 인지자원, 행동과정을 최고로 높일 수 있는 능력이 자신에게 있다는 믿음이라고 할 수 있다.

③ 자기 효능감이 높은 직원은 자신이 어려운 상황을 극복하려는 신념과 기대감이 높기 때문에 업무를 성공적으로 수행하겠다는 자신감이 높아 개인 성과에도 긍정적인 영향을 미친다.

④ 자기 효능감이 높다고 해서 반드시 자신에 대한 신념과 의지가 강하다고 할 수 없으며 긍정적인 자아상을 형성하는데 긍정적인 영향을 주는데 한계가 있다.

35. 감정노동을 수행하는데 있어 감정의 주도권을 확보하는 것은 매우 중요하다. 그렇다면 감정의 주도권을 확보하기에 대한 설명으로 바르지 않은 것은?

① 감정노동의 주도권을 확보하기 위해서는 상처를 받는다고 하더라도 스스로 자신만의 기준을 세우는 것이 중요하다.

② 만일 자신을 힘들게 하는 고객이라고 하더라도 시간과 에너지를 쏟아부을 만한 가치가 있는 고객이라고 생각해보는 것이 중요하다.

③ 감정적으로 대응하고자 한다면 다시 한 번 생각해야 하는데 이때 감정적인 대응을 하는 것은 주도권을 상대방에게 넘기는 행위임을 인식해야 한다.

④ 감정의 주도권을 확보하기 위해 자신에게 주어진 선택과 결정을 인정하는 것도 좋은 방법인데 결과에 상관없대해 걱정할 필요가 없다고 생각하는 것이다.

[해설] 감정의 주도권을 확보하는 것은 타인이 아닌 자신을 기준으로 생각해야 한다. 따라서 자신을 힘들 게 하는 고객이라면 시간과 에너지를 쏟아부을 만한 가치가 있는 고객인지를 생각해보는 것이 중요하다.

감정관리 및 정서조절

감정노동자에게 감정관리만큼 중요한 것은 없다. 업무를 수행하면서 필연적으로 발생할 수밖에 없는 감정노동으로 인해 감정의 부조화가 발생하며, 감정과 표현을 장시간 분리하여 지속하다 보면 정체성은 물론 소외라는 부정적인 결과를 초래한다. 따라서 감정 부조화 등의 부정적인 결과를 해소하기 위해서 조직이나 개인적으로 감정관리 및 정서조절이 이루어질 수 있도록 해야 한다.

1) 감정관리의 필요성
① 감정관리가 제대로 이루어지지 않으면 불안, 우울, 소외와 같은 부정적인 결과를 초래한다.
② 감정정리가 되지 않으면 상대방이나 주위 사람들이 쉽게 눈치를 챈다.
③ 자신이 맡은 일이나 업무를 체계적 · 정상적으로 처리해 내기 어렵다.
④ 심적인 여유나 안정감이 없어 자신감을 상실한다.
⑤ 감정관리를 하지 못하면 인간관계에서 중요한 신뢰를 잃는다.

2) 감정을 제대로 표현하지 않을 경우 발생하는 문제
① 표현되지 않은 감정은 대화 도중에 다른 방식으로 표현된다.
　 – 비언어적 표현(말투, 억양, 제스처, 표정 등)
　 – 침묵이나 거리감을 느끼게 하는 행동
　 – 불안함, 불안정한 자세, 냉소적이거나 공격적인 행동
② 누적된 감정은 어떤 형식으로든 반드시 폭발한다.
　 – 감정조절이 제대로 되지 못하면 분노 또는 화가 발생
　 – 분노 또는 화가 적절히 해소되지 않고 누적되면 파괴적이거나 정상적이지 않은

방법으로 표출

– 갑작스런 울음이나 폭력, 화를 표출하는 것은 감정을 적절히 표출하지 않기 때문에 발생

③ 감정을 제대로 표현하지 않아 제대로 된 경청이 어렵다.

– 감정 표현과 경청하는 것이 가장 어려운 과제

– 남의 얘기를 잘 들어주지 못하는 사람들은 대부분 감정 표현에 서투름

– 표현되지 않는 감정은 경청의 방해 요소

④ 자존심과 대인관계를 해친다.

– 표현을 제대로 하지 않아 억눌린 감정이 지속

– 감정을 적절하게 표현하지 않은 자신에게 자책하거나 자존심이 상하게 됨

– 자신의 감정을 표현하지 못해 상황이나 관계 속에 자신은 배제되어 대인관계 저하

3) 감정 표현하는 방법

자신의 감정을 그대로 억누르거나 숨기는 것은 우울함, 불안 등의 부정적인 정서를 유발하거나 신체적으로도 많은 부작용을 초래한다. 따라서 자기 감정을 명확히 알고 표현함으로써 심리적·신체적으로 건강한 자신을 유지하는 법을 알고 실천해야 한다. 자기 감정을 표현하기 위해서는 아래와 같이 총 3단계를 거쳐 진행한다.

단계	주요 내용
자기 감정의 인식	▪ 자기 감정 수용하기 ▪ 신체 반응 알기 ▪ 자신의 감정 표현하기(단어 or 문장 형태) ▪ 해당 감정 발생 원인 자문하기 ▪ 복잡한 감정 분석하기
타인에게 감정 표현	▪ 주변 지인과 우호적인 관계 유지하기 ▪ 상대방에게 자신의 감정을 솔직하게 털어놓기 ▪ 상대방과 명확하게 소통하기(지인, 친구, 동료 등) ▪ 전문가의 도움받기

감정노동해결

단계	주요 내용
자신에게 감정 표현	▪ 명상, 심호흡, 운동, 휴식 등 활동하기 ▪ 자신의 감정을 글로 쓰기 ▪ 자신의 감정을 표현할 수 있는 방법 생각하기 ▪ 부정적인 언어(욕이나 분노)가 아닌 일상어로 표현하기 ▪ 화, 짜증내지 않고 감정 표현하기

(1) 자기 감정의 인식

① 자기 감정 수용하기

- 스스로 자신이 느끼고 있는 감정을 인식한다.
- 감정은 옳고 그름으로 판단하거나 분류할 수 있는 성질의 것이 아님을 인식한다.
- 있는 그대로의 감정을 그대로 인식만 하고 그 감정에 휩싸이지 않는다.
- 화가 나는 상황이라면 "이러한 상황에서는 화가 나는 것이 정상적 것이니 걱정하지 않아도 돼."라고 생각하고 넘어간다.

② 신체가 어떻게 반응하는지 알기

- 인간은 감정에 따라 움직이고 감정은 뇌에 따라 움직인다.
- 감정은 반드시 생리적 변화를 수반한다.
- 감정에 따라 자신의 몸이 어떻게 반응하는지를 확인한다.
  [예] 눈이 커지거나 심장박동수가 빠르게 변하거나 특정 부위에 불편함을 느끼는지 여부
- 신체적인 반응을 파악하기 힘들다면 몸의 긴장을 풀거나 심호흡을 함으로써 이완한다.
- 이완된 상태에서 "이 상황에서 내가 느끼는 감정은 무엇인가?"라고 자문해 본다.
- 자신이 이해하기 힘든 감정을 느낄 때는 위와 같은 방법을 반복한다.

③ 자신의 감정을 단어나 문장으로 표현하기

- 어떤 일을 수행할 때 해당 업무에 명확한 정의가 선행되듯이 자신이 느끼고 있는 감정을 명확히 정의하고 인식할 수 있어야 한다.
- 자신이 느끼고 있는 감정이 어떤 것인지 명확하지 않으면 개선되기 어렵다.

– 자신이 느끼고 있는 감정을 정확히 표현해 낼 수 있는 단어나 문장 형태로 나타낸다.

– 인터넷이나 서적 및 자문을 통해 자신이 느끼고 있는 감정을 명확히 단어나 문장으로 표현한다.

– 모호한 표현이 아닌 현재 상황을 아주 구체적이고 자세하게 표현할 수 있는 단어를 선택한다.

  [예] 좋다(X), 감사한 마음이 느껴지는(O), 매우 행복한(O), 자신감 있는(O), 용기 있는(O) 등

       나쁘다(X), 불쾌한(O), 못마땅한(O), 지긋지긋한(O), 신물이 난(O) 등

– 자신이 느끼는 감정을 스스로 표현할 수 있는 감정사전을 만들거나 목록화한다.

– 해당 감정을 느끼는 원인이 무엇인지 자문하기

– 스스로 해당 감정이 발생한 원인이 무엇인지 자문한다.

– 자문함으로써 해당 감정이 발생하게 된 궁극적이고 근본적인 원인이 무엇인지 밝혀낸다.

– 해당 감정이 발생한 이유에 대해 스스로 '왜'라는 물음을 지속하다 보면 감정의 원인 및 실체가 무엇인지 파악할 수 있다.

– 복잡한 감정 분석하기

– 단일한 감정도 느끼지만 복합적으로 다양한 감정을 느끼기도 한다.

– 복잡한 감정은 일차적인 감정과 이차적인 감정으로 구분한다.

– 일차적인 감정은 어떤 상황에 발생한 근본적인 감정을 의미한다.

– 이차적인 감정은 일차적인 감정에 의해 직 · 간접적으로 느끼게 되는 부수적인 감정을 의미한다.

– 복잡한 감정을 분석하려면 위와 같이 일차적인 감정과 이차적인 감정을 구분해야 한다.

(2) **타인에게 감정 표현하기**

① **주변 지인과 우호적인 관계 유지 및 긍정적인 사람들과 어울리기**

– 자신이 어려움에 처했을 때 도움을 줄 수 있는 지인들을 확보한다.

– 회사 사람들이 아니더라도 자신의 얘기나 상황에 대해서 힘이 되어 줄 수 있는

감정노동해결

지인이면 된다.
- 긍정적인 사람들과 어울림을 통해 좋은 영향을 받는다(배려, 책임감, 열정, 회복 탄력성 등).
- 시간이 걸리더라도 자신을 격려하고 지지하며 활력을 줄 수 있는 사람들을 만난다.

② 상대방과 명확하게 소통하기(지인, 친구, 동료 등)
- 자신의 감정을 솔직하게 공유하고 털어놓을 수 있는 주변 지인을 확보한다.
- '나'라는 문장을 사용해서 자신의 감정을 솔직하게 털어놓는다.
- 주변 지인에게 상황에 대한 설명은 최대한 명확하게 한다.
- 상황에 대한 설명 후 그 당시 자신이 느꼈던 심정이나 기분을 자세히 묘사해서 설명한다.
- 지인들이 들어주는 것 그리고 공감해 주는 것만으로도 큰 도움이 된다.

③ 전문가의 도움받기
- 감정 표현에 익숙하지 않다면 전문가를 만나 집중적인 훈련을 받는다.
- 감정 표현이 쉬운 것은 아니지만 전문가의 도움을 받는 것만으로도 훨씬 효과적이다.
- 전문가를 통해 자신이 감정 표현을 제대로 못 하는 원인을 파악하고 이를 개선한다.
- 감정 표현도 훈련이니 전문가의 도움을 통해 바람직한 방법으로 표현하는 법을 배운다.

(3) 자신에게 감정 표현하기

① 명상, 심호흡, 운동, 휴식 등 활동하기
- 명상을 통해 자신이 느끼고 있는 감정이 어디서 발생하였고 어떻게 대응해야 하는지 생각한다.
- 심호흡은 부교감신경을 활성화하여 자신을 스스로 침착하고 평안한 상태로 이끌어 준다.
- 부정적인 감정이 과도할 경우, 이를 직접적으로 이겨 내기보다는 운동을 통해 해소할 수 있다.

② 자신의 감정을 글로 쓰기

- 자신만의 공간에서 자신에게 맞는 도구를 활용하여 자기 감정을 글로 표현한다.

- 자신의 감정을 형태화하는 것만큼 자신을 객관화하고 감정을 명확하게 정리해 주는 것은 없다.

- 일반적인 일기가 아니어도 좋으니 단 몇 줄이라도 자신이 그날 느꼈던 감정(좋은 감정, 나쁜 감정, 감사한 것 등)을 정리해 보는 것은 매우 좋은 효과를 나타낸다.

- 일기를 쓰는 것만으로도 부교감신경을 활성화해서 차분하고 안정적인 분위기를 유지하는 데 도움을 준다.

- 부가적으로 자신의 감정을 색깔이나 음악, 날씨로 표현하는 것도 바람직하다.

③ 자신의 감정을 표현할 수 있는 방법 생각하기

- 감정 표현의 주체는 타인이 아닌 본인이라는 사실을 기억한다.

- 어떤 상황에 대한 반응이 긍정적인지 아니면 부정적인지는 스스로 인식하고 어떤 대안이 자신에게 유리한지 판단한다.

- 어떤 상황에 봉착했을 때, 본인이 느끼는 감정에 대해서 어떤 식으로 표현했는지를 인식하고 이를 기록한다(감정사전 또는 일기 작성 등).

- 표현하는 방법은 한 가지에 국한하지 않고 다양한 방법을 고려한다(그림, 음악, 글쓰기, 운동 등).

④ 부정적인 언어(욕이나 분노)가 아닌 일상어로 표현하기

- 상황에 따라 욕이나 분노를 하게 되면 동일한 악순환이 반복된다.

- 어떤 상황에 욕이나 분노를 표현하게 되면, 동일한 상황 발생 시 동일한 감정을 느껴 동일한 행동을 표출하게 된다.

- 부정적인 언어로 표현했을 경우 당장은 불만이 해소되는 것처럼 보여도 결국 부정적인 기분은 잔존하므로 일상어로 표현해야 한다.

- '욕'이나 '부정적인 단어'를 사용하면 다른 단어나 문장보다 4배나 강하게 기억되며 분노, 공포, 불안 등을 느끼게 하는 '감정의 뇌'를 자극하여 이성적인 판단을 어렵게 한다.

- '욕' 또는 '부정적인 단어'가 나올 경우, 이를 일상어로 대체해서 표현하는 것이 바람직하다.

⑤ 화, 싸증내지 않고 감정 표현하기

- 화, 짜증은 습관일 뿐 근본적인 문제 해결 방법도 아니고 감정 표현의 장애 요소로 작용한다.
- 화 또는 짜증을 내면 합리적인 판단이 어려워지고 상황을 더 어렵게 만들 수 있으므로 자신의 감정을 추스를 수 있어야 한다.
- 화 또는 짜증은 결국 스스로 감정을 조절할 수 있는 능력을 상실했기 때문에 발생한다.
- 감정의 원인과 감정에 대한 반응을 스스로 정리한다.

⑥ 긍정적 자기 강화

- 어려운 상황에서도 긍정적인 감정을 유지하였을 경우, 자신에게 스스로 보상한다.
- 스스로 칭찬하거나 보상을 통해 긍정적인 자기 강화를 하면 내면적으로도 긍정적인 감정을 느끼려는 방향으로 의식이 바뀐다.
- 이러한 긍정적 자기 강화는 생각이나 태도를 긍정적으로 고정시키는 데 영향을 미친다.

4) 감정 및 정서조절 방법

(1) 인지적 방법

정서적 자극이나 상황에 대한 인지적 측면을 의미하며 생각에 접근하여 정서적 변화를 유발하는 방법이다.

① 능동적으로 생각하기

불쾌한 감정과 관련된 생각에 대하여 적극적인 자세를 취하는 기법이다. '불쾌한 감정의 원인과 유발 과정 파악 및 이해 ⇨ 대안적인 생각으로 전환하기 ⇨ 상황과 문제를 변화시킬 수 있는 방법을 계획하기' 순으로 진행한다.

② 수동적으로 생각하기

근본적인 정서를 해소시킬 수는 없으나 일시적으로 부정적인 감정에서 벗어날 수 있다. 그러나 이 방법은 궁극적인 해결책이 아니므로 추후에 필히 궁극적인 정서조절방법 등을 사용해야 한다.

③ 부정적으로 생각하기

부정적인 감정과 관련된 자극이나 측면을 반복해서 떠올리는 방법인데, 해당 상황을 자주 떠올리면 해결책이 나올 것이라는 기대에서 유래되었다. 이 방법의 문제점은 과정이 반성으로 발전하는 것이 아닌 자기 비하 및 비난을 반복하는 형태로 이어질 가능성이 크다는 점이다. 유형으로는 반추, 파국화, 후회와 자기 비난이 있다.

④ 인지적으로 수용하기

발생한 일을 받아들이기 어렵다고 생각하면 불쾌해지지만, 역으로 상황을 받아들이면 부정적인 감정이 누그러지는 방법이다. 예를 들어 '그래, 그럴 수 있지.'와 같이 받아들이는 것으로, 이 방법이 감정 조절에 있어 가장 효과적이고 즉각적이다.

⑤ 타인을 비난하는 생각하기

부정적인 감정의 원인을 타인에게 전가함으로써 좀 더 나은 감정을 유도하려는 방법이다. 이 방법을 통해 감정의 원인을 타인에게 전가함으로써 자책감을 줄일 수 있으나, 타인이나 주변 환경에 분노를 유발함에 따라 불쾌감이 더 커질 위험성이 있다. 또한 부정적인 감정을 일시적으로 완화시킬 수 있으나 점차 원망이나 분노가 커져 정서조절에는 부정적인 결과를 초래한다.

⑵ 체험적 방법

부정적이고 불쾌한 느낌이나 감정을 표현함으로써 정서적인 변화를 초래하는 방법으로 즐거운 상상하기, 감정 표현 및 공감 얻기, 감정 수용하기, 부정적인 감정 분출하기, 안전한 상황에서 부정적인 감정을 분출하기 등이 있다.

① 즐거운 상상하기

스스로 즐거웠고 행복했던 장면을 떠올림으로써 부정적인 감정을 해소시키는 방법이다.

② 감정 표현 및 공감 얻기

지인들에게 자신의 감정이 어떤지를 표현하고 공감이나 지지 또는 위안을 받음으로써 부정적인 감정을 완화시킬 수 있는 방법으로, 남성보다는 여성이 자주 사용하는 방법이다.

③ 감정 수용하기

말 그대로 본인이 느끼고 있는 불쾌한 감정이나 부정적인 감정을 받아들이는 방법이다. 감정이라는 것은 시간이 경과함에 따라 자연스럽게 사라지기 마련이지만, 부정적인 상황이나 감정을 그대로 느끼고 받아들이는 것은 결코 쉽지 않다.

④ 타인에게 부정적 감정을 분출하기

부정적인 감정을 타인에게 분출하는 방법인데 일시적으로 감정이 해소되는 느낌을 주지만 타인에게 상처를 줌으로써 죄책감 등의 불쾌한 감정을 오히려 증폭시킨다. 따라서 정서조절 및 감정 관리에 있어 가장 좋지 않은 영향을 미치는 방법이다.

⑤ 안전한 상황에서 부정적 감정을 분출하기

부정적인 감정을 타인에게 분출할 경우 또 다른 상황이나 갈등을 유발하므로 안전한 상황(혼자만의 공간에 있을 때, 어떤 상황에서도 자신의 상황이나 처지를 이해해 줄 수 있는 친구와 함께 있을 때)에서 부정적인 감정을 표현 및 분출하는 방법이다.

⑥ 자신이 느끼는 감정을 제대로 인식하고 표현 및 분출하는 것은 가장 효과적인 감정 및 정서조절 방법으로, 정신건강에 긍정적인 영향을 미친다.

⑦ 감정 유발 대상이나 상황을 개선할 수 있는 구체적인 행동으로 정서를 조절하는 방법이긴 하지만, 실제 행동으로 옮기는 것이 쉽지는 않다.

(3) 행동적 방법

실질적인 행동으로 옮기면서 정서적인 변화를 얻는 방법으로 크게 적응적 방법이나 부적응적인 방법으로 구분한다.

적응적 방법		부적응적 방법
▪ 문제 해결 행동 취하기	▪ 조언이나 도움 구하기	▪ 폭식
▪ 친밀한 사람 만나기	▪ 기분 전환을 위한 활동하기	▪ 탐닉하기

① 문제 해결 행동 취하기

부정적인 감정을 경험했을 때 감정 유발 대상이나 상황 개선 및 해결 방법을 행동으로 취하는 방법으로, 가장 효과적인 정서조절 및 감정관리 방법이다.

② 조언이나 도움 구하기

말 그대로 부정적인 감정을 해결할 목적으로 주변 지인에게 조언이나 도움을 요청하는 방법이다. 이 과정을 통해 타인과 유대감 형성은 물론 친밀한 관계로 이어질 수 있다.

③ 친밀한 사람 만나기

말 그대로 친한 지인이나 친구, 선배, 직장 동료 등 편하고 위안이 되는 사람을 만나는 방법인데, 이를 통해 부정적인 감정을 일시적으로 몰아내는 효과가 있다.

④ 기분 전환을 위한 활동하기

기분을 전환시킴으로써 자신의 불안한 감정을 유발하는 상황에서 일시적으로 벗어나는 방법이다. 이 방법은 일시적인 정서조절 및 부정적인 감정에서 벗어나는 효과를 발휘하지만, 근본적인 해결 방법이 아니다.

⑤ 폭식하기

불안정한 감정에 일시적인 포만감을 줌으로써 단기간 불쾌감에서 벗어날 수 있도록 도와주지만, 계속 반복이 지속될 경우 오히려 부정적인 감정을 지속적으로 유발한다. 이것이 지속될 경우, 정서조절은 물론 정신 건강에도 부정적인 결과를 초래하므로 주의해야 한다.

⑥ 탐닉하기

부정적인 감정이나 정서 상황에 탈피하기 위해 쾌감을 주거나 기분을 좋게 하는 일에 몰두하는 방법이다.

실전 예상 문제

1. 감정관리의 필요성에 대한 설명으로 바르지 않은 것은?

① 감정관리를 하지 못하면 인간관계에서 중요한 신뢰를 잃는다.

② 감정관리가 제대로 이루어지지 않으면 불안, 우울, 소외와 같은 부정적인 결과를 초래한다.

③ 감정정리가 되지 않으면 상대방이나 주위 사람들이 쉽게 눈치를 채기 어렵다.

④ 심적인 여유나 안정감이 없어 자신감을 상실한다.

[해설] 감정관리가 제대로 이루어지지 않으면 오히려 주위 사람들이 쉽게 눈치를 채기 쉽다.

2. 감정을 제대로 표현하지 않을 경우 발생하는 문제로 바르지 않은 것은?

① 표현되지 않은 감정은 대화 도중에 다른 방식으로 표현된다.

② 누적된 감정은 어떤 형식으로든 반드시 폭발한다.

③ 감정을 제대로 표현하기는 어렵지만 경청을 하는 것은 어렵지 않다.

④ 표현을 제대로 하지 않아 억눌린 감정이 지속되어 자존심과 대인관계를 해친다.

[해설] 표현되지 않는 감정은 경청의 방해 요소다.

3. 감정을 표현하는 방법은 다양하다. 아래에서 설명하는 감정표현 방법 중 자신에게 감정표현 단계라고 보기 힘든 것은 무엇인가?

① 명상, 심호흡, 운동, 휴식 등 활동하기

② 주변 지인과 우호적인 관계 유지하기

③ 명상, 심호흡, 운동, 휴식 등 활동하기

④ 화, 짜증내지 않고 감정표현하기

[해설] 주변 지인과 우호적인 관계 유지하기는 타인에게 감정표현 방법이다.

4. 감정을 표현하는 방법 중 아래에서 설명하고 있는 것은 '자기 감정의 인식'의 여러 활동 중 어떤 활동에 대한 것인가?

- 인간은 감정에 따라 움직이고 감정은 뇌에 따라 움직인다.
- 감정은 반드시 생리적 변화를 수반한다.
- 신체적인 반응을 파악하기 힘들다면 몸의 긴장을 풀거나 심호흡을 함으로써 이완한다.
- 이완된 상태에서 "이 상황에서 내가 느끼는 감정은 무엇인가?"라고 자문해 본다.
- 자신이 이해하기 힘든 감정을 느낄 때는 위와 같은 방법을 반복한다.

① 자기 감정 수용하기
② 신체가 어떻게 반응하는지 알기
③ 자신의 감정을 단어나 문장으로 표현하기
④ 해당 감정을 느끼는 원인이 무엇인지 자문하기

5. 다음은 감정 및 정서조절 방법 중 '인지적 방법'에 대한 설명이다. 바르지 않은 것은?

① '인지적으로 수용하기'는 발생한 일을 받아들이기 어렵다고 생각하면 불쾌해지지만, 역으로 상황을 받아들이면 부정적인 감정이 누그러지는 방법이다.
② '능동적으로 생각하기'는 불쾌한 감정과 관련된 생각에 대해 적극적인 자세를 취하는 기법이다.
③ '수동적으로 생각하기'는 근본적인 정서를 해소시킬 수는 없으나 일시적으로 부정적인 감정에서 벗어날 수 있다.
④ '부정적으로 생각하기'는 감정을 일시적으로 완화시킬 수 있으나 점차 원망이나 분노가 커져 정서조절에는 부정적인 결과를 초래한다.

[해설] ④번은 '부정적으로 생각하기'가 아닌 '타인을 비난하는 생각하기'에 대한 설명이다.

6. 감정 및 정서조절 방법 중 어떤 상황에서도 자신의 상황이나 처지를 이해해 줄 수 있는 친구나 지인에게 감정을 표현 및 분출하는 방법은?

① 감정표현 및 공감 얻기　　　　　② 안전한 상황에서 부정적 감정을 분출하기
③ 타인에게 부정적 감정을 분출하기　　④ 감정 수용하기

7. 감정 및 정서조절 방법 중 '행동적 방법'에 대한 설명으로 바르지 않은 것은?

① '문제 해결 행동 취하기'는 부정적인 감정이나 정서 상황에 탈피하기 위해 쾌감을 주거나 기분을 좋게 하는 일에 몰두하는 방법이다.
② '조언이나 도움 구하기'는 말 그대로 부정적인 감정을 해결할 목적으로 주변 지인에게 조언이나 도움을 요청하는 방법이다.
③ '친밀한 사람 만나기'는 말 그대로 친한 지인이나 친구, 선배, 직장 동료 등 편하고 위안이 되는 사람을 만나는 방법이다.
④ '기분 전환을 위한 활동하기'는 기분을 전환시킴으로써 자신의 불안한 감정을 유발하는 상황에서 일시적으로 벗어나는 방법이다.

[해설] ①에 대한 설명은 '탐닉하기'에 대한 설명이며 '문제 해결 행동 취하기'는 부정적인 감정을 경험했을 때 감정 유발 대상이나 상황 개선 및 해결 방법을 행동으로 취하는 방법이다.

8. 감정 및 정서조절 방법 중 '행동적 방법'은 실질적인 행동으로 옮기면서 정서적인 변화를 얻는 방법으로 크게 적응적 방법이나 부적응적인 방법으로 구분한다. 그렇다면 아래 적응 방법 중 성격이 다른 하나는 무엇인가?

① 탐닉 및 폭식하기　　　② 조언이나 도움 구하기　　　③ 친밀한 사람 만나기
④ 기분 전환을 위한 활동하기

[해설] 탐닉 및 폭식하기는 '행동적 방법' 중 부적응적인 방법이다.

9. 자기 감정을 인식하는 데 있어서 '복잡한 감정 분석하기'에 대한 설명으로 바르지 않은 것은?

① 일반적으로 단일한 감정만 느낄 뿐 복합적으로 다양한 감정을 느끼기 어렵다.

② 일차적인 감정은 어떤 상황에 발생한 근본적인 감정을 의미한다.

③ 이차적인 감정은 일차적인 감정에 의해 직·간접적으로 느끼게 되는 부수적인 감정을 의미한다.

④ 복잡한 감정을 분석하려면 일차적인 감정과 이차적인 감정을 구분해야 한다.

10. 감정을 표현하는 방식 중 '자기 감정의 인식'에 해당하지 않는 것은?

① 자기 감정 수용하기

② 자신의 감정 표현하기(단어 or 문장 형태)

③ 해당 감정 발생 원인 자문하기

④ 상대방에게 자신의 감정을 솔직하게 털어놓기

[해설] 상대방에게 자신의 감정을 솔직하게 털어놓기는 '타인에게 감정 표현' 방식이다.

4

감정노동
관리

감정노동자 보호 가이드라인 | 감정노동자 보호 방안 | 블랙컨슈머에 대응하기

감정노동자 보호 가이드라인

1) 감정노동자 보호 가이드라인

(1) 감정노동자 보호 구축 가이드라인 방향성

① 해당 업무 전체를 포괄할 수 있는 가이드라인이 제공되어야 한다.

② 세부적인 내용이 아닌 각 부서별로 수정·보완이 필요한 가이드라인 제시가 필요하다.

③ 감정노동에 대한 구체적인 정의와 함께 어떠한 피해 사례가 있었는지에 대한 유형 파악 및 분석이 선행되어야 한다.

④ 실제 활용이 가능한 내용이 주를 이루어야 하고, 이를 위해 시스템, 프로세스, 교육은 물론 커뮤니케이션 활동에 반영해야 한다.

⑤ 감정노동자가 스스로 자가 감정노동 정도를 점검할 수 있는 기반 마련 및 극단적인 수준으로 치닫지 않도록 확인할 수 있는 가이드 제시가 필요하다.

⑥ 블랙컨슈머에 대해서 어떻게 대응해야 하는지를 구체적으로 제시해야 한다.

⑦ 가이드라인이라는 것이 단순히 예방 차원이 아닌 치유 및 회복에 대한 도움을 받을 수 있는 정보나 지식을 제공해야 한다.

(2) 감정노동자 보호를 위한 가이드라인 구성 요소[1]

① 가이드라인의 목적

② 가이드라인의 적용 대상

③ 감정노동에 대한 정의

1　본 구성 요소는 노동권인권센터에서 발행한 서울시 공공부문 감정노동 보호 방안 연구 보고서를 수정하여 정리하였음

④ 감정노동에 대한 직원 · 고객 · 기업이 여할

⑤ 감정노동자 보호를 위한 내부 규정 및 지침

⑥ 감정노동을 완화하기 위한 근로 조건

⑦ 감정노동자의 치유를 위한 프로그램 안내

(3) 감정노동자 보호를 위한 기본 지침

① 감정노동자의 기본적인 인권을 보장하기 위해 노력한다.

② 감정노동자의 업무전문성을 인정하고 그에 맞는 처우 및 대우를 보장한다.

③ 직무 수행 시 필요한 근무 환경을 마련한다.

④ 감정노동자들을 위한 휴게 공간 마련 및 휴게 시간을 보장한다.

⑤ 블랙컨슈머로부터 보호할 수 있는 대응 매뉴얼 개발 및 적절한 권한위임을 보장한다.

⑥ 감정노동 관련 감정노동자의 고충을 해결하기 위한 채널을 상시적으로 운영한다.

⑦ 감정노동자들이 자기 보호를 위한 전문 교육을 지속적으로 실시한다.

⑧ 감정노동자들을 위한 심리적 · 신체적 건강을 위한 지원프로그램(EAP)을 제공한다.

⑨ 감정노동으로부터 보호할 수 있는 전문가 또는 전담팀을 배치, 운영한다.

⑩ 감정노동에 대한 모니터링 및 분석, 평가를 통해 감정노동을 최소화하기 위한 노력을 한다.

(4) 감정노동을 생각하는 소비자 실천 약속[2]

① 감정노동자의 인권을 존중하고 해당 서비스의 전문가로 인정한다.

② 감정노동자들도 내 가족. 이웃이라는 것을 잊지 않는다.

③ 서로가 고객이 될 수 있다는 역지사지의 마음을 가진다.

④ 반말, 욕설, 희롱, 무시하는 언행을 하지 않고 존중하는 언행을 한다.

⑤ 서비스를 받을 때는 감사 인사를 하도록 한다.

---

[2] 해당 실천 약속은 '감정노동을 생각하는 기업 및 소비문화조성 전국협의회'가 2016년 마련한 감정노동 관련 실천 약속임(소비자)

⑥ 문제 제기는 합리적으로, 목소리는 부드럽게 한다.

⑦ 나의 부당한 요구가 다른 소비자에게 피해가 되는 것을 인식한다.

⑧ 서로 잘못했을 때는 인정하고 사과한다.

⑨ 감정노동자를 위하는 기업을 찾아보고 격려한다.

⑩ 감정노동자를 위한 입법 활동을 위해 지지한다.

(5) 감정노동을 생각하는 기업 실천 약속[3]

① 감정노동자의 기본적 인권을 보장하기 위해 적극 지원한다.

② 감정노동 업무의 전문성을 인정하고, 그에 맞는 처우를 보장한다.

③ 감정노동자를 위한 안전한 근무 환경을 조성한다.

④ 감정노동자를 위한 적정한 휴게 시간과 휴식 공간을 보장한다.

⑤ 감정노동자를 효율적으로 보호할 수 있는 소비자 응대 매뉴얼을 마련한다.

⑥ 감정노동자가 부당한 소비자 행동(폭언 · 폭력 · 성희롱 등)에 대하여 자신을 보호할 수 있는 적절한 권한을 보장한다.

⑦ 감정노동자의 안전을 보호하기 위한 전문조직을 둔다.

⑧ 감정노동자들의 자기 보호를 위한 정기적 교육을 실시한다.

⑨ 감정노동자의 정식적 · 신체적 건강을 위한 프로그램을 적극 지원한다.

⑩ 감정노동자를 위한 고충 처리 창구를 상시적으로 운영한다.

2) 감정노동자가 보장받는 권리들

(1) 근로시간 및 근로 환경 등에 대한 건강권

① 야간 또는 휴일 근무에 대해서는 사전에 본인에 대한 동의를 얻어야 한다.

② 여성 근로자의 경우, 월 1회의 생리휴가가 제공되어야 한다.

---

3 해당 실천 약속은 '감정노동을 생각하는 기업 및 소비문화조성 전국협의회'가 2016년 마련한 감정노동 관련 실천 약속임(기업)

③ 산후 1년이 지나지 않은 여성의 경우 1일 2시간, 1주일 6시간, 1년에 150시간을 초
  과하는 시간외 근로를 할 수 없다.

④ 사업주는 육체적 피로와 정신적인 스트레스를 해소할 수 있도록 휴게 시설을 갖추
  어야 한다.

⑤ 사업자는 서서 일하는 직원을 위해 작업 중 앉을 수 있는 의자를 비치해야 한다.

(2) 모성 보호를 위한 권리

① 임신한 여성에 대한 특별 보호는 물론 불이익을 금지해야 한다.

② 산전, 산후 각 90일간의 보호 휴가를 제공하고 복귀 시 휴가 전 동일한 업무와 급여
  를 지급해야 한다.

③ 생후 1년 미만 유아를 가진 여성이 요청 시 1일 2회 각각 30분씩 유급 수유 시간을
  제공해야 한다.

(3) 성희롱

① 사업주가 성희롱 피해를 호소하는 근로자에게 근무 장소 변경, 배치 전환 조치 및
  성희롱 피해를 주장하거나 고객 등으로부터 성적 요구 등에 불응한 것을 이유로 해
  고 등의 불이익 조치를 금지한다.

② 직장 내 성희롱 예방 교육을 연 1회 이상 실시한다.

3) 감정노동 종사자의 건강 관리 방안

감정노동 종사자를 위한 건강 관리 방안은 크게 사회적인 대응과 기업체의 대응 및 감
정노동자 대응으로 구분하여 설명이 가능하다.

(1) 사회적인 대응

① '고객은 왕'이라는 인식을 버리고 감정노동자들도 '또 다른 우리 가족'이라는 인식의
  전환 필요

② 감정노동자들을 '직업윤리를 바탕으로 전문가 수준의 정보와 지식을 가지고 만족스

러운 서비스를 제공하는 근로자'라는 인식의 전환 필요

③ 과도한 서비스 요구(비상식적이고 비합리적인 요구)가 근로자의 건강을 위협할 수 있다는 인식의 전환 필요

(2) 기업체의 대응

① 감정노동에 대한 경영자의 인식 및 관심 제고

② 감정노동을 위한 전담 부서 신설 및 체계적인 대응

③ 감정노동 관련 프로그램 운영

④ 감정노동 완화 방안 마련

(3) 감정노동자의 대응

① 자가진단(감정노동 강도, 스트레스 정도, 우울증 진단 등)

② 개인적인 차원의 감정노동 예방 및 대처

③ 질병에 따른 자가 관리

④ 지속적인 심리상담 참여 및 의학적인 차원의 치료

4) 감정노동자 보호 매뉴얼

(1) 감정노동자 보호 매뉴얼 구성 요소

① 감정노동의 개념 및 주요 이슈

② 감정노동으로 인한 스트레스 및 대처 방법

③ 감정노동자를 위한 보호 프로그램 이해 및 활용 안내

④ 감정노동 관련 권리보장(법, 제도 및 내부 프로그램 안내)

⑤ 감정노동에 대한 가이드라인(고객 · 기업 · 직원)

⑥ 블랙컨슈머 유형별 응대 매뉴얼(블랙컨슈머 정의 및 판단 기준)

⑦ 블랙컨슈머 대응 기법 및 단계별 처리 절차(권한위임 및 이관 기준)

⑧ 감정노동자 스트레스 · 우울증 자가 진단을 위한 체크리스트

⑨ 스트레스 · 우울증 예방을 위한 Tip

⑩ 감정노동 관련 내·외부 기관 안내

(2) 감정노동자 보호를 위한 매뉴얼에 포함되어야 할 내용[4]

① 감정노동 종사자가 고객 응대 과정에서 발생하는 문제를 해결하고 도와주는 직장 내의 공식적인 제도와 절차

② 감정노동 종사자의 상급자가 감정노동 가이드라인과 매뉴얼에 근거하여 현장에서 감정노동 관련한 책임을 맡을 수 있다는 점

③ 감정노동 종사자의 상급자는 고객과 갈등이 발생했을 때 고객과 감정노동 종사자 모두의 이야기를 경청해야 하는 점

④ 심히 부당한 요구를 하는 고객의 요구에 응하지 않을 권리 보장

⑤ 부당한 대우를 당한 감정노동 종사자의 업무 중단 시간에 관한 사항

⑥ 개별 감정노동 종사자가 응대하기 어려운 고객의 요구에 대한 조직 차원의 대응 방안

⑦ 악성민원 처리 전문가 양성, 숙련된 상급자의 악성고객 담당, 악성고객 전담 부서 설치 등에 관한 사항

⑧ 고객과의 민원문제를 인사 및 근무 평가에 과도하게 반영하여 무리한 감정노동을 하지 않도록 해야 한다는 점

⑨ 직장 내 고충이나 애로사항을 전달할 수 있는 의사소통 채널에 관한 사항

⑩ 최고 책임자, 중간 관리자, 감정노동책임자, 감정노동 종사자에 대한 감정노동 관련 교육의 체계적 실시에 관한 사항

(3) 감정노동자 보호 매뉴얼 구축 프로세스

감정노동자 보호 가이드라인 구축은 크게 '기획-집필(실행)-검토(검수)-수정 및 보완-활용'의 단계로 진행한다.

---

4 위 내용은 서울시 감정노동 종사자 권리보호 등에 대한 조례를 참고 및 인용하여 재작성했으며 연내 마련될 가이드라인 또한 서울시 조례를 참고 및 인용하여 마련될 예정임

절차	주요 내용
기획 단계	▪ 내부 감정노동 현황 및 주요 이슈 파악 ▪ 감정노동에 관한 정보 수집 및 분석 및 조사 시행 ▪ 감정노동자를 위한 법률 및 기타 제도에 대한 자문 ▪ 감정노동 보호 매뉴얼 관련 기획서 작성 ▪ 감정노동 보호 매뉴얼 구성 요소 및 주요 콘셉트 선정 ▪ 국내외 자료 및 타사 매뉴얼 구축 사례 참고
집필(실행) 단계	▪ 감정노동 보호 매뉴얼 내용 구성을 위한 개요 정리 ▪ 매뉴얼 목차 작성 ▪ 매뉴얼 작성(감정노동 관련 정보와 지식을 바탕으로 지침 반영) ▪ 매뉴얼 반영 내용에 대한 규정 및 지침 정리
검토(검수) 단계	▪ 전문가 및 실제 현업 담당자가 참여하여 검수 진행 ▪ 매뉴얼 활용에 대한 적합성 및 적정성 여부 ▪ 실제 사용자에 의한 평가 및 모니터링
수정 및 보완	▪ 검토(검수) 단계에서 나타난 구성 및 내용상 문제점 수정 보완
활용 단계	▪ 최종 검토 및 수정 보완된 매뉴얼의 편집 및 디자인 ▪ 사용자 전달 및 공유(매뉴얼 활용 지침 및 가이드 반영) ▪ 교육 및 훈련 진행

⑷ **매뉴얼 개발에 따른 기대 효과**

① 직원 보호를 위한 실무 지침을 통해 감정노동 대응 및 악성고객 대상 체계적인 응대가 가능

② 악성민원인 응대에 필요한 기법의 습득 및 체계화

③ 감정노동 매뉴얼 개발 전체 표준 프로세스 수립에 따른 내부 생산성 향상

④ 감정노동자 일하기 좋은 건전한 근무 환경으로의 개선

⑤ 기업의 사회적 이미지 개선

⑥ 감정노동자의 업무 몰입도 및 직무만족도 개선

⑦ 감정노동자의 신체적·정신적 건강 향상

⑸ 고용노동부 감정노동자 보호 매뉴얼 적정성 검토 지침

감정노동자 보호 매뉴얼은 현장에서 감정노동자가 활용해야 할 지침은 물론, 기업 입장에서 감정노동자 보호를 위해 어떻게 예방하고 지원할 것인지에 대한 체계를 포함하고 있어야 한다. 따라서 기업 및 기관은 매뉴얼 개발 시 해당 내용을 반드시 염두에 두고 반영해야 한다. 고용노동부에서는 감정노동자 보호 매뉴얼 개발과 관련하여 아래와 같은 검토 지침이 매뉴얼에 포함되어야 적정하다고 판단하고 있다. 감정노동자 보호 매뉴얼 개발 후 적정성 검토 지침은 크게 6가지로 정리될 수 있다.

① 고객 응대 과정에서 문제 상황 발생 시 대처 방법이 포함되었는지 여부를 확인해야 한다.

② 현장 고객응대근로자 보호 규정을 강화한다는 내용이 매뉴얼에 반영되어 있는지 여부를 확인해야 한다.

③ 매뉴얼 내용이 실질적인 건강 장해 예방에 도움이 되는지 여부를 확인한다.

④ 직원의 녹취 · 녹화에 대한 고객 소송 발생 시 회사 차원의 적절한 지원책 및 규정을 마련했는지 여부를 확인해야 한다.

⑤ 감정노동자와 관련된 법령이 매뉴얼에 반영되어 있는지를 확인해야 한다.

⑥ 고객의 물리적 위협 및 성적 행동으로 직원 피해 발생 시 회사 차원의 지원 절차 편성 여부를 확인한다.

⑹ 감정노동자 보호 매뉴얼 개발 방향성

일반적으로 매뉴얼이라는 것은 정보(Information)와 영향력(Influence)이라는 두 가지 목적에 충실해야 하며, 감정노동자 보호 매뉴얼을 개발할 때도 이 두 가지 목적을 달성하기 위해서는 아래와 같은 사항이 고려되어야 한다.

① 사전에 활용 목적 및 목표, 주체에 대한 명확한 정의

② 사용자의 이용 편의성 고려

③ 정보(Information)와 영향력(Influence)을 고려하여 개발

④ 해결 중심적인(Solution-oriented) 관점에서 개발

⑤ 상황에 따른 탄력적인 대응이 가능하도록 개발

⑺ 감정노동자 보호 매뉴얼 개발 및 작성 지침에 포함되어야 할 내용

① 매뉴얼 개발 목적과 매뉴얼의 적용 범위

② 매뉴얼에 사용되는 용어에 대한 정의

③ 매뉴얼 개발 방향성

④ 매뉴얼 개발 절차(프로세스)

⑤ 매뉴얼과 관련하여 내부 구성원의 구체적인 역할

⑥ 매뉴얼 구성 요소

⑦ 매뉴얼 활용 방법

⑻ 매뉴얼 관련 내부 구성원의 구체적인 역할 규정

감정노동자 보호 매뉴얼 작성 지침에는 매뉴얼과 관련하여 내부 구성원의 구체적인 역할을 규정해야 한다.

① 내부 구성원은 크게 고용주, 감정노동자, 고객 응대 업무를 수행하는 관리자, 그리고 고객 응대 업무 관리 및 지원부서 등으로 구분할 수 있다.

② 역할을 규정한다는 것은 각 주체들의 역할과 책임을 제한하여 정하는 것으로 이해하면 된다.

③ 고용주는 매뉴얼의 필요성을 이해하고 매뉴얼 개발에 소요되는 비용 및 자원을 지원한다.

④ 감정노동자는 매뉴얼의 작성 방향을 충분히 이해하고 반영되어야 할 내용을 제안한다.

⑤ 고객응대업무 관리자의 경우, 매뉴얼 개발 전략 및 계획을 수립하고 실제 개발 및 작성에 참여하는 등의 실무 업무를 총괄한다.

⑥ 고객 응대 업무 관리 및 지원부서는 매뉴얼 개발에 필요한 자원은 물론 매뉴얼 개발 전반에 걸쳐 총괄적인 역할을 수행한다(현황 파악, 내부 자료 지원, 내부 지원, 예산, 외부 자문 등).

⑼ 국내 감정노동자 보호 매뉴얼의 문제점

① 정작 감정노동자를 보호하지 못하는 매뉴얼

② 기입의 현황 또는 현장 상황에 맞게 맞춤화되지 않은 매뉴얼

③ 산업안전보건법 개정안에 대응하기 위한 임기응변식으로 개발된 매뉴얼

④ 위험관리 차원이 아닌 여전히 CS 중심의 매뉴얼

⑤ 추상적이고 체계적이지 못한 매뉴얼(체계적인 대응의 한계)

⑥ 구체적인 직원 보호 및 지원에 대한 체계가 없는 매뉴얼

⑩ **체계적인 감정노동자 보호 매뉴얼의 조건**

① 구체적이고 명확한 지침 및 조치가 반영된 매뉴얼

② 자사 상황을 고려한 맞춤형 매뉴얼 개발

③ 고객중심이 아닌 위험관리 차원의 매뉴얼

④ 실제 감정노동 이슈가 발생 시 대응할 수 있는 체계가 반영된 매뉴얼

⑤ 철저하게 감정노동자 보호 관점에서 개발된 매뉴얼

⑥ 이용 편의성을 고려하고 일관된 정보 및 지식이 제공되는 매뉴얼

5) 직원 지지 프로그램(EAP : Employee Assistance Program)

직원 지지 프로로그램은 다양한 정의가 있으나 국제EAP협회에서는 생산성에 문제가 제기되는 직무 조직을 돕고 건강 문제, 부부 · 가족 생활 문제, 법 · 재정 문제, 알코올 · 약물 문제, 정서 문제, 스트레스 등 업무 성과 전반에 영향을 미칠 수 있는 근로자 문제를 해결하기 위해 개발된 사업장 기반의 프로그램으로 규정하였다.

⑴ **직원 지지 프로그램**(EAP : Employee Assistance Program, **이하 EAP)의 이해**

① EAP는 직무에 영향을 미치는 직원 개인의 문제를 완화하기 위해 조직 내 · 외부 자원을 활용하여 제공되는 사회심리적 서비스로 정의될 수 있다.

② EAP가 제공하는 서비스는 교육, 정보 제공, 복직 프로그램, 일과 삶의 균형, 내부 직원 만족도 조사(ESI), 상담, 보상 시스템, 힐링 프로그램, 주택 제공 등 다양한 형태로 이루어져 있다.

③ EAP의 개입 대상은 단순히 해당 직원에만 국한되는 것이 아니라 가족, 친지, 직무

조직 및 지역사회 전체를 포괄하는 개념이다.

④ EAP는 다양한 원인에 의해 발생하는 직원들의 직무 스트레스를 관리하여 생산성 향상으로 연결하는 프로그램이라고 할 수 있다.

⑤ EAP의 영역은 직무 만족을 저하하고 생산성에 영향을 주는 요인들을 직원이 극복할 수 있도록 도와주는 프로그램인데, 단순히 직장 내 문제에만 국한하지 않고 해당 직원이 겪고 있는 가정 문제, 진로 고민, 재정 고민 등 다양한 유형의 문제를 다룬다.

⑥ 국내에는 대기업을 중심으로 EAP를 실시하고 있는 업체가 조금씩 확산되고 있으며, 2010년 시행된 「근로복지기본법」에서 '사업주는 EAP를 실시할 수 있도록 노력해야 한다'는 내용이 법제화되었다.

(2) EAP 도입의 필요성

① 직원들의 생산성을 향상시키고 복리후생 비용의 효율성을 확보하기 위해서 도입이 필요하다.

② 직원과 관리자에게 최적의 업무 상태를 관리할 수 있는 도구를 제공한다.

③ 관리자들이 직원 관리에 할애하는 시간에 대한 부담을 경감시킨다.

④ 직무 스트레스와 결근 또는 이직으로 인한 손실로 인한 사업상 리스크를 최소화한다.

⑤ 우수 인재 유지 및 지속적인 근무를 유도하고 기업의 지속 가능한 성장을 기대할 수 있다.

⑥ 직무 스트레스를 최소화하기 위한 각종 심리 검사 이용을 효과적으로 안내할 수 있다.

⑦ 안전하고 건강한 직장 환경 제공을 통해 직원들의 업무 만족도 및 충성도를 이끌어 낼 수 있다.

⑧ 직원들의 직무 스트레스를 이해하고 체계적으로 지원함으로써 업무에 전념할 수 있다.

(3) EAP 기대 효과

EAP는 직원은 물론 기업에게 긍정적인 영향을 미치며, 각 주체 간 기대할 수 있는 효과는 아래와 같다.

직원	기업
▪ 직무 스트레스 감소 ▪ 업무 몰입도 증가 ▪ 조직에 대한 충성도 향상 ▪ 직장 및 가정의 균형 유지(삶의 질 개선) ▪ 자기계발 지원 ▪ 정신적인 불안감 해소	▪ 노사 간 화합 기대 ▪ 산업재해 예방 및 의료비용의 감소 ▪ 복리후생 비용의 효율성 증가 ▪ 기업의 생산성 증가(업무 능률 향상) ▪ 지각, 이직, 퇴사 등의 감소 ▪ 업무 손실일의 감소

(4) 해외 EAP 요건

국가인권위가 배포한 자료에 의하면, 다른 나라에서 이미 시행 및 활성화되고 있는 EAP는 아래와 같은 요건을 충족하고 있다.

① 직원(대상자)이 상담을 필요로 하지 않을 때까지 기간을 무기한 연장한다.

② 모든 직원의 자유로운 진입과 탈퇴가 가능하다.

③ EAP 운영에 대한 홍보 효과를 살리기 위해 주기적으로 모든 직원을 대상으로 교육한다.

④ 모든 직원을 대상으로 한 주기적인 직무 스트레스 조사(또는 우울증 설문)를 시행한다.

⑤ EAP는 단순한 상담뿐만 아니라 정신과적 치료를 필요로 하는 직원에 대한 관리 프로그램을 연계한다.

⑥ 고도의 스트레스로 부적응이 확인되는 직원에 대해서는 직무순환이나 업무 재배치를 고려한다.

⑦ 다양한 교육 훈련을 통하여 직무만족도를 제고한다.

⑧ 감정노동의 근본적 치유를 위한 '감정노동 매뉴얼', '관리자 매뉴얼'을 채택한다.

⑨ 모든 직원을 대상으로 한 주기적 평가 설문 후 개선 과제를 확정한다.

⑸ EAP도입 유형

① 직원들에게 EAP를 제공하는 유형에는 크게 2가지 모델이 있다.

② EAP 유형은 EAP를 제공하는 방식으로, 기업의 규모나 직종, 직원의 구성에 따라 내부모형, 외부모형, 컨소시엄모형, 노동조합모형, 협회모형 등 5가지로 구분한다.

③ 대표적인 도입 유형으로는 내부 모델(Internal model)과 외부 모델(External model)이 있다.

④ 내부 모델은 가장 일반적인 유형으로 기업의 부서 또는 담당자를 두어 EAP 서비스를 제공하는 유형이며, 전문성이 결여되는 부분에 있어서는 외부 협력기관이나 전문가를 위촉하기도 한다.

내부 모델의 장점	내부 모델의 단점
<ul><li>시공간 접근성이 우수함</li><li>기업 특성을 고려한 즉각적인 대응 가능</li><li>책임소재가 분명함</li><li>조직 차원의 개입 및 의사결정 가능</li><li>자체 운영을 통한 EAP에 대한 우호적 분위기</li></ul>	<ul><li>초기 투자비용이 많이 소요됨</li><li>비전문 EAP 운영을 통해 다양한 서비스 제공이 제한적이고 개선의 한계가 존재</li><li>조직구조의 변화에 따른 유연한 대처에 한계</li><li>경쟁 심화 및 변화가 큰 업종의 경우 내·외부 변수에 따라 지속적인 운영의 어려움</li></ul>

⑤ 외부 모델의 경우 기업과 계약을 맺은 외부 제3기관이 EAP 서비스 일체를 수행하는 모델로, 자체적으로 EAP를 수행하기 어려운 기업에 적절한 모형이다.

외부 모델의 장점	외부모델의 단점
<ul><li>EAP서비스의 전문성 확보</li><li>비용 절약 및 조직변경 시 유연성 확보</li><li>갑을 간 계약을 통해 맞춤화 서비스 가능</li><li>비밀 보장에 대한 신뢰도 높음</li></ul>	<ul><li>EAP 서비스에 대한 접근성 제한</li><li>계약 파기 시 서비스 중단 같은 리스크 발생</li><li>비용 절감에 따른 서비스의 질 우려</li><li>상담 채널 한계로 인한 만족도 저하 가능성</li></ul>

⑥ 일반적으로 EAP서비스는 대기업의 경우 자체적으로 운영하는 추세이며, 중소업체로 갈수록 외부 자원(제3기관, 전문업체)을 활용하는 경향이 있다.

⑦ 두 모델을 놓고 결정하기 어려운 경우, 일정 기간 2가지 모델을 병행하는 것도 바람직하다.

⑧ 외부기관에 위탁을 할 경우, 업체별 특성과 업무 능력이나 지리적 위치, 비용적인 부분, 접근성 및 전문성을 사전에 파악하여 결정한다.

⑹ 근로복지넷 EAP 서비스 활용

감정노동자들이 업무를 수행하는 과정에서 겪을 수 있는 다양한 어려움이나 고민에 대해 전문가로부터 상담 및 코칭을 받을 수 있다. 근로복지공단은 중소기업의 EAP 도입을 촉진하고 근로자의 정서적, 심리적 어려움 해결을 지원하기 위하여 근로복지넷을 통해 EAP 서비스를 무상으로 제공하고 있다.

① 국내에서는 근로복지기본법 제 83조에서 모든 기업이 EAP를 도입, 실시하도록 권장하고 있다.

② EAP는 직무만족이나 생산성에 부정적인 영향을 미치는 문제들을 근로자가 스스로 해결할 수 있도록 도와주는 상담 서비스이다.

③ 상시 300명 미만 사업장 소속 근로자라면 누구나 근로복지넷 회원 가입 후 이용 가능하다.

④ 상담은 위탁 전문기관의 전문 상담사를 통해 제공되며, 상담 내용은 철저하게 비밀로 보장된다.

⑤ 개인회원의 경우 온·오프라인 모든 유형의 상담을 합하여 1인당 연 최대 7회 이용 가능하다.

⑥ 기업회원의 경우 EAP 이용 연차 3년차까지 무상 지원한다.

⑦ 근로복지공단에서는 매년 상시 근로자 수 300인 미만 중소기업 및 소속 근로자를 대상으로 온오프라인 무료상담과 교육을 지원하고 있다.

구분	주요 내용
온라인	▪ 게시판상담 신청 : 15개 분야별로 전문상담가에게 상담 신청가능하며 24시간 이내 답변 제공 ▪ 희망드림톡/전화/화상상담 신청 : 상담 신청 후 상담사와 시간, 진행방법 협의를 통해 톡/전화/화상 상담 제공

구분	주요 내용
오프라인	▪ 상담 신청 : 내방, 찾아가는 서비스 ※ 개인당 매년 총 7회까지이며, 시간 및 상담 장소는 상담사와 협의하여 진행 ▪ 기업 상담 신청 : 상시 근로자수 300인 미만 중소기업이 회원가입(기업회원) 후 신청 ▪ 기업 집단 EAP 프로그램 : 1회당 최소 5명 ~ 최대 20명, 총 3회까지 이용가능(기업당 매년 3회 한도 실시) ※ 상담사가 사내에 방문하여 특강·교육 등 집단 프로그램 제공

실전 예상 문제

1. 매뉴얼 개발에 따른 기대 효과로 바르지 않은 것은?

① 직원 보호를 위한 실무 지침을 통해 감정노동 대응 및 악성고객 대상 체계적인 응대가 가능

② 감정노동 매뉴얼 개발 전체 표준 프로세스 수립에 따른 고객만족도 향상

③ 감정노동자가 일하기 좋은 건전한 근무 환경 개선 및 기업의 사회적 이미지 개선

④ 감정노동자의 업무 몰입도 및 직무만족도 개선

2. 고용노동부 감정노동자 보호 매뉴얼 적정성 검토 지침에 대한 설명으로 바르지 않은 것은?

① 고객 응대 과정에서 문제 상황 발생 시 대처 방법이 포함되었는지를 확인해야 한다.

② 현장 고객응대근로자 보호 규정을 강화한다는 내용이 매뉴얼에 반영되어 있는지를 확인해야 한다.

③ 감정노동자와 관련한 휴가 및 감정노동 수당 지급에 대한 내용이 의무적으로 명시되었는지 확인해야 한다.

④ 직원의 녹취 · 녹화에 대한 고객 소송 발생 시 회사 차원의 적절한 지원책 및 규정을 마련했는지를 확인해야 한다.

3. 감정노동자 보호 매뉴얼 개발 및 작성 지침에 포함되어야 할 내용으로 바르지 않은 것은?

① 매뉴얼 개발 목적과 매뉴얼의 적용 범위

② 매뉴얼에 사용되는 용어에 대한 정의

③ 매뉴얼 개발에 따른 비용 및 투입 자원

④ 매뉴얼 관련 내부 구성원의 역할 및 매뉴얼 활용 방법

4. 국내 감정노동자 보호 매뉴얼의 문제점으로 바르지 않은 것은?

① 구체적인 직원 보호 및 지원에 대한 체계가 없는 매뉴얼

② 기업의 현황 또는 현장 상황에 맞게 맞춤화되지 않은 매뉴얼

③ 산업안전보건법 개정안에 대응하기 위한 임기응변식으로 개발된 매뉴얼

④ CS 차원보다는 오히려 위험관리 중심의 매뉴얼

5. 다음 감정노동자 보호 구축 가이드라인 방향성에 대한 설명 중 옳지 않은 것은?

① 실제 활용이 가능한 내용이 주를 이루어야 한다.

② 어떠한 피해 사례가 있었는지에 대한 유형 파악 및 분석이 선행되어야 한다.

③ 세부적인 내용이 아닌 각 부서별로 수정, 보완이 필요한 가이드라인 제시가 필요하다.

④ 가이드라인이 해당 업무 전체를 포괄하지 않더라도 업무에 도움이 되므로 꼭 필요하다.

6. 다음 감정노동자 보호 구축 가이드라인 방향성에 대한 설명 중 옳은 것은?

① 감정노동자가 스스로 자가 감정노동 정도를 점검할 수 있으므로 별다른 기반 마련은 필요하지 않다.

② 시스템, 프로세스, 교육은 물론 커뮤니케이션 활동에 반영해야 한다.

③ 블랙컨슈머에 대해서 어떻게 대응해야 하는지를 개괄적으로 제시해야 한다.

④ 가이드라인이라는 것은 단순한 예방 차원의 정보나 지식을 제공해도 효과적이다.

7. 다음 감정노동자 보호를 위한 가이드라인 구성 요소 중 잘못 짝지어진 것은?

① 감정노동에 대한 정의, 감정노동에 대한 직원 · 고객 · 기업의 역할

② 가이드라인의 목적, 가이드라인의 적용 대상

③ 감정노동자의 치유를 위한 프로그램 안내, 가이드라인에 대한 세부적인 설명

④ 감정노동자 보호를 위한 내부 규정 및 지침, 감정노동을 완화하기 위한 근로 조건

8. 다음 감정노동자 보호를 위한 기본지침에 대한 설명 중 옳지 않은 것은?

① 감정노동자의 기본적인 인권을 보장하기 위해 노력한다.

② 어떠한 피해 사례가 있었는지에 대한 유형 파악 및 분석이 선행되어야 한다.

③ 직무 수행 시 필요한 근무 환경을 마련한다.

④ 가이드라인이 해당 업무 전체를 포괄하지 않더라도 업무에 도움이 되므로 꼭 필요하다.

9. 다음 감정노동자 보호를 위한 기본 지침에 대한 설명 중 옳은 것은?

① 감정노동에 대한 모니터링 및 분석, 평가를 통한 감정노동 최소화는 어렵다.

② 감정노동자들을 위한 심리적 건강만을 위한 지원프로그램(EAP)을 제공한다.

③ 감정노동자들이 자기 보호를 위한 전문교육을 관리자에게 지속적으로 실시한다.

④ 감정노동으로부터 보호할 수 있는 전문가 또는 전담팀을 배치, 운영한다.

10. 감정노동 개선을 위한 소비자 실천 약속과 거리가 먼 것은?

① 감정노동자의 기본적 인권을 보장하기 위해 적극 지원한다.

② 감정노동자의 인권을 존중하고 해당 서비스의 전문가로 인정한다.

③ 감정노동자들도 내 가족, 이웃이라는 것을 잊지 않는다.

④ 나의 부당한 요구가 다른 소비자에게 피해가 되는 것을 인식한다.

[해설] ①번은 감정노동 개선을 위한 기업 실천약속이다.

11. 다음 중 감정노동자가 보장받는 권리와는 성격이 다른 것은?

① 전문성에 대한 처우 보장   ② 모성 보호를 위한 권리

③ 근로시간 및 근로 환경 등에 대한 건강권   ④ 성희롱

[해설] ①은 감정노동자가 보장받는 권리와는 거리가 멀다.

12. 다음 중 감정노동자가 보장받아야 할 권리로 옳은 것은?

① 야간 또는 휴일 근무에 대해서 사전에 본인에 대한 동의를 얻어야 한다.

② 산전, 산후 각 90일간의 보호 휴가를 제공하고 복귀 시 휴가 전과 차등화한 업무와 급어를 지급받는다.

③ 사업자는 서서 일하는 직원을 위해 작업 중 앉을 수 있는 의자를 비치할 의무는 없다.

④ 육체적 피로와 정신적인 스트레스를 해소할 수 있도록 휴게 시설을 반드시 갖출 필요는 없다.

13. 감정노동자가 보장받는 권리 중 근로시간 및 근로환경 등에 대한 건강권 설명으로 바르지 않은 것은?

① 감정노동자의 기본적 인권을 보장하기 위해 적극 지원한다.

② 여성 근로자의 경우, 월 1회의 생리휴가가 제공되어야 한다.

③ 산후 6개월이 지나지 않은 여성의 경우 1일 2시간, 1주일 6시간, 1년에 150시간을 초과하는 시간 외 근로를 할 수 없다.

④ 사업주는 육체적 피로와 정신적인 스트레스를 해소할 수 있도록 휴게시설을 갖추어야 한다.

[해설] 산후 1년이 지나지 않은 여성은 1일 2시간, 1주일 6시간, 1년에 150시간을 초과하는 시간 외 근로를 할 수 없다.

14. 다음에서 설명하고 있는 것은 감정노동 종사자를 위한 건강 관리 방안 중 어느 것에 해당하는 것인가?

> - '고객은 왕'이 아니고 감정노동자들도 '또 다른 우리 가족'이라는 인식의 전환 필요
> - 감정노동자들을 직업윤리를 바탕으로 전문가 수준의 정보와 지식을 가지고 만족스러운 서비스를 제공하는 근로자라는 인식의 전환 필요
> - 과도한 서비스 요구가 근로자의 건강을 위협할 수 있다는 인식의 전환 필요

① 기업체의 대응　　　② 감정노동자의 대응　　　③ 정부 차원의 대응

④ 사회적인 대응

15. 다음 중 감정노동자 보호 매뉴얼 구성요소와 관련이 없는 것은?

① 감정노동의 문제점 및 전문가 안내

② 스트레스 · 우울증 예방을 위한 Tip

③ 감정노동자를 위한 보호 프로그램 이해 및 활용 안내

④ 감정노동 관련 내 · 외부 기관 안내

16. 감정노동자 보호 매뉴얼 구성 요소라고 보기 힘든 것은?

① 감정노동의 개념 및 주요 이슈

② 감정노동으로 인한 스트레스 및 대처 방법

③ 감정노동자를 위한 보호 프로그램 이해 및 활용 안내

④ 감정노동 위험 대상군 선정을 위한 모니터링

17. 다음 중 감정노동자 보호 매뉴얼 구축 프로세스를 순서대로 나열한 것은?

① 기획 단계 → 집필(실행) 단계 → 검토(검수)단계 → 수정 및 보완 → 활용 단계

② 기획 단계 → 검토(검수) 단계 → 집필(실행) 단계 → 수정 및 보완 → 활용 단계

③ 검도(검수) 단계 → 기획 단계 → 집필(실행) 단계 → 활용 단계 → 수정 및 보완

④ 기획 단계 → 집필(실행) 단계 → 검토(검수) 단계 → 활용 단계 → 수정 및 보완

18. 다음의 설명은 감정노동자 보호 매뉴얼 구축 프로세스 중 어떤 단계에 대한 설명인가?

- 감정노동 보호 매뉴얼 내용 구성을 위한 개요 정리
- 매뉴얼 작성(감정노동 관련 정보와 지식을 바탕으로 지침 반영)
- 매뉴얼 반영 내용에 대한 규정 및 지침 정리

① 검토(검수) 단계   ② 활용 단계   ③ 집필(실행) 단계   ④ 수정 및 보완

19. 아래 설명하고 있는 것은 감정노동자 보호 매뉴얼 구축 프로세스 중 어느 것에 해당하는가?

- 전문가 및 실제 현업 담당자가 참여하여 검수 진행
- 매뉴얼 활용에 대한 적합성 및 적정성 여부
- 실제 사용자에 의한 평가 및 모니터링

① 활용 단계   ② 검토(검수) 단계   ③ 수정 및 보완   ④ 집필(실행)단계

20. 다음 감정노동자 보호 매뉴얼 구축 프로세스의 기획 단계 대한 설명 중 옳은 것은?

① 감정노동 보호 매뉴얼 관련 기획서 및 주요 콘셉트 벤치마킹

② 감정노동에 관한 정보 수집 및 분석 및 조사 시행

③ 매뉴얼 목차 작성

④ 전문가 및 실제 현업 담당자가 참여하여 검수 진행

21. 직원 지지 프로그램에 대한 설명으로 바르지 않은 것은?

① 직무에 영향을 미치는 직원 개인의 문제를 완화하기 위해 조직 내·외부 자원을 활용하여 제공되는 사회심리적 서비스로 정의될 수 있다.

② 제공하는 서비스는 교육, 정보 제공, 복직 프로그램, 일과 삶의 균형, 내부 직원 만족도 조사(ESI), 상담, 보상 시스템, 힐링 프로그램, 주택 제공 등 다양한 형태로 이루어져 있다.

③ EAP의 개입 대상은 단순히 해당 직원에만 국한되며 가족, 친지, 직무조직 및 지역사회 전체는 포함되지 않는 개념이다.

④ EAP는 다양한 원인에 의해 발생하는 직원들의 직무 스트레스를 관리하여 생산성 향상으로 연결하는 프로그램이라고 할 수 있다.

[해설] EAP는 해당 직원에만 국한되는 것이 아니라 가족, 친지, 직무조직 및 지역사회 전체를 포괄하는 개념이다.

22. 생산성에 문제가 제기되는 직무조직을 돕고 건강문제, 부부·가족 생활 문제, 법·재정 문제, 알코올·약물 문제, 정서 문제, 스트레스 등 업무 성과 전반에 영향을 미칠 수 있는 근로자 문제를 해결하기 위해 개발된 사업장 기반의 프로그램을 무엇이라고 하는가?

① 일하기 좋은 직장　　② 심리적 지지 프로그램　　③ 직원 지지 프로그램

④ 조직 활성화 프로그램

23. 국내 EAP도입 유형에 대한 설명으로 옳지 않은 것은?

① 내부 모델은 기업의 부서 또는 담당자를 두어 EAP 서비스를 제공하는 유형이다.

② 외부 위탁 시 업체별 특성과 업무 능력이나 비용, 접근성 및 전문성을 사전 파악하여 결정힌다.

③ 외부 모델의 경우, 기업과 계약을 맺은 외부 제3기관이 EAP 서비스 일체를 수행하는 모델로, 자체적으로 EAP를 수행하기 어려운 기업에 적절한 모형이다.

④ 대기업의 경우, 외부 자원을 활용하며 중소업체로 갈수록 자체적으로 운영하는 추세이다.

[해설] 대기업은 자체적으로 운영(Inhouse)하고 중소업체는 외부업체를 활용하는 추세이다.

24. 직원지지프로그램(EAP) 중 외부모델에 대한 설명으로 바르지 않은 것은?

① EAP 서비스의 전문성 확보

② 비용절약 및 조직변경 시 유연성 확보

③ 초기 투자비용이 많이 소요됨

④ 갑을 간 계약을 통해 맞춤화 서비스 가능

감정노동자 보호 방안

1) 감정노동자 보호 방안

감정노동자 보호 방안에는 고객응대 표준 지침 마련, 객관적인 서비스 평가 기준 마련, 페널티보다는 인센티브를 통한 감정노동 지지, 자신감을 고취할 수 있도록 하는 교육 및 훈련 실시, 권한과 책임의 적절한 부여 등이 있으며, 최근 문제가 되고 있는 인권 보호에도 관심을 가져야 한다.

(1) 감정노동자 보호를 위한 접근 방식

① 감정노동자 보호 방안은 예방, 보호, 치유, 보상과 같은 다양한 방식으로 접근이 가능하다.

② 먼저 '예방'의 경우 감정노동이 발생할 수 있는 요인들은 사전에 대처하여 막거나 제거하는 방식으로, 고객응대 매뉴얼 개발 및 운영, 적절한 서비스 교육 및 훈련, 미스터리콜이나 미스터리쇼퍼와 같은 모니터링 제도의 폐지 또는 보완 시행 등이 있다.

③ '보호'는 감정노동의 위험이나 곤란한 상황이 미치지 않도록 하는 방식으로, 권한위임과 같은 자기방어권이나 강성 및 악성고객에 대한 전담 조직 구성, 휴식 시간이나 공간을 마련해 주는 것을 말한다.

④ '치유'는 감정노동으로 인해 발생한 질병이나 관련 증상을 고치거나 개선시키는 방식으로, 심리치료나 치유 프로그램 운영, 심리상담 및 힐링 등이 이에 해당한다.

⑤ 마지막으로 '보상'은 감정노동으로 인한 피해에 대해 대가를 치르는 방식으로, 감정노동자에게 감정노동을 수행한 것에 대한 휴가를 주거나 수당을 지급하는 방식이 있다.

⑵ 감정노동자 보호 방안의 방향

① 감정노동자 보호 방안의 방향성은 크게 사전 예방 차원, 사후 보호 및 관리 차원으로 나누어 생각할 수 있다.

② 사전 예방 차원의 보호 방안은 말 그대로 사전에 감정노동이 발생하는 원인을 개선하는 데 초점을 맞춘 보호 방안이다.

③ 사후 보호 및 관리 차원은 감정노동이 발생한 상황에서 각각 어떻게 대처하고 관리해야 하는가에 초점을 맞춘 보호 방안이라고 할 수 있다.

⑶ 사전 예방 차원 측면의 감정노동 보호 방안

① 블랙컨슈머에 대한 응대 매뉴얼 작성 및 활용(단계적 대응 방법)

② 응대 지침 및 자기 보호 가이드 관련 교육훈련 실시(욕설, 폭언 및 성희롱)

③ 블랙컨슈머에 대한 법적 대응 및 지침 마련

④ 객관적인 서비스 평가 기준 마련 및 CS 지표 개선

⑤ 블랙컨슈머 대응 전담조직 구성 및 운영

⑥ 적절한 권한(Empowerment)과 책임 부여

⑦ 감정노동에 따른 심리적 고통을 사전에 예방하는 교육 프로그램

⑧ 감정노동 사전 예방 프로그램 및 치유 프로그램 운영

⑷ 사후 보호 및 관리 차원 측면의 감정노동 보호 방안

① 휴식 시간 및 공간의 확보

② 감정노동에 대한 휴가 및 수당 지급을 통한 감정노동 가치 인정

③ 블랙컨슈머로부터 입은 정신적 피해에 대한 산업 재해 인정

④ 정기적인 심리치료 및 심리상담 프로그램 운영

⑤ 헬스 키퍼 및 사내 물리 치료실 운영

⑥ 감정노동 관련 자기 보호 방어권(감정노동 방어권) 행사

⑦ 체계적인 인력 산정 및 투입을 통한 적정 인력 유지

⑧ 근로자 지원프로그램(Employee Assistance Program) 도입 및 운영

⑸ 감정노동자를 보호하기 위한 각 주체별 역할

감정노동자를 보호하고 감정노동 문제를 해결하기 위해 감정노동자는 물론 기업, 고객, 기관별 역할이 정립되어야 한다. 감정노동자를 보호하기 위한 각 주체별 역할은 아래와 같다.

주체	역할 및 주요 내용
감정노동자	■ 자신의 직무에 대한 자긍심 및 자존감 고취 ■ 직무만족도 향상을 위한 긍정적인 사고와 자신감 회복 ■ 감정노동에 대비한 현명한 극복 방법(자가심리치료)의 습득
기업	■ 과잉친절이 아닌 적절한 수준의 응대 매뉴얼 개발 ■ 감정노동자 자기 보호 매뉴얼 및 감정노동 방어권 부여 ■ 미스터리콜이나 미스터리쇼퍼와 같은 모니터링 활동 보완 및 폐지 ■ 심리 상담 프로그램 운영 및 심리치료 서비스 제공 ■ 휴게 시간 및 휴게 공간 제공 ■ 감정노동 최소화 및 정서적 안정을 위한 지원 프로그램 실시(EAP, ECP 등) ■ 감정노동 관련 수당이나 보상 프로그램 실시 ■ 업무 과부하 예방을 위한 프로세스 개선 및 적정 인원 산정 필요
고객	■ 감정노동자를 배려하고 존중하는 소비문화 지향 ■ 감정노동자에 대한 인식 전환 ■ 감정노동자에 대한 가치 인정 ■ 내 이웃이나 가족으로 이해하는 자세 필요
기관	■ 감정노동 관련 법률 제정 및 시행(감정노동자 보호법 등) ■ 감정노동 관련 대국민 캠페인 진행 ■ 감정노동 관련 가이드라인 제정 및 이행 권고 ■ 기존 법령 정비 및 보완(근로기준법, 산업안전보건법, 산업재해보상보험 등) ■ 직업 교육에 감정노동에 대한 교육 반영(체험 프로그램 개발 및 경험)

⑹ 감정노동자 및 접점 직원 보호 방안

① 객관적이고 합리적인 고객응대 표준 지침 및 내부 기준 마련

② 욕설 및 성희롱에 대처하기 위한 대응 체계 마련(원스트라이크 아웃제, 삼진아웃제)

③ 지속적이고 효과적인 교육 훈련 프로그램의 운영

④ 적절한 권한(Empowerment)과 책임 부여 및 관리자의 중재 역할 강화

⑤ 부정적 강화가 아닌 긍정적 강화 중심의 인센티브 제공(스트레스 해소 이벤트, 감정 노동 수당)

⑥ 감정노동자에 대한 심리적 지지 강화 프로그램 운영(심리 상담실 운영, 감성 치유 등)

⑦ 적절한 휴식 시간의 보장 및 휴게 시설의 확보(헬스 키퍼, 감정노동 휴가제도 등)

⑧ 고객과의 분쟁 또는 심리적인 휴식이 필요할 때 쉴 수 있는 자율성 보장

⑨ 식사시간, 화장실 가기 등 기본적인 생활상의 욕구 충족 보장

⑩ 사실 관계를 확인하지 않은 채 무조건적인 사과 지시 및 인격적인 모멸감을 주는 행위 금지

⑺ 감정노동자에 대한 법적 책임 및 대응 방안(감정노동자가 보장받는 권리)

① 고객의 부당한 항의와 회사의 부적절한 처사로 인한 정신적 고통 및 충격에 대해 회사에서 보호할 법적 책임이 있다.

② 무리한 요구나 폭언에 대하여 감정노동자를 보호하기 위한 적극적인 조치와 절차가 필요하다.

③ 고객이 불만을 제기할 경우 사실 관계를 파악하여 명확하게 구분하여 처리해야 한다.

④ 고객 불만 처리 시 무력감 유발, 인간적인 모멸감을 주는 일방적인 사과 또는 그에 상응하는 행위는 가급적 지양한다.

⑤ 법적 문제 제기 시 기업의 관리 및 보호 업무를 입증할 수 있는 자료를 확보한다.

⑥ 향후 감정노동자에 의한 손해배상청구는 물론 권리 요구가 지속적으로 발생할 수 있는 가능성이 높으므로 이에 대한 적극적인 대비 및 대책이 필요하다.

⑻ 감정노동의 구성 요소 완화를 위한 가이드

① 영업 시간 전·중·후 스트레칭 체조 시간 운영 제도를 도입한다.

② 서서 일하는 감정노동자에 대한 시설을 제공한다.

③ 사무 환경을 개선한다.

④ 적절한 휴식 시간과 휴게 시설을 마련한다.

> **휴게시설 마련**(「산업안전보건 기준에 관한 규칙」 제79조)
>
> 업주는 근로자들이 신체적 피로와 정신적 스트레스를 해소할 수 있도록 휴식 시간에 이용할 수 있는 휴게 시설을 갖추어야 한다.

⑤ 근로자 지지 프로그램을 제도화하여 운영한다.

완화 측면	결정 요인
개인 특성	연령, 학력, 취미 여부, 임금, 고용 형태(계약직·정규직), 근속 기간 등
조직 특성	휴식의 자율성, 업무 강도, 동료 간 조언 및 지시, 운영 형태(직접운영·수탁)
고객 대면	고객 수, 시간, 비중, 1명당 대면 시간, 부정적 경험 유무 등
운영 방침	감정부조화 시 이행방침, 탄력적 업무 이행 여부, 미스터리 모니터링 등을 통한 스트레스 완화 노력을 위한 활동과 휴게 공간 여부 등

(9) 감정노동자의 인권 향상을 위한 조치
① 차별 없는 기준 적용
② 욕설 및 폭언 등에 대한 적극적인 대처
③ 소비자와 감정노동자의 역할 및 책임에 대한 명확한 규정
④ 일시적 업무 중지와 심리 상담실 운영
⑤ 감정노동자를 위한 고충처리전담기구의 운영

2) 감정노동 관련 법령 및 주요 지침 현황
(1) 감정노동 관련 법 제도의 문제점
① 국내에서도 감정노동이 심각한 수준이라는 이르렀다는 사회적 인식은 충분하나, 기업 입장에서는 아직 감정노동을 자발적으로 해결하려는 의지가 부족하다.

② 「노동관계법」에서 규정하고 있는 의무 기피는 물론 법 위반 시에도 벌금 및 과태료로 대처하면 된다는 식의 대응이 만연하다.

③ 감정노동 관련 「산업안전보건법」의 경우 권고수준에 그치고 있으며 위반 시 벌칙조항을 두지 않아 감정노동자가 제대로 관련법의 보호를 받지 못하는 상황에 놓였다.

④ 실제 해외 사례도 마땅하지 않아 입법을 통과했거나 입법을 하려고 하는 관련 법제도 내용도 국내의 상황을 반영한 기본적인 수준에 그치고 있다.

⑤ 감정노동 관련 보상의 경우, 외상 후 스트레스 장애만 해당되었던 기존 규정에 추가로 우울증과 적응장애가 반영되었으나 감정노동 및 직무 스트레스로 인한 불안장애 및 공황장애 등을 비롯한 정신질환의 기준 확대에 한계가 있다.

⑥ 감정노동이나 폭력에 대한 법적 처벌 기준이 부재하며 다만 직장 내 성희롱만 「남녀고용평등과 일 · 가족 양립 지원에 대한 법률」만 명시되어 있다.

⑦ 상기 법률을 제외하고 아직 국내에는 감정노동과 연관된 제3자에 의한 폭력 및 작업장 내 폭력에 대해서는 어떠한 법적 근거도 없는 실정이다.

(2) KOSHA Guide

① 「감정노동에 따른 직무 스트레스 예방 지침」을 검토한 산업안전보건공단의 지침이다.

② KOSHA 가이드에서는 해당 가이드의 적용 범위를 감정노동을 수행하는 근로자를 고용하는 사업장으로 정의하고 있다.

③ KOSHA에서 정의한 감정노동은 "직업상 고객을 대할 때 자신의 감정이 좋거나, 슬프거나, 화나는 상황이 있더라도 사업장(회사)에서 요구하는 감정과 표현을 고객에게 보여 주는 등 고객응대업무를 하는 노동"을 말한다.

④ 스트레스 관련 관리 방안에 대한 가이드라인은 교육이나 완화 조치, 고객과 갈등 시 대응 조치나 문화 정착에 대한 노력 등 일상 관리에 대한 내용은 있으나 조기 발견 또는 직장 복귀 등에 대해서는 별도의 규정이 없다.

⑤ 감정노동에 대한 완화 조치와 고객과 갈등이 발생할 경우의 조치에 대한 규정은 매우 구체적이고, 중요한 내용들을 포괄하고 있으나 조기 발견, 조기 대응, 직장 복귀의 측면에서 보완이 필요하다.

⑥ KOSHA 가이드는 콜센터 종사자의 직무 스트레스 내용으로 감정노동과 언어폭력

을 언급하고 있다.

⑦ 콜센터 종사자들에 대한 관리 방안으로 휴식을 주어 감정노동으로 소진된 상태를 회복할 수 있는 기회를 주는 것과 심리상담 프로그램 운영, 직업적 가치관 확립 교육 및 언어폭력 대응 지침 마련을 제안하고 있다.

⑧ 콜센터 관련 지침의 구성이나 내용은 문제가 없으나 조직적 관리 지침의 경우 좀 더 구체적으로 제시될 필요가 있으며, 감정노동 관리지침을 참고할 수 있는 정도의 방안 제시가 바람직하다.

(3) 산업안전보건법

① 직무 스트레스와 관련해서 「산업안전보건법」 및 「보건기준에 관한 규칙」이 이미 반영되어 있다.

② 직무 스트레스와 관련된 대표적인 사례로 「산업안전보건법」 제5조(사업주 등의 의무)에 정신적 스트레스를 언급하고 있고, 이와 관련해 「산업안전보건기준에 관한 규칙」 제669조에 직무 스트레스에 의한 건강 장해 예방 조치를 사업주의 의무로 규정하고 있는 것을 들 수 있다.

③ 「산업안전보건법」은 산업 구조의 변화에 따라 그간에 제외대상으로 되어 있던 대부분의 서비스업에 대하여 법 적용의 확대를 실시하였다

④ 감정노동을 스트레스 요인의 중요한 요소 중 하나로 본다면 적절한 수준의 안전보건교육을 시행할 수 있도록 해야 하는데, 안전보건교육 대상 제외 업종이 많아 이에 대한 개선이 필요하다.

⑤ 「산업안전보건법」에 적용되지 않는 업종에 대한 검토가 필요하고 최근 문제가 되고 있는 고객 응대 중 발생할 수 있는 언어 또는 신체적인 폭력이나 성희롱으로 인한 질병을 예방하기 위한 예방책이나 구체적인 지침이 필요하다.

⑥ 제669조(직무 스트레스에 의한 건강 장해 예방 조치)의 경우 개선, 및 시행 사항이 조치 수준에 불과할 뿐 명확한 구체적인 가이드라인이 제시되어 있지 않다.

⑦ 향후 감정노동 근로자에 대한 제도 마련 시에는 안전보건교육의 형태가 아니라 별도 교육이 가능하도록 개선방안을 검토하는 것이 바람직하다.

⑧ 「산업안전보건법」에 규정한 사업주의 의무에는 '작업중지(제26조)'라는 것이 있는데

"사업주는 산업재해가 발생할 급박한 위험이 있을 때 또는 중대재해가 발생하였을 때에는 즉시 작업을 중지시키고 근로자를 작업 장소로부터 대피시키는 등 필요한 안전·보건상의 조치를 한 후 작업을 다시 시작해야 한다"라고 규정하였다.

⑨ 이러한 맥락으로 볼 때 감정노동 근로자에서 발생할 수 있는 고객에 의한 언어 또는 신체적 폭력이 발생하거나 유사 상황이 발생할 경우 그 장소를 떠나 작업을 중지시킬 수 있도록 해야 하나, 실제 규정이나 지침 또는 권한을 법규화하는 방안은 미흡하다.

⑩ 작업중지에 대한 차원을 넓혀 고객 요구를 거절할 권리 또는 전화를 끊을 수 있는 권리에 대해서 명확하게 지침으로 권고하는 방안이나 법령이 필요하며, 이를 시행한 감정노동 근로자의 해고 또는 불리한 처우를 받지 않도록 하는 보호 장치가 필요하다.

⑪ 감정노동은 직무 스트레스의 영역으로 보는 것이 바람직하므로 고객을 직접 상대하는 감정노동의 성격이나 정의를 명확히 하고 근로자에 대한 예방 조치가 가능한 대안 제시가 필요하다.

⑫ 직무 스트레스와 감정노동에 대한 관심이 점차 커지는 가운데 다양한 예방 조치는 물론, 직무 스트레스를 막기 위한 근무 환경 조성 등을 골자로 하는 법령에 대한 시행을 보다 적극적이고 상향시키는 방향으로의 개선이 필요하다.

⑷ 근로기준법

① 「근로기준법」에는 근로시간 및 휴게 시간 특례 규정 개정을 통한 근로자의 장시간 노동을 규제하고 있으나 59조(근로시간 및 휴게 시간의 특례)가 있어 이를 악용하는 사용주도 있다.

② 이러한 특례의 경우 접점에서 직접 고객을 상대하는 서비스 및 판매 종사자 등 대부분의 감정노동 근로자의 스트레스를 가중시키는 주요 요인이 되고 있다.

조항	주요 내용
제50조 (근로시간)	▪ 1주간의 근로시간은 휴게 시간을 제외하고 40시간을 초과할 수 없다. ▪ 1일의 근로시간은 휴게 시간을 제외하고 8시간을 초과할 수 없다. ▪ 제1항 및 제2항에 따른 근로시간을 산정함에 있어 작업을 위하여 근로자가 사용자의 지휘·감독 아래에 있는 대기 시간 등은 근로시간으로 본다.

소항	주요 내용
제54조 (휴게)	▪ 사용자는 근로시간이 4시간인 경우에는 30분 이상, 8시간인 경우에는 1시간 이상의 휴게 시간을 근로시간 도중에 주어야 한다. ▪ 휴게 시간은 근로자가 자유롭게 이용할 수 있다.
제59조 (근로시간 및 휴게시간의 특례)	▪ 다음 각 호의 어느 하나에 해당하는 사업에 대하여 사용자가 근로자 대표와 서면 합의를 한 경우에는 제53 조제1항에 따른 주 12시간을 초과하여 연장 근로를 하게 하거나 제54조에 따른 휴게 시간을 변경할 수 있다. ▪ 운수업, 물품 판매 및 보관업, 금융보험업 ▪ 영화 제작 및 흥행업, 통신업, 교육연구 및 조사 사업, 광고업 ▪ 의료 및 위생 사업, 접객업, 소각 및 청소업, 이용업 ▪ 그 밖에 공중의 편의 또는 업무의 특성상 필요한 경우로서 대통령령(令)으로 정하는 사업

(5) 남녀고용평등과 일·가정 양립 지원에 관한 법률

① 현재 「남녀고용평등과 일과 가정 양립 지원에 관한 법률」은 직장 내에서 발생하는 성희롱에 국한되기 때문에 제3자에 의해서 발생하는 감정노동 근로자에 대한 성희롱은 포함되지 않는다.

② 제3자에 의해서 발생하는 성희롱의 경우 '제14조의2 고객 등에 의한 성희롱 방지' 조항의 적용을 받는데, 성희롱에 의한 근로자가 고충 해소를 요청할 경우 근무 장소의 변경이나 배치의 전환 등의 조치를 위해 노력해야 하며 불이익을 금지하고 있다.

③ 다만 이러한 제3자에 의한 성희롱은 직장 내 성희롱에 비해 완화되어 있어 예방 및 대응 소홀 또는 행정상의 감독을 약화시키는 요인으로 작용하고 있다.

조항	주요 내용
제12조 (직장 내 성희롱의 금지)	▪ 1사업주, 상급자 또는 근로자는 직장 내 성희롱을 하여서는 아니 된다.

조항	주요 내용
제14조 (직장 내 성희롱 발생 시 조치)	▪ 1사업주는 직장 내 성희롱 발생이 확인된 경우 지체 없이 행위자에 대하여 징계나 그 밖에 이에 준하는 조치를 하여야 한다. ▪ 1사업주는 직장 내 성희롱과 관련하여 피해를 입은 근로자 또는 성희롱 피해 발생을 주장하는 근로자에게 해고나 그 밖의 불리한 조치를 하여서는 아니 된다.
제14조의2 (고객 등에 의한 성희롱 방지)	▪ 1사업주는 고객 등 업무와 밀접한 관련이 있는 자가 업무 수행 과정에서 성적인 언동 등을 통하여 근로자에게 성적 굴욕감 또는 혐오감 등을 느끼게 하여 해당 근로자가 그로 인한 고충 해소를 요청할 경우 근무 장소 변경, 배치 전환 등 가능한 조치를 취하도록 노력하여야 한다. ▪ 1사업주는 근로자가 제1항에 따른 피해를 주장하거나 고객 등으로부터의 성적 요구 등에 불응한 것을 이유로 해고나 그 밖의 불이익한 조치를 하여서는 아니 된다.

⑥ **고용보험 및 산업재해 보상 보험의 보험료 징수 등에 관한 법률과 산업재해보상보험법**

① 그동안 고객 응대 업무를 주로 하는 근로자의 정신관련 질병 피해 사례가 증가하고 있으나 업무상 질병 인정기준이 '외상 후 스트레스 장애'만 국한되어 있어 산재 인정이 어려웠다.

② 점차 확대되고 있는 감정노동자에 대한 정신적·육체적 피해를 보상하는 내용이 포함되어 있다.

③ 고용노동부가 감정노동에 대한 산재인정 기준을 확대한 것이 주요 골자이며, 업무상 질병의 인정 기준에 '적응장애'와 '우울병'이 추가되었다.

④ 2015년에 개정된 법을 통해 감정노동자가 장시간 폭언이나 무릎을 꿇고 사과를 하는 등의 행위로 인해 정신적 충격이나 스트레스가 발생해 우울증이 발생하면 산재로 인정받을 수 있다.

⑤ 해당 법으로 인해 향후 적응 장애는 물론 외상 후 스트레스 장애에 이르기까지 업무상 인과관계가 있는 대부분의 정신 관련 질병이 산재보험으로 보호받을 수 있게 되었다.

⑺ 해외 감정노동관련 제도 및 지침 현황

① 외국의 경우도 감정노동에 대한 관심이 점차적으로 증가하고 있으며, 특히 작업장에서 발생하는 감정노동과 폭력 문제가 사회심리적 위험요인 중 높은 비중을 차지하고 있다.

② 고객과 대면이 잦은 직원들에게 문제가 발생하고 있으며 신체적 또는 언어적 폭력이나 희롱이 주요 요인으로 작용하고 있다.

③ 이러한 작업장 내 감정노동과 폭력에 대한 문제를 인식하고 이를 개선하기 위한 대책을 강구하고 있으며 각 나라마다 다양한 접근을 시도하고 있다.

④ 문제 해결 방식에는 상황에 맞는 법 규제나 민법, 형법에 의한 조치, 환경 및 건강 또는 안전에 대한 법을 마련하여 해당 문제를 해결하기 위한 접근을 시도하는 나라도 있다.

⑤ 법적인 규제 외에도 실행코드, 규정 또는 합의문 형태로 접근하는 나라도 있다.

⑥ 감정노동과 관련한 법 제도 및 지침은 직무 스트레스 또는 사회심리적 위험요인의 범위 내에서만 다루고 있는 것이 한계라고 할 수 있다.

⑦ 아직 어느 나라도 감정노동을 독립적으로 분리하여 예방 및 규제하는 법을 가지고 접근하는 곳은 없으며, 폭력에 대해서만 국가별 다양한 형태로 법 제도 및 지침을 마련하여 시행하고 있다.

3) 감정노동 종사 여성 노동자 등의 인권 보호와 증진을 위한 권고1

국가인권위원회는 감정노동 종사 여성 노동자 등의 인권 보호와 증진을 위하여, 다음과 같이 권고 및 의견을 표명한다.

⑴ 고용노동부 장관에 대한 권고 및 의견

① 감정노동의 개념을 공식화하고 감정노동 종사자의 인권 보호방안을 마련할 수 있도

---

1   2016년 12월 5일 「국가인권위원회법」 제25조 제1항에 따라 국가인권위원회 상임위가 결정한 사항임

록 감정노동자 보호 관련 법률 제정 등 입법적 조치를 취할 것

② 「산업안전보건법」 등을 개정하여 '산업재해'의 정의에 감정노동으로 인하여 발생할 수 있는 질병 등을 포함하고, 이를 예방하기 위한 사용자의 보건조치 의무를 명시할 것

③ 「남녀고용평등과 일·가정 양립 지원에 관한 법률」을 개정하여 제3자에 의하여 발생한 성희롱에 대한 사업주의 조치 내용을 보완하고 이를 의무화할 것

④ 감정노동에 대한 사회적 인식변화를 위해 '감정노동 가이드라인'을 마련하여 보급하고 널리 홍보할 것을 권고한다.

(2) 국회의장에 대한 권고 및 의견

① 감정노동 종사자의 인권보호와 증진을 위해, 「감정노동자보호법안」(의안번호 2003954)을 조속히 통과시키는 것이 바람직하다는 의견을 표명한다.

(3) 감정노동자 인권 보호의 필요성

① 감정노동은 유통 서비스 산업에 한정되거나 개별 사업장 차원에서 이루어지는 것이 아니라, 소비자를 직접 만나는 폭넓은 분야에서 수행되고 있다.

② 감정노동자는 최종적으로 어떤 유형의 재화를 산출하지 않으며 노동과정에서 자신의 심리상태를 통제하고 서비스 이용자 또는 소비자의 요구에 정서적으로 응대하도록 요구받는다.

③ 감정노동자는 고객에게 감정적 반응을 하도록 요구되는 동시에 사용자로부터 감정활동 통제, 실적 향상 및 고객 친절에 대한 지속적인 압력을 받게 되어 다양한 직업병에 노출된다.

④ 감정노동자들이 겪게 되는 문제는 사용자와의 관계를 넘어 고객 등 제3자와의 관계 속에서 발생하는 것이므로, 기존의 전통적인 노동법의 규율을 통해서는 해결하기 어렵다.

⑤ 따라서 감정노동자들의 인권 보호 및 증진을 위한 정부 및 기업의 노력, 감정노동에 대한 사회적 인식제고, 감정노동의 특성을 반영한 법과 제도의 정비가 필요하다.

4) 감정노동자의 인권보호와 증진을 위한 제도 개선방안[2]

국가인권위원회에서는 감정노동자의 인권을 보호하고 증진시키기 위한 제도를 개선하기 위해서는 정부·기업의 노력과 감정노동에 대한 사회적 인식제고, 감정노동의 특성을 반영한 법·제도의 정비가 필요하다고 주장하며 감정노동 종사 여성 노동자 등의 인권 보호와 증진을 위한 권고에 아래와 같이 4가지 구체적인 제도 개선 방안을 제시하였다.

(1) 감정노동자 보호를 위한 입법 조치

① 현재 국내에는 감정노동자에 대한 개념 정의, 감정노동자의 권리 및 보호 등을 내용으로 하는 별도의 법률은 존재하지 않는다.

②「근로기준법」역시 근로를 정신노동과 육체노동으로 정의하고 있을 뿐 감정노동을 근로에 포함시키고 있지 않는다.

③ 이외에도 산업안전·보건에 관한 기준을 확립하고 그 책임의 소재를 명확하게 하여 산업재해를 예방하고 쾌적한 작업환경을 조성함으로써 근로자의 안전과 보건을 유지·증진함을 목적으로 하는「산업안전보건법」과 금융부문의 감정노동자의 보호에 관한 내용을 담고 있는「은행법」등 5개 법령에서도 감정노동의 정의를 별도로 규정하고 있지 않다.

④ 법률로써 감정노동의 개념을 정의하고, 감정노동자 보호를 위한 국가 및 사용자의 책무, 사업주의 감정노동자에 대한 근로환경 개선계획 수립, 감정노동자 관련 실태조사, 사용자 및 고객의 금지행위와 사용자의 보호의무, 보호센터 설치, 고충처리 전담부서 설치·운영 등의 세부내용을 규정하는 것이 필요하다.

⑤ 감정노동에 대한 최소한의 법적 규율도 없는 상황에서「근로기준법」,「산업안전보건법」등의 개정을 통해 규정하기보다는, 별도의 법률을 제정하는 것이 보다 필요하다.

⑥ 이에 2016. 11. 29.「감정노동자보호법안」(의안번호 2003954)을 발의한 바, 이 법안

---

2 2016년 12월 5일「국가인권위원회법」제25조 제1항에 따라 국가인권위원회 권고에 따른 주요 판단 내용으로 입법조치, 산업재해 인정 및 보건조치 의무화, 성희롱 예방 조치 보완, 감정노동관련 가이드라인 제정 등 4가지가 주요 골자이며 위 내용은 주요 내용을 재정리하였음

이 조속히 통과될 수 있도록 할 필요가 있다고 판단한다.

(2) 감정노동의 산업재해 인정 및 사용자의 보건조치 의무화

① 감정노동으로 인한 질병의 산재 인정 관련 「산업안전보건법」의 관련 조항 개정을 통해 감정노동 과정에서 발생할 수 있는 직무 스트레스 및 정신질환 등의 질병을 산업재해에 포함시켜 감정노동자를 보호하는 것이 바람직할 것이다.

② 개정된 「산업재해보상보험법 시행령」에 따라, 고객 등으로부터 폭력 또는 폭언 등으로 인하여 발생한 적응장애 또는 우울병 에피소드 외에도 불안장애나 공황장애 등으로 다양하게 나타날 수 있으므로 기준을 보다 더 확대할 필요가 있다.

③ 「산업안전보건법」에서 사업주가 위험과 건강 장해를 예방하기 위해 취해야 할 안전조치와 보건조치는 업무수행 과정에서 발생하는 산업재해를 물리적·신체적 위험만으로 규정하고 있어, 감정의 통제와 지속적인 저강도 건강 장해를 특징으로 하는 감정노동 직종에는 적합하지 않다.

④ 이러한 사항을 개선하기 위해 감정노동의 특성에 맞는 대인기피, 불안, 우울증 등과 같은 정신적·심리적 질병을 예방하기 위한 사용자의 구체적인 보건조치 의무를 「산업안전보건법」에 규정할 필요가 있다.

(3) 감정노동자에 대한 성희롱 예방 조치 보완

① 국가인권위에서 조사한 2008년 자료에 의하면 콜센터 텔레마케터의 경우 응답자 중 36.7%가 성적 농담 등 성희롱 피해를 경험했다고 답변하였고, 이 중 고객에 의한 성희롱이 77.6%로 가장 높은 것으로 나타났다.

② 2015년 자료에 의하면 유통업 종사자의 61%가 고객으로부터 괴롭힘을 경험하였고 그 형태는 폭언(39%), 폭행(3.9%), 성희롱(0.9%) 순으로 나타나, 여성 감정노동자들이 고객 등 제3자에 의한 성희롱 피해를 입고 있음을 알 수 있다.

③ 현행 「남녀고용평등법」 제2조 제2호는 '직장 내 성희롱'의 행위자 요건을 사업주, 상급자 또는 근로자의 행위로 한정하고 있어, 고객 등 제3자로 인한 성희롱을 규제하지 못하는 상황이다.

④ 동법 제14조의2에서 고객 등에 의한 성희롱 방지를 위하여 고충해소 요청 시 근무

징소 변경, 배치전환 등 가능한 조치를 취하도록 노력하고 이에 따른 불이익을 금지하도록 규정하고 있지만, 직장 내 성희롱에 대한 사업주의 의무 규정에 비해 완화된 형태로 규정되어 있어 고객 등에 의한 성희롱 예방 및 대응에 소극적으로 임하게 하는 원인이 되고 있다.

⑤ 고객 등 제3자에 의한 성희롱과 폭언 등을 예방할 수 있도록 「남녀고용평등법」 제14조의2의 '근무 장소 변경, 배치전환 등 가능한 조치'의 내용을 보완하고, 심각한 피해를 야기한 경우 가해자를 고발하는 등 사업주가 취해야 할 구체적인 조치를 의무화는 내용으로 개정하는 것이 바람직하다.

⑷ 감정노동 관련 가이드라인 제정

① 국가인원위원회는 2011년 발간한 『사업주를 위한 여성 감정노동자 인권가이드』를 통해 근무환경 개선 방안을 제시하고, 국제협약과 외국의 사례를 소개한 바 있다.

② 감정노동에 대한 인식 제고와 제도적 보호의 필요성에 대한 사회적 공감대가 형성되면서 지방자치단체 차원의 노력도 진행되고 있다(예: 서울시 감정노동 종사자의 권리보호 등에 관한 조례」를 제정하여 시행)[3].

③ 서울시 감정노동 가이드라인은 감정노동 사용자는 물론 고객의 의무사항을 규정하고 있으며 아래와 같은 내용을 제시하고 있다.

- 사업장 내 모든 사람이 감정노동 종사자의 기본적 인권을 보장할 의무
- 감정노동 업무의 전문성 인정과 그에 맞는 처우 보장 의무
- 적정한 휴게시간과 휴식 공간 보장 의무
- 안전한 근무환경 조성의무
- 고객응대 매뉴얼 마련 의무
- 작업중지권 등 적절한 권한 부여 의무
- 정기적 교육실시 및 건강 프로그램 지원 의무

---

3 2016. 1. 7. 서울특별시가 조례를 선포하였으며 이에 따른 후속조치로 같은 해 11. 8. '서울시 감정노동 가이드라인' 제정과 '감정노동종사자 권리보호센터' 설립 등을 골자로 하는 〈감정노동종사자 권리보호 종합계획〉을 발표하였다.

④ 현재 서비스 산업의 규모와 향후 성장가능성 등을 고려해 정부는 감정노동에 관한 가이드라인을 마련하여 모든 사업장에 보급함으로써 감정노동자들의 인권을 보호하는 데 노력을 기울여야 할 것이다.

5) 감정노동자 감정관리

(1) 감정관리 방안

① 감정노동 근로자의 감정관리를 위해서는 감성적인 접근 방법이 필요하다.

② 감성 자극 시 조직 분위기가 인간적이고 유연해져서 갈등과 스트레스를 줄여 준다.

③ 감성적인 접근을 통해 감정관리를 해 줌으로써 신나는 일터 만들기(GWP)가 가능하고, 직원들의 자발적인 참여와 헌신을 통해 감정노동의 문제점을 해결할 수 있다.

④ 최근 국내 대기업을 중심으로 심리치료 프로그램 또는 직원 지지 프로그램(Employee Assistance Program)을 운영하는 방식으로 감정관리경영을 진행하고 있다.

⑤ 스트레스 진단 툴을 활용해 자가 진단을 하고 해결방안에 대한 피드백을 받음은 물론, 이러한 방법을 통해 스스로 감정관리를 할 수 있다.

⑥ 감정이 상했을 때 폭언, 폭력과 같은 부정적인 방식으로 감정표현을 하면 일시적인 감정완화만 있을 뿐 근본적인 문제 해결이 어려우므로 직원들 스스로 감정관리를 할 수 있도록 도움을 준다.

⑦ 직원들의 스트레스 해소 및 완화를 위해 휴게실, 상담실, 체력단련실을 제공한다.

　　[예] 나이키社의 낮잠 제공 및 타임워너, 뉴스위크의 유료 수면실 이용권 제공

⑧ 직원과의 면담시간 의무화 및 의사소통 채널을 활성화한다.

⑨ 감정관리사, 심리치료사 등을 사내 또는 사외에 배치하여 직원들의 고민이나 문제점에 대해서 얘기하게 함으로써 감정을 공유하도록 한다.

단계	서비스	주요내용	기대효과
채용	인적성 검사	▪ 고객지향성, 스트레스 반응도, 상황대처능력 등 상담업무에 요구되는 항목으로 구성	▪ 적합한 상담사 채용 ▪ 채용 후 인사자료 활용

단계	서비스	주요내용	기대효과
신입교육	MBTI 활용 조직활성화	▪ 개인 심리적 선호경향 및 특성 분석 후 팀 단위조직의 활성화 추진	▪ 상호이해도 향상, 소통강화 ▪ 팀 단위 관리자 역량 향상 ▪ 개인특성 감안한 업무배치
입사 6개월	마음의 습관 바꾸기	▪ 감정 부조화가 발생 원인 및 형성 과정을 이해하고 효과적인 정서조절 기술 습득	▪ 부정적 감정 축소 ▪ 감정조절능력 배양
입사 6개월 후 정착기	1:1 심리 상담	▪ 상담을 통해 스트레스 요인을 분석 ▪ 개인별 상황에 따른 맞춤형 해결방안 제시	▪ 자발적 내적 동기 부여 ▪ 스트레스 감소 ▪ 정서적 소진 완화
	스트레스 검사	▪ 외부환경으로 인한 정신적/육체적 스트레스 ▪ 원인 및 수준을 객관적으로 점검	▪ 스트레스 수준에 대한 객관적 판단 ▪ 이직에 대한 잠재적 위험 요소 점검
	자녀 심리검사	▪ 자녀 성향 및 자질파악을 통해 효과적인 ▪ 자녀 양육을 지원	▪ 회사 충성도 및 만족도 확대 ▪ 장기적인 근무 환경 마련

[직원을 위한 단계별 심리상담 서비스 사례] (출처 : 현대 C&R)

⑵ 감정노동으로 인한 감정을 관리하는 방법

감정이라는 것은 업무 수행뿐만 아니라 우리 삶에서도 매우 중요한 역할을 한다. 따라서 감정노동을 수행하는 사람들 입장에서는 자신의 감정을 스스로 관리할 수 있어야 한다. 감정노동을 수행하면서 겪을 수밖에 없는 부정적인 감정을 관리하는 대표적인 방법은 아래와 같다.

① 고객 입장에서 생각하기

  - 역지사지의 태도로 불만스러운 고객의 입장이 되어 본다.

  - 최대한 고객의 입장에서 이해하려고 노력한다.

② 업무와 자신을 분리하여 생각하기

  - 업무를 수행하면서 발생한 일이지, 자신 때문에 발생한 문제가 아니라고 생각

한다.

　　– 고객의 불만이나 불평의 대상은 자신이 아닌 상품과 서비스라고 분리하여 생각한다.

③ 자신 스스로 격려하고 지지하기

　　– 자기 암시 또는 혼잣말을 통해 스스로를 칭찬하거나 격려한다.

　[예] "이렇게 어려운 일을 극복해 내다니 정말 난 대단해!"

④ 감정 표출 및 제거하기

　　– 감정을 입으로 표현하는 것이 아니라 자신의 감정을 표현할 수 있는 대체 행동을 찾는다.

　[예] 지인과의 수다, 잠깐의 휴식, 낙서, 자신의 감정 상태를 글로 나타내기 등

⑤ 부정적인 생각 멈추기

　　– 연속적으로 이어지는 부정적인 생각을 차단한다.

　　– 힘이 든 상황이라면 간단히 "힘이 드는구나"라고 생각하고 거기서 멈춘다.

　　– 힘이 드는 상황에서는 의식이나 생각이 더 이상 가지를 치지 않도록 의식적인 훈련이 필요하다.

⑥ 자신의 감정을 객관화하기

　　– 억압, 발산의 형태가 아닌 제3자의 관점에서 자신의 감정을 객관화한다.

　　– 부정적인 감정을 그대로 인식하되 상황을 객관화하여 습관적인 반사 반응을 막을 수 있다.

(3) **심리적 지지 프로그램**(Psychological support)

① 선진국의 경우 서비스직 감정노동자의 '감정소진' 및 기타 현상을 예방 또는 치유하기 위해 직무 스트레스 완화 등 다양한 프로그램을 운영하고 있다.

② 심리적 지지 프로그램은 정기적인 사전 조사, 정신적인 불안을 치유하기 위해 정신과적인 치료와 상담을 병행하고 있다.

③ 정신건강과 관련된 진단 및 관리를 통해 감정노동에 따른 피해 예방 및 후유증을 최소화한다.

④ 감정소진에 따른 부작용을 예방하고 최소화하기 위해 문화 공연은 물론 다양한 심

리치료를 병행히고 있다.

⑷ 감정노동자들에게 필요한 감정케어 방법

① 조언하지 않고 하소연을 있는 그대로 들어준다.

② 고민의 내용을 타인에게 절대 발설하지 않는다.

③ 업무에 과부하가 걸린 사람에게는 충분한 휴식을 권한다.

④ 업무에 대한 권한을 최대한 부여하고 자부심을 느낄 수 있게 한다.

⑤ 상대방을 진심으로 이해한다.

실전 예상 문제

1. 감정노동자 보호 방안으로 바르지 않은 것은?

① 고객응대 표준 지침 마련 및 블랙컨슈머 전담팀 운영

② 모니터링에 따른 인센티브와 페널티 병행을 통한 감정노동 지지

③ 자신감을 고취할 수 있도록 하는 교육 및 훈련

④ 권한과 책임의 적절한 부여 및 인권 보호

2. 감정노동자 보호를 위한 접근 방식으로 바람직하지 않은 것은?

① '보상'은 감정노동으로 인한 피해에 대한 대가를 치르는 방식으로, 휴가 및 수당지 급이 있다.

② '예방'의 경우 감정노동이 발생할 수 있는 요인들은 사전에 대처하여 막거나 제거하는 방식으로 심리상담 프로그램, 심리치료 등이 있다.

③ '보호'는 감정노동의 위험이나 곤란한 상황이 미치지 않도록 하는 방식으로, 권한위 임 및 휴식 시간 및 공간 제공 등이 있다.

④ '치유'는 감정노동으로 인해 발생한 질병이나 관련 증상을 고치거나 개선시키는 방 식으로 힐링, 명상, 호흡법 등이 있다.

[해설] 심리상담 프로그램, 심리치료는 '치유' 방식에 해당한다.

3. 사전 예방 차원 측면의 감정노동 보호 방안으로 바르지 않은 것은?

① 감정노동에 따른 심리적 고통을 사전에 예방하는 교육 프로그램

② 응대지침 및 자기 보호 가이드 관련 교육훈련 실시(욕설, 폭언 및 성희롱)

③ 정기적인 심리치료 및 심리상담 프로그램 운영

④ 객관적인 서비스 평가기준 마련 및 CS 지표 개선

[해설] 정기적인 심리치료 및 심리상담 프로그램 운영은 사후 보호 및 관리 차원 측면의 감정노동 보호 방안이다.

4. 간정노동자를 보호하기 위한 가 주체별 역할 중 고객의 역할이 아닌 것은?

① 감정노동자를 배려하고 존중하는 소비문화 지향

② 감정노동자에 대한 인식전환 및 가치 인정

③ 직무에 대한 자긍심 및 자존감 고취

④ 내 이웃이나 가족으로 이해하는 자세 필요

5. 감정노동자 및 접점 직원 보호 방안으로 바르지 않은 것은?

① 피곤하거나 개인적으로 복잡한 상황일 때 언제든지 쉴 수 있거나 휴가 낼 수 있는
   권리 확보

② 적절한 휴식 시간의 보장 및 휴게 시설의 확보(헬스 키퍼, 감정노동 휴가제도 등)

③ 감정노동자에 대한 심리적 지지 강화 프로그램 운영(심리 상담실 운영, 감성 치유 등)

④ 부정적 강화가 아닌 긍정적 강화 중심의 인센티브 제공(스트레스 해소 이벤트, 감정
   노동 수당)

6. 감정노동자에 대한 법적 책임 및 대응 방안(보장받는 권리)이라고 보기 힘든 것은?

① 고객 불만 처리 시 무력감이나 모멸감을 주는 사과 또는 그에 상응하는 행위는 가급
   적 지양한다.

② 감정노동자의 잘못에 의한 고객의 부당한 항의로 인한 정신적 고통 및 충격에 대해
   회사에서 보호할 법적 책임은 없다.

③ 무리한 요구나 폭언에 대하여 감정노동자를 보호하기 위한 적극적인 조치와 절차가
   필요하다.

④ 법적 문제 제기 시 기업의 관리 및 보호 업무를 입증할 수 있는 자료를 확보한다.

7. 감정노동자의 인권 향상을 위한 조치로 보기 힘든 것은?

① 감정노동자를 위한 고충처리전담기구의 운영

② 욕설 및 폭언 등에 대한 적극적인 대처

③ 소비자와 감정노동자의 역할 및 책임에 대한 명확한 규정

④ 일시적 업무 중지와 한시적인 심리 상담실 운영

8. 국내 감정노동 관련 법 제도의 문제점이라고 보기 힘든 것은?

① 국내에서도 감정노동이 심각한 수준이라는 이르렀다는 사회적 인식은 충분하며, 감정노동을 자발적으로 해결하려는 의지가 부족하다.

② 「노동관계법」에서 규정하고 있는 의무 기피는 물론, 법 위반 시에도 벌금 및 과태료로 대처하면 된다는 식의 대응이 만연하고 있다.

③ 감정노동 관련 「산업안전보건법」의 경우 권고 수준에 그치고 있으며, 위반 시 벌칙 조항을 두지 않아 감정노동자가 제대로 관련법의 보호를 받지 못하고 있다.

④ 감정노동이나 폭력에 대한 법적 처벌 기준은 명확하며, 직장 내 성희롱은 「남녀고용평등과 일·가족 양립 지원에 대한 법률」로 명시되어 있다.

[해설] 국내의 경우 감정노동이나 폭력에 대한 법적 처벌 기준이 명확하지 않아 이를 악용하는 기업도 적지 않다.

9. 산업안전보건공단의 지침(KOSHA Guide)에 대한 설명으로 바르지 않은 것은?

① 콜센터 종사자의 직무 스트레스 내용으로 감정노동과 언어폭력을 언급하고 있다.

② 스트레스 관련 관리 방안에 대한 가이드라인에는 교육이나 완화 조치, 고객과 갈등 시 대응 조치나 문화 정착에 대한 노력 등 일상 관리에 대한 내용과 함께 조기 발견 또는 조기 대응 및 직장 복귀 등에 대한 규정도 명시되어 있다.

③ KOSHA 가이드에서는 해당 가이드의 적용 범위를 감정노동을 수행하는 근로자를 고용하는 사업장으로 정의하고 있다.

④ 감정노동에 대한 완화 조치와 고객과 갈등이 발생할 경우, 이에 대한 조치에 대한

규정은 매우 구체적이고 중요한 내용들을 포괄하고 있다

[해설] 스트레스 관련 관리 방안에 대한 가이드라인에는 스트레스에 대한 조기 발견 및 조기 대응 및 직장 복귀에 대한 규정은 별도로 없다.

10. 「남녀고용평등과 일·가정 양립 지원에 관한 법률」에 대한 설명으로 바르지 않은 것은?

① 직장 내에서 발생하는 성희롱 외에 제3자에 의해서 발생하는 감정노동 근로자에 대한 성희롱까지 포함된다.

② 제3자에 의해서 발생하는 성희롱의 경우 성희롱에 의한 근로자가 고충 해소를 요청할 경우, 근무 장소의 변경이나 배치의 전환 등의 조치를 위해 노력해야 하며 불이익을 금지하고 있다.

③ 제3자에 의한 성희롱은 직장 내 성희롱에 비해 완화되어 있어 예방 및 대응 소홀 또는 행정상의 감독을 약화시키는 요인으로 작용하고 있다.

④ 사업주는 직장 내 성희롱 발생이 확인된 경우, 지체 없이 행위자에 대하여 징계나 그 밖에 이에 준하는 조치를 해야 한다.

[해설] 현재 「남녀고용평등과 일과 가정 양립 지원에 관한 법률」은 직장 내에서 발생하는 성희롱에 국한되기 때문에 제3자에 의해서 발생하는 감정노동 근로자에 대한 성희롱은 포함되지 않는다.

11. 감정노동자에 대한 감정관리 방안에 대한 설명으로 바르지 않은 것은?

① 최근 국내 대기업을 중심으로 심리치료 프로그램 또는 직원 지지 프로그램(EAP)을 운영하는 방식으로 감정관리경영을 진행하고 있다.

② 감정노동 근로자의 감정관리를 위해서는 이성적인 접근 방법이 필요하다.

③ 스트레스 진단 툴을 활용해 자가 진단을 하고 해결 방안에 대한 피드백을 받음은 물론, 이러한 방법을 통해 스스로 감정관리를 할 수 있다.

④ 감성 자극 시 조직 분위기가 인간적이고 유연해져서 갈등과 스트레스를 줄여 준다.

[해설] 감정관리는 이성적인 접근 방법이 아닌 감성적인 접근 방법이 바람직하다.

12. 심리적 지지 프로그램(Psychological support)에 대한 설명으로 바르지 않은 것은?

① 신체적인 건강과 관련된 진단 및 관리를 통해 사업장에서의 물리적 피해를 최소화하고 예방하고자 프로그램으로 이미 「근로기준법」에 적용되어 있다.

② 정기적인 사전조사, 정신적인 불안을 치유하기 위해 정신과적인 치료와 상담을 병행하고 있다.

③ 감정소진의 부작용을 예방하고 최소화하기 위해 문화공연과 다양한 심리치료를 병행하고 있다.

④ 선진국의 경우, 서비스직 감정노동자의 '감정소진' 및 기타 현상을 예방 또는 치유하기 위해 직무 스트레스 완화 등 다양한 프로그램을 운영하고 있다.

13. 감정노동으로 인한 감정을 관리하는 방법에 대한 설명이다. 바르지 않은 것은?

① 역지사지의 태도로 불만스러운 고객의 입장이 되어 본다.

② 업무를 수행하면서 발생한 일이지 자신 때문에 발생한 문제가 아니라고 생각한다.

③ 힘이 든 상황이라면 간단히 "힘이 드는구나!"라고 생각하고 거기서 멈춘다.

④ 부정적인 감정을 그대로 인식하되 상황을 주관화하여 습관적인 반사 반응을 막는다.

[해설] 부정적인 감정을 인식하되 상황은 항상 객관화하여 자신의 감정을 객관화함으로써 습관적인 반사 반응을 막고 감정을 다스릴 수 있다.

14. 2015년에 개정된 법으로 감정노동자가 장시간 폭언이나 무릎을 꿇고 사과를 하는 등의 행위로 인해 정신적 충격이나 스트레스가 발생해 우울증이 발생하면 산재로 인정받을 수 있도록 한 법률은 무엇인가?

① 근로기준법

② 남녀고용평등과 일·가정 양립 지원에 관한 법률

③ 산업재해보상보험법

④ 산업안전보건법

15. 아래에서 설명하고 있는 것은 무엇인가?

> - 「감정노동에 따른 직무 스트레스 예방 지침」을 검토한 산업안전보건공단의 지침
> - 콜센터 종사자의 직무 스트레스 내용으로 감정노동과 언어폭력 언급
> - 스트레스 관련 관리방안에 대한 일상적인 내용은 있으나 조기 발견 또는 직장 복귀 등에 대해서는 별도의 규정이 없음

① 코사 가이드(KOSHA Guide)   ② 감정노동 가이드

③ 직무 스트레스 예방 가이드   ④ 사업장 내 언어폭력 가이드

16. 감정노동자 인권 보호의 필요성에 대한 설명으로 바르지 않은 것은?

① 감정노동자는 최종적으로 어떤 유형의 재화를 산출하지 않으며 노동과정에서 자신의 심리상태를 통제하고 서비스 이용자 또는 소비자의 요구에 정서적으로 응대하도록 요구받는다.

② 감정노동자들이 겪게 되는 문제는 사용자와의 관계를 넘어 고객 등 제 3자와의 관계 속에서 발생하는 것이므로, 기존의 전통적인 노동법의 규율을 통해서도 충분히 해결할 수 있다.

③ 감정노동자는 고객에게 감정적 반응을 하도록 요구되는 동시에 사용자로부터 감정 활동 통제, 실적 향상 및 고객 친절에 대한 지속적인 압력을 받게 되어 다양한 직업병에 노출된다.

④ 감정노동자들의 인권 보호 및 증진을 위한 정부 및 기업의 노력, 감정노동에 대한 사회적 인식제고, 감정노동의 특성을 반영한 법과 제도의 정비가 필요하다.

[해설] 감정노동은 전통적인 제조업 아닌 3차 산업의 비중이 높아지는 서비스 사회화를 통해 발생하므로 기존의 전통적인 노동법의 규율을 통해서 해결이 어렵다.

17. 국가인권위원회가 2016년 제시한 감정노동자의 인권보호와 증진을 위한 제도 개선 방안으로 바르지 않은 것은?

① 감정노동자 보호를 위한 입법 조치

② 감정노동의 산업재해 인정 및 사용자의 보건조치 의무화

③ 감정노동자에 대한 최저 임금 인상 및 감정노동 수당 지급 의무화

④ 감정노동 관련 가이드라인 제정

[해설] 감정노동자에 대한 최저 임금 인상 및 감정노동 수당 지급 의무화는 국가인권위원회에서 제시한 감정노동자의 인권보호와 증진을 위한 제도 개선방안과는 아무런 연관이 없는 내용이다.

18. 서울시 감정노동 가이드라인은 감정노동 사용자는 물론 고객의 의무사항을 규정하고 있는데 아래 내용 중 포함되지 않는 것은?

① 정기적 교육실시 및 건강 프로그램 지원 의무

② 감정노동 업무의 전문성 인정과 그에 맞는 처우 보장 의무

③ 고객의 정당한 요구를 거절할 수 있는 적절한 권한 부여 의무

④ 안전한 근무환경 조성의무 및 고객응대 매뉴얼 마련 의무

19. 국가인권위원회에서 제시하는 감정노동자 보호를 위한 입법 조치에 대한 설명 중 바르지 않은 것은?

① 현재 국내에는 감정노동자에 대한 개념 정의, 감정노동자의 권리 및 보호 등을 내용으로 하는 별도의 법률은 존재하지 않는다.

②「근로기준법」역시 근로를 정신노동과 육체노동으로 정의하고 있을 뿐 감정노동을 근로에 포함시키고 있지 않는다

③ 근로자의 안전과 보건을 유지·증진함을 목적으로 하는「산업안전보건법」과 금융부문의 감정노동자의 보호에 관한 내용을 담고 있는「은행법」등 5개 법령에서도 감정노동의 정의를 명확히 규정하고 있다.

④ 감정노동에 대한 최소한의 법적 규율도 없는 상황에서「근로기준법」,「산업안전보

건법」 등의 개정을 통해 규정히기보다는, 별도의 법률을 제정하는 것이 보다 필요하다.

[해설] 현재 국내에는 감정노동자에 대한 개념 정의, 감정노동자의 권리 및 보호 등을 내용으로 하는 별도의 법률은 존재하지 않는다.

20. 국가인권위원회가 제시한 감정노동자의 인권보호와 증진을 위한 제도 개선방안에 포함된 내용으로 바르지 않은 것은?

① 감정노동에 대한 최소한의 법적 규율도 없는 상황에서 「근로기준법」, 「산업안전보건법」 등의 개정을 통해 규정하기보다는, 별도의 법률을 제정하는 것이 보다 필요하다.

② 감정노동으로 인한 질병의 산재 인정 관련 「산업안전보건법」 개정을 통해 감정노동 과정에서 발생할 수 있는 직무 스트레스 및 정신질환 등의 질병을 산업재해에 포함시켜야 한다.

③ 현행 「남녀고용평등법」 에서는 '직장 내 성희롱'의 행위자 요건을 사업주 상급자와 근로자의 행위로 한정하고 있으나 고객 등 제3자로 인한 성희롱을 규제할 수 있다.

④ 서비스 산업의 규모와 향후 성장가능성 등을 고려해 정부는 감정노동에 관한 가이드라인을 마련하여 모든 사업장에 보급함으로써 감정노동자들의 인권을 보호하는 데 노력을 기울여야 한다.

[해설] 현행 「남녀고용평등법」 제2조 제2호 '직장 내 성희롱'의 행위자 요건을 사업주, 상급자 또는 근로자의 행위로 한정하고 있어, 고객 등 제3자로 인한 성희롱을 규제하지 못하는 상황이다.

블랙컨슈머에 대응하기

1) 블랙컨슈머에 대한 이해

(1) 정의

① 기업을 상대로 구매한 상품이나 서비스에 대하여 보상금 등을 목적으로 의도적으로 악성민원을 제기하는 사람들, 즉 '강성 및 악성고객'을 의미한다.

② 악의적인 행동을 통해 기업에게 금전적·정신적으로 피해를 줌은 물론, 다른 소비자의 손실을 초래하는 사람들을 의미한다.

③ 과도하고 부적절한 불만 제기 행동을 의미하며 '악덕소비자', '비윤리적 소비자불만행동', '소비자 문제행동' 등 다양하게 사용되고 있다.

④ 블랙컨슈머라는 용어는 아직까지 사회적으로 합의된 명확한 정의가 존재하지 않으며, 악성고객의 행위 또는 행동에 대한 개념적 정의 또한 언론 매체나 기업, 학계에서도 통일되어 사용되고 있지 않다.

⑤ 블랙컨슈머라는 용어는 국제적으로 '흑인 소비자'라는 의미로 사용되고 있어 국내에서처럼 부정적인 의미로 사용되는 것은 인종 또는 문화적 차별로 오해받을 수 있어 부적절하다.

(2) 블랙컨슈머의 특징

	블랙컨슈머의 특징
인성적인 측면	▪ 이성적인 사고나 행동의 결여 ▪ 완고한 성격에 업무 처리에 비타협적이며 의심이 많음 ▪ 타인에 대한 공감능력이나 이해 능력이 현저히 떨어짐 ▪ 타인에 대한 비난에 익숙하고, 현상에 대한 침소봉대가 심함 ▪ 이분법적인 사고와 타인에 대한 피해의식 ▪ 불안정한 성격 및 문제 해결 상황에서 회피하는 성향을 가짐

	블랙컨슈머의 특징
행위적인 측면	• 업무를 방해하는 소란 행위 및 불법적인 점거를 병행한 기물 파손 • 반복적인 전화, 기업 방문을 통해 동일한 사안의 지속적인 제기 • 폭행, 협박, 징계 요구, 모욕, 욕설, 성희롱 등 정상적인 업무 수행에 지장을 주는 행위 표출 • 책임자 및 대표 면담 요구 및 온라인, 오프라인에 허위 사실 유포 • 무리한 요구 및 규정이나 절차 무시

(3) 블랙컨슈머의 판단 기준

① 아직 국내에는 블랙컨슈머에 대한 명확한 정의는 물론, 이들을 구분하기 위한 기준 또한 부재하여 이에 대한 기준을 마련할 필요가 있다.

② 블랙컨슈머에 대한 판단 기준이 없으면 정당한 클레임 고객과 구분이 쉽지 않아 선의의 피해자가 발생할 수 있다.

③ 블랙컨슈머를 판단할 때 고의성, 기만성, 상습성, 억지성, 과도성, 비윤리성은 기본적인 준거가 될 수 있다.[1]

④ '고의성'은 고객 행동이 '계획적인 것'인지에 대한 여부와 함께 고객이 자신의 행위로 인해 어떠한 결과가 발생할 것이라는 것을 인식하였음에도 불구하고 그러한 행위를 하는 성질을 의미한다.

⑤ '기만성'은 남을 속여 넘기는 성질로 숨김과 보여 줌의 교묘함으로 정의되는데, 자신의 잘못을 감추고 상대방을 속이려는 의도를 가졌는지 여부를 판단한다.

⑥ **'상습성'은 어떠한 특정한 행위가 단순히 한 번에 그치지 않고 반복적으로 일어나는 특성으로, 과정 또는 결과로서의 교환, 환불, 보상 행위가 반복되는지 여부를 판단한다.**

⑦ '억지성'은 정상적인 방법으로는 잘 안 될 일을 무리하게 해내려는 특성으로, 무지 또는 비양심에 기인하며 억지 주장이나 생떼의 형태로 발현된다.

---

1 2013년 이은경, 이은미, 전중옥의 연구 논문을 인용하고 박종태가 비윤리성을 추가 특성으로 반영함

⑧ '과도성'은 정상적인 정도에서 벗어나거나 지나침을 의미하고, 흔히 과도한 보상이나 부당한 요구형태로 발현된다.

⑨ '비윤리성'은 고객으로서 마땅히 행하거나 지켜야 할 도리를 지키지 못하는 비윤리적 특성으로 정의될 수 있으며, 타인의 아픔이나 공감능력이 없는 미성숙함으로 폭언, 폭행, 성희롱, 과도한 보상 요구 형태로 나타난다.

(4) 블랙컨슈머 발생 원인

한국소비자원이 조사한 자료에 의하면, 블랙컨슈머의 발생 원인은 4가지 측면에서 분류할 수 있으며 자세한 내용은 아래와 같다.

고객 측면	기업 측면
<ul><li>서비스 및 상품에 대한 높은 기대 수준</li><li>소비자의 개인적인 성향</li><li>지식의 부족 및 정보의 비대칭성</li><li>왜곡된 소비자의 권리 의식('고객은 왕이다')</li></ul>	<ul><li>부정확한 정보 제공</li><li>제품 하자 및 불친절한 서비스 제공</li><li>블랙컨슈머에 대한 부적절한 대응</li></ul>
정부(공공기관) 측면	사회적 요인
<ul><li>관련 정책 및 법규의 미비</li><li>소비자 교육 및 계몽의 부족</li><li>상담기관의 부적절한 태도</li><li>상담 전문가 부족 및 비체계적인 대응</li></ul>	<ul><li>매스미디어의 영향</li><li>인터넷 발전 및 SNS 활성화</li><li>경제 상황의 악화</li><li>사회에 대한 불신 팽배</li><li>소비자 권리의 신장</li></ul>

(5) 블랙컨슈머의 유형

① 억지 주장, 허위 사실 유포

② 사기 및 공갈, 협박

③ 터무니없는 보상 요구

④ 폭언(욕설), 폭행(상해)

⑤ 업무 방해

(C) 블랙컨슈머로부터 확보해야 할 매체별 증거내용

구분	구체적인 내용
파악해야 할 내용	1. 고객불만의 대상 및 경중(輕重) 2. 고객의 주장에 근거가 되는 사실(Fact)이나 정황 3. 힘의 근원이 무엇인지 파악(권위, 지위, 정보, 지식, 잘못된 대응 등) 4. 고객 요구사항 파악(보상, 교체, 환불, 사과, 수리, 회수, 판정, 교환 등)
매체별 증거내용	1. 콜센터의 경우 녹취 내용 및 대응 이력 2. 오프라인에서 작성된 문서의 경우 관련 내용 누락에 주의하고 원본 확보 3. 오프라인의 경우 녹화(CCTV) 및 녹취 자료 확보 4. 편지나 이메일이나 문자 메시지, 메모, 약관 등 5. 내용증명 및 배달증명 내용이 포함된 문서

(7) 고객 행위에 따른 법적 처벌 가능 여부 구분

감정노동자를 보호하는 차원에서 고소 또는 고발을 할 경우 악성민원에 대한 정의가 명확하지 않으면 대응하기 어려운 측면이 있고 무엇보다도 고객응대를 할 경우 감정노동을 수행하는 직원 입장에서는 혼란을 느낄 수 있다. 따라서 법적으로 문제가 되는 유형과 그렇지 않은 유형을 명확히 구분하여 이를 매뉴얼에 반영하는 것이 바람직하다.

구분	법적으로 문제가 되는 유형	법적으로 문제가 되지 않은 유형
정의	고객의 행위 자체가 법률상으로 문제가 되어 해당 법률에 따라 고소를 통해 법적인 조치나 처벌이 가능	고객의 행위가 법적으로 문제가 되지는 않지만 정당한 업무수행을 방해하거나 정상적인 범주를 넘어서 악성민원으로 진화할 가능성이 높음
유형	▪ 욕설, 폭언 ▪ 성희롱, 성추행, 성폭력 ▪ 폭행, 폭력 ▪ 업무방해 및 기물파손 ▪ 인터넷이나 언론을 통한 모욕 및 협박 ▪ 협박 및 위협 행위 등	▪ 지속적인 클레임 및 불만제기 ▪ 규정 외 보상 및 요구 ▪ 무리한 요구 및 억지주장 ▪ 인격 무시하는 태도 ▪ 상급자와의 면담 요구 ▪ 응대 과정 중 직원을 오해하는 경우 등

⑧ 문제 발생 시 경찰신고 프로세스

단계	
경찰신고	▪ 피해 직원 또는 관리자가 신고여부 결정 ▪ 사전에 비상연락망 확보(주변 경찰서 및 파출소 등) ▪ 증거물 확보(녹취, 녹화, 문서, 증인 등)
상황설명	▪ 피해 직원 또는 관리자가 당시 상황을 구체적으로 설명 ▪ 6하원칙에 의거하여 사실 위주로 설명 ▪ 구체적인 피해 정도와 범위
동행 및 조서작성	▪ 경찰서 동행하여 진술조서 작성 　– 구체적인 상황 작성(6하 원칙) ▪ 합의가능 / 합의불가 선택 ▪ 합의가능 : 고소 취하 및 처벌 원하지 않는다는 의사 표현 ▪ 합의불가 : 법적 처벌 요청 및 민사의 경우 보상 요구
증거자료 제출 및 협조	▪ 증거자료 제출 및 조사에 적극적인 협조 　– 녹화영상, 녹음 외 당시 상황을 뒷받침할 수 있는 자료 활용

2) 블랙컨슈머 대응 지침

(1) 초기에 신속하게 대응해야 한다

① 신속한 초기 대응이 문제 발생건의 70%를 해결할 수 있으며, 문제 해결의 관건이다.

② 문제 발생 시 신속하게 정황을 포착하거나 증거를 확보하면, 향후 문제를 쉽게 처리할 수 있고 피해를 최소화시킬 수 있다.

③ 초기 대응이 부실할 경우, 발생 원인도 모른 채 2차 피해를 당할 우려가 발생한다.

④ 단순한 해명이나 변경 또는 무성의한 태도가 오히려 문제를 어렵게 만든다.

⑤ 초기 대응 우수 사례와 최악의 사례를 학습 및 공유한다.

(2) 블랙컨슈머와의 맞대응은 자제한다

① 블랙컨슈머에 대해 맞대응을 하는 것은 오히려 사태를 어렵게 만들 위험성이 크다.

② 또 다른 민원제기이 위험성이 존재하며 2차 불만으로 이어지는 경우가 많다.

③ 블랙컨슈머의 경우, 일부러 욕설이나 모욕을 주고 도발을 유도함으로써 제2의 민원 제기를 유발하는 경우가 많다.

④ 즉각적인 대응은 자제하고 블랙컨슈머에게 존댓말을 사용하거나 최대한 예의를 갖춘다.

⑤ 감정이 격화되지 않도록 냉정하고 차분한 응대로 일관해야 한다.

⑥ 직접적인 표현보다는 우회적인 표현을 사용하여 감정적 대립을 최소화한다.

(3) 필요 이상의 저자세나 굽신거림은 피한다.

① 친절한 응대와 적극적 경청 등 성의 있는 태도 유지는 기본이다.

② 필요 이상의 저자세 또는 굽신거림은 오히려 블랙컨슈머에게 유리한 위치를 내주는 행위다.

③ 블랙컨슈머의 불합리하고 몰상식한 행동 및 권위를 인정한다는 선입견을 심어 줄 우려가 있다.

④ 저자세나 굽신거림은 전문적인 업무 처리를 방해하고 비전문가임을 스스로 인정하는 행위다.

⑤ 블랙컨슈머가 말하는 내용을 충분히 이해하고 정해진 매뉴얼대로 처리하는 것이 바람직하다.

(4) 보상 기준은 명확하고 절대적인 원칙을 가지고 대응할 것

① 블랙컨슈머에 대해서는 사전에 정한 명확한 보상 기준에 의해 업무를 처리하는 것이 바람직하다.

② 고객의 악성 행동에 따라 보상 기준을 다르게 정하는 것은 오히려 역효과가 발생한다.

③ 내부적으로 리스크를 감안한 블랙컨슈머에 대한 보상 기준을 마련한다(직무, 직책별 보상가이드).

④ 상습·반복 제기자의 경우, 별도 코드 부여 및 특별 관리한다.

⑤ 보상 이전에 악성 행동의 부당함에 대한 설명과 함께 납득에 대한 설득도 필요하다.

⑥ 보상 체계는 블랙컨슈머의 유형 및 행위에 따른 탄력적인 운영을 고려한다.

⑦ 보상은 '설득 및 회유 · 서비스 대체 · 소액 보상 제시 · 적정 규모 보상' 순으로 제시한다.

⑧ 필요에 따라 법무팀의 협조를 통해 법적 대응도 고려한다.

⑨ 무조건 보상이 아닌 명확한 근거에 의한 보상 진행한다.

⑩ 시행착오를 통해 나온 결과를 공유하고, 보상이나 대응 체계의 기준을 마련한다.

⑪ 별도의 합의서를 마련하는 것도 고려한다.

⑸ 과격한 언행이나 폭력의 경우, 녹취 또는 CCTV 녹화 등 증거를 확보할 것

① 초기 대응 증거 자료 확보를 위해 통화 내용은 반드시 녹음을 해두어야 한다.

② 적법한 조치 및 해명, 설득에도 불구하고 지속적인 언행이나 폭력의 위험성 존재 시 활용한다.

③ 향후 블랙컨슈머의 악의적 유포 및 협박 시 유용한 자료로 활용 가능하다.

④ 내방고객의 경우, CCTV 설치 또는 녹취가 가능한 장소로의 이동을 유도한다.

⑤ 콜센터의 경우 녹취가 가능하지만, 일반 접점의 경우 녹음 · 녹취 장비를 설치해서 대응한다.

⑥ 녹취 · 녹화가 어려울 경우, 목격자 탐색도 한 가지 방법이다.

⑦ 사전에 녹취 및 녹화에 대한 사항은 사전에 고지의 필요성이 있음을 유의해야 한다.

⑹ 시간, 장소, 사람을 변경하는 등 다양한 방법으로 분위기 전환을 시도

① 즉각적인 대응은 오히려 일을 크게 벌이는 일이므로 조심스런 대응이 필요하다.

② 비대면 접촉 시 사실 확인 및 처리에 대한 내부 검토를 이유로 추후 접촉 및 연락을 안내한다.

③ 내부적으로 시간적인 여유 확보를 통한 대응 방안을 모색 및 검토한다.

④ 대면 접촉의 경우, 즉각적인 대응보다는 사전에 학습한 매뉴얼에 의한 대응이 필요하다.

⑤ 장소나 시간을 적절히 변경함으로써 주도권 확보는 물론 분위기 전환을 시도한다.

⑥ 폭력 및 폭언의 위험성이 있을 경우, 건장한 남성 또는 연장자 등 제3자를 내세워 대응한다.

⑦ 정상적인 대응이 어려울 경우, 실무 담당자나 책임자가 해결토록 이관한다.

⑺ 인터넷이나 SNS 유포 협박에 흔들리지 말 것

① 인터넷은 물론 SNS 유포에 대한 협박은 블랙컨슈머가 가장 일반적인 사용하는 수법이다.
② 불명확하며 있지도 않았던 사실을 매체를 통해 유포하는 것만으로도 협박죄가 성립한다.
③ 사실을 유포할 경우에도 명예훼손죄가 적용된다는 사실을 인지한다.
④ 금전적인 대가 요구 시 공갈죄가 성립한다.
⑤ 증거가 될 만한 자료(게시물, 녹취 자료 등)를 확보한다.

3) 블랙컨슈머 응대 기법

블랙컨슈머의 경우 일반적으로 고도의 갈등적 인성을 가진 사람으로 규정하는데, 이들의 특징은 감정이 사고를 지배하고 자신의 피해나 손실을 수용하지 않으며 타인과의 공감능력이 떨어지고 문제점이나 해결책을 제시하면 오히려 책임을 회피하거나 문제 해결에 있어 타인에 의존하는 경향이 있다는 점이다. 욕설이나 폭언 또는 과격하게 화를 내는 블랙컨슈머의 경우 E.A.R 기법을 활용하는 것이 효과적이다.

⑴ E.A.R 기법

① E.A.R기법이란 'Empathy, Attention, Respect'의 앞 글자를 따서 만든 것이며, 몹시 흥분하거나 감정 조절이 제대로 되지 않는 고객들을 진정시키고 차분히 응대할 수 있도록 해 준다.
② 흥분한 블랙컨슈머 응대 시 그들의 심정이나 상황을 이해하려고 노력하는 공감(Empathy)과 함께 경청 및 주의(Attention)를 기울이고 존중(Respect)하는 태도 및 자세를 유지함으로써 흥분을 진정시키는 효과를 거둘 수 있다.
③ 공감(Empathy)은 동정(Sympathy)과는 완전히 다른 것이며, 그들이 느끼고 있는 고통이나 좌절을 동일하게 느낄 수 있음을 의미한다.

④ 이성적인 논리로써 민원을 대응하는 것이 아니고, 먼저 해당 고객의 심정이나 상황을 공감하거나 이해하려고 노력해야 한다.

⑤ 공감(Empathy)이 필요한 이유는 극도로 흥분한 상태에서는 이성적인 논리나 대안의 검토에 무게를 두기보다는 자신 상황이나 처지에 대해 공감 또는 알아주기를 바라기 때문이다.

⑥ 흥분한 블랙컨슈머의 경우 주위의 시선이나 주의를 끌기 위한 방법으로 사람을 무시하거나 존중하지 않은 행위를 하거나 심지어는 물리적인 충돌까지 일삼는 경우가 많다.

⑦ 이러한 상황이 발생할 경우 접점 직원들이나 담당자들은 잠시라도 주의(Attention) 및 경청하려는 모습을 보여 주면, 대체로 블랙컨슈머의 경우 진정된 모습을 보인다.

⑧ 성급하게 어떤 일이나 상황에 대해서 결정이나 결단 및 확정을 짓지 않는 것이 중요하며, 적절한 언어적 표현이나 비언어적 표현(Non-verbal)을 통해 경청하려는 자세가 중요하다.

⑨ 경청이나 주의를 기울이는 행동 후 자연스럽게 블랙컨슈머로 하여금 존중받는 느낌을 가질 수 있도록 해야 한다.

⑩ 아무리 다루기 어렵거나 흥분한 고객이라고 하더라도 존중(Respect)을 받아야 할 특성은 가지고 있으며, 이러한 특성을 인정함으로써 고객을 진정시킬 수 있다.

⑪ 보통 블랙컨슈머의 경우 장황하게 또는 침소봉대하여 끊임없이 말하려는 경향이 강한데, 공감·경청·존중의 E.A.R 응대기술을 적절히 활용함으로써 장시간 얘기하는 것을 줄일 수 있다.

(2) E.A.R 기법 활용 시 주의 사항

① 흥분한 상태에서 불만을 제기하는 사람들은 거짓말에 민감하므로 주의해야 한다.

② 공감이 중요한데, 응대 도중 공감할 것이 없다면 고객 행위 중 존중해야 할 사항을 찾아본다.

③ 존중할 것이 없다면 부메랑 기법을 활용하거나 추가적인 질문을 통해 경청하는 것이 바람직하다.

[예] "좀 더 자세히 말씀해 주시겠습니까?"

④ E.A.R기법은 부정적인 감정에 휩싸여 있을 때 반응하는 기법이므로 필요에 따라 응대 내용을 요약하는 것만으로도 감정을 누그러뜨릴 수 있다.

⑤ 일반적으로 흥분한 고객들의 경우 장황하거나 침소봉대하려는 경향이 있으므로 E.A.R기법을 활용함으로써 장시간 얘기하는 것을 줄일 수 있다.

⑥ E.A.R기법의 활용이 고객의 입장이나 의견에 대해서 '동의' 또는 '동의하지 않음'을 의미하지 않는다는 것을 명확히 해야 한다.

⑦ 흥분한 고객을 대응할 때는 단순히 이들에 대해서 심정적으로 이해하고 있으며 도움이 되길 원한다는 자세만 유지해야 한다.

⑧ E.A.R기법을 통해 응대한다고 해서 흥분한 고객들과 친밀한 관계가 형성된 것이 아니다.

⑨ 적당한 거리를 유지하되 과도하게 친절하거나 또는 이들의 기대 수준을 한껏 끌어올리는 등의 말이나 행동은 하지 말아야 한다.

(3) 효과적인 블랙컨슈머 단계별 대응

① 효과적으로 블랙컨슈머에 응대하기 위해서는 아래와 같이 단계별로 대응한다.
② 먼저 E.A.R 기법을 활용한다.
③ 현실적인 대안을 분석하거나 제시한다.
④ 잘못된 정보에 대해서는 철저하게 대응한다.
⑤ 한계선을 정해서 대응한다.

단계별 조치	주요 내용
효과적인 응대	<ul><li>적절하게 E.A.R기법 활용</li><li>심정이나 상황을 이해하려고 노력하는 공감(Empathy)</li><li>경청 및 주의(Attention)를 기울임</li><li>존중(Respect)하는 태도 및 자세 견지</li></ul>
현실적인 대안 분석 및 제시	<ul><li>현실적이고 실현 가능한 대안 제시</li><li>대안 제시를 통한 객관적 사고에 집중할 수 있도록 함</li><li>대안 목록(List)작성 및 지침 마련</li><li>대안제시 및 유형에 대한 분석</li></ul>

단계별 조치	주요 내용
잘못된 정보에 대한 대응	▪ 악성고객이 제기한 정보에 대한 객관적인 비판 및 대응 ▪ 제기된 불만 및 정보에 대한 균형 잡힌 시각이 필요 ▪ B.I.F.F(Brief, Informative, Friendly, Firm) 기법의 활용 ▪ B.I.F.F를 통해 감정적인 대응 최소화
한계선 설정	▪ 현실적인 결과에 대한 정보 제공 ➔ 한계선 설정 ▪ 기업의 운영 규정이나 정책, 주요 절차 활용 ▪ 보상, 교체, 환불, 사과, 수리, 회수, 판정, 교환의 기준 ▪ 한계선을 설정함으로써 직원의 감정적 소진 유발 방어

(4) B.I.F.F 기법의 이해

① B.I.F.F기법은 잘못된 정보에 대한 대응방법으로 흥분한 고객을 진정시키고 잘못된 정보에 대해서 효과적으로 대응하도록 하는 것이 주 목적이다.

② B.I.F.F기법은 과도하게 감정적으로 흥분해서 화를 내는 사람들을 다루는 데 사용한다.

③ 직접 대면채널 또는 이메일이나 사회 관계망 서비스(SNS)를 통해 문제 해결에 대한 의지나 목적 없이 직원들에게 공격적인 성향을 보이는 고객에게 효과적이다.

④ B.I.F.F기법의 접근 방법은 해당 고객을 대상으로 짧게 물어보고 짧게 대답하며(Brief) 정보 위주로 대응하고(Informative) 친근감을 유지하며(Friendly) 자신의 언행에 대해서 확고한 자세를 유지할 것(Firm)이 주요 골자이다.

⑤ B.I.F.F 기법의 기대 효과로는 균형 잡힌 기법 활용을 통한 불필요한 감정 대응을 최소화하고 감정을 상하지 않게 함으로써 이성적인 접근을 통한 문제 해결이 가능하다.

(5) B.I.F.F 기법의 활용 및 유의 사항

① 짧게 물어보고 짧게 대답하기(Brief)

　　– 방어할 일 자체를 유발하지 않는다.

- 문제 해결 중심의 정보에 초점을 맞춘다.
- 해당 고객이 반응 또는 자극할 만한 너무 많은 단어나 말을 하지 않는다.
- 말이 많을수록 다른 비판적인 반응을 유발할 가능성이 높다.
- 간결함을 유지함으로써 방어를 유발하는 부정적인 정보를 최소화한다.
- 특히 이메일이나 SMS의 경우, 간결함을 유지하는 것은 필수이다.

② **정보 위주로 대응하기**(Informative)
- 논의 주제에 대한 직설적이고 유용한 대안을 제시한다.
- 상호 간의 의견이 아닌 자연스럽게 객관적인 주제로 논의가 이루어진다.
- 불필요한 정보 제공을 통해 감적으로 자신을 방어해야 할 일을 피해야 한다.
- 우호적인 분위기 조성 및 미래에 초점을 맞춰 긍정적인 논의를 한다.

③ **친근감 유지하기**(Friendly)
- 부정적인 대응 목록의 경우, 고객으로 하여금 방어적인 자세를 유발한다.
- 우호적인 대응의 경우 문제 해결 중심의 긍정적이고 낙관적인 분위기를 조성한다.
- 우호적인 대응은 상호 공감대를 형성하고 상대방을 진정시키는 효과가 있다.
- 진정된 상태에서 자연스럽게 논리적인 사고로 대응할 수 있는 가능성을 유발한다.
- 우호적인 상태에서 정보 위주의 대응은 자연스럽게 문제를 해결할 수 있는 방향으로 이끈다.

④ **확고한 자세 유지하기**(Firm)
- 확고한 자세를 유지한다는 것은 건전한 자신감의 발로이며 적대적인 커뮤니케이션을 마무리 짓는 확실한 방법임을 인식한다.
- 추가적으로 논의를 이끌어 낼 수 있는 언급은 하지 않는다.
- 우호적인 분위기로 종결 지을 수 있도록 한다.
- 대안을 제시한 후에는 별도의 추가 언급이나 대응을 하지 않는다.
- 다만 답이 없을 경우, 다시 물을 것인지 또는 다른 조치를 취할 것인지 여부에만 초점을 맞춘다.
- 다시 응대를 할 경우에도 짧고 간결하게 그리고 감정이 개입되지 않도록 한다.
- 동일한 단어를 사용하여 주요 정보나 지침을 반복하는 것이 효과적이다.

4) 블랙컨슈머에 대한 법적 대응

블랙컨슈머에 의한 악성 행동이 명확하게 드러났을 경우에 대해서는 최후 수단으로 법적 조치를 취한다. 그러나 법적 조치를 하기 전에 주의해야 할 사항이 있다. 일반적으로 법적으로 대응하면 무조건 블랙컨슈머를 제압할 수 있을 것이라 생각하지만, 꼭 그러한 것만은 아니라는 점이다. 그렇다면 법적 조치를 하기 전에 유의할 것을 알아보자.

(1) 법적 대응 전 알아야 할 것

① 법적 대응이라는 것이 최선은 아니라는 사실을 인식한다.

② 아직 국내에서는 블랙컨슈머에 대한 정의가 명확하지 않고 그 경계가 애매모호하여 함부로 고소할 수 없는 상황을 교묘하게 이용하는 블랙컨슈머가 발생할 수 있다.

③ 민사상 손해배상이나 고소 등의 법적 강제 수단에 무게를 두고 있지만 대부분 법적 개념의 기술이나 위법 여부에 대해서는 많은 부분에서 문제점이 있다.

④ 법적 대응이라는 것이 천편일률적이 아니고 해석 또한 사람마다 다를 수 있다.

⑤ 악성 행위나 행동이라는 것을 규정하기 힘든 것도 있지만, 어느 범위까지 악성 행위로 보아야 할 것인지에 대해서도 명확하지 않다.

⑥ 법의 판단이라는 것이 사람이 하는 일이므로 해당 행위나 행동에 대한 해석 자체가 다르다.

⑦ 법적 대응 이전에 블랙컨슈머를 예방하기 위한 활동이나 체계적인 대응 방안을 마련한 후, 그래도 해결이 안 될 경우 최후의 수단으로 법적 대응을 고려해야 한다.

(2) 법적 대응 전 사전 활동

① 블랙컨슈머를 예방하기 위한 활동이나 체계적인 대응 방안을 마련한다.

② 블랙컨슈머에 대응하기 위한 내부 전략을 수립하거나 구체적인 프로세스를 구축한다.

③ 블랙컨슈머에 대한 내부 직원에 대한 교육 및 훈련이 선행되어야 한다.

④ 서비스 및 제품에 대한 철저한 품질 관리 및 처리 과정의 투명성을 확보한다.

⑤ 보상 금액의 산정과 보상 기준을 마련한다.

⑥ 각 단계별 모니터링 강화 등을 통해 블랙컨슈머가 꼬투리를 잡을 가능성이 있는 사

항에 대한 철저한 대비가 선행되어야 한다.

⑦ 법적 대응을 위해서는 법무팀이나 사정이 여의치 않을 경우 사전에 전문가의 도움을 받아 법률 근거를 검토한다

⑧ 법적 조치 전 반드시 증거물(녹취 장비를 통한 녹취물, CCTV를 통한 녹화, 목격자, 물리적 증거물 등)을 확보한다.

⑨ 법적 대응 이전에 예방을 위한 다양한 활동을 병행하는 것이 바람직하며, 현장에서 악성민원이 발생했을 때 원활한 해결이 되지 않을 경우 '악성 행동 관련 공문'을 내용증명으로 보낼 수 있다.

⑶ 내용증명에 대한 이해 및 기대 효과

① 특별한 효력 발휘는 없으나 소송 제기 시 중요한 정황적 증거

② 일종의 선전포고로 적법한 절차에 따른 소송 제기 가능성 암시

③ 사전에 구두로 녹취 · 녹음을 한다는 사실 고지 필수

④ 소송 제기가 아니더라도 블랙컨슈머에게 심리적인 압박

⑤ 최후 수단으로 고소 · 고발하는 등 소송 제기 마련

⑷ 내용증명 작성법

내용증명은 우편물의 내용인 문서를 등본에 의하여 증명하는 제도로,「우편법」에 의하면 어떤 내용의 것을 언제 누가 누구에게 발송하였는가 하는 사실을 발송인이 작성한 등본에 의하여 우체국장이 공적인 입장에서 증명하는 제도이다.

① 내용증명은 어떠한 내용의 우편물을 수신인에게 분명히 전달하였다는 것을 국가기관이 우체국에서 증명해 주는 제도이다.

② 법률상 최고, 승인, 위임 같은 법적인 의사를 지닌 통지를 할 경우에 많이 사용되며, 당사자 간 분쟁이 발생하였을 경우 증거로서 소송이나 재판에 도움을 준다.

③ 일단 당사자의 의사를 명확하고 강력하게 표시하고, 이러한 내용이 상대방에게 도달했는지 여부를 증명함으로써 명확한 증거로 삼을 수 있다.

④ A4용지를 사용하며 3부를 작성하여 우체국에 원본 1통과 등본(사본) 2통을 제출한다.

－ 본인 보관용 1부 / 블랙컨슈머 발송용 1부 / 접수 우체국 보관용 1부

⑤ 3부를 작성하되 6하 원칙에 의거하여 작성 우체국에서는 발송한 이후 3년간 보관한다.

⑥ 내용증명을 작성하는 용지 상단과 하단에 발신인과 수신인의 주소, 성명을 명확히 기재한다.

⑦ 반드시 발송 내용이 구체적이어야 하고, 신중하게 작성해야 한다.

⑧ 발송하는 이유와 현황, 미래에 발생할 수 있는 피해에 대해 구체적으로 작성한다.

⑨ 원본 및 등본 일치 여부 확인 후, 발송 일자 및 내용증명으로 발송한다는 내용으로 우체국명을 기재 후 소인을 찍어 발송한다.

⑩ 내용 정정, 삽입, 삭제 등 수정할 경우 인장 또는 지장을 활용한다(수정액 사용 불가).

⑪ 발신인, 수취인의 이름과 주소는 우편물과 봉투에 기재하는 것과 동일해야 한다.

(5) 배달증명

① 배달증명제도는 등기우편물의 배달 일자 및 받는 사람을 배달우체국에서 증명하여 보낸 사람에게 알려 주는 우편서비스이다.

② 중요한 우편물이어서 누가 언제 받았는지 확실하게 증명을 받고 싶을 때 신청한다.

③ 당사자의 의사를 명확하고 강력하게 표시하고, 이러한 내용이 상대방에게 도달했는지 여부를 증명함으로써 명확한 증거로 삼을 수 있다.

④ 배달증명은 등기우편물을 발송할 때 청구하는 '발송 시 배달증명'과 발송한 후에 필요에 의해서 청구하는 '발송 후 배달증명'으로 구분한다.

⑤ 발송 후 배달 증명은 등기우편물의 배달사실의 증명이 필요하게 된 경우에 발송인 또는 수취인이 1년 이내에 배달증명을 우체국에 청구한다.

⑥ 내용증명우편물에 대한 배달증명 청구는 발송한 다음 날로부터 3년이다(「우편법 시행규칙」 제59조).

(6) 법적 대응의 이해

　무조건 법적으로 대응하는 것이 아닌, 접점 직원에게 폭언을 할 경우 ARS 또는 구두로 경고 또는 법적 대응에 대한 안내를 할 수 있고, 그래도 계속 폭언을 일삼는 경우에는 내

용증명을 보내고 최후 수단으로 고소·고발하는 프로세스를 운영하거나 이러한 절차를 마련하는 것이 바람직하다.

① 법적 대응 방안에는 민사적 조치와 형사적 조치가 있다.

② 민사적 조치는 블랙컨슈머로 인한 피해로 인해 기업이 재산에 대한 압박을 가하는 손해배상 청구 형태를 의미한다.

③ 민사적 조치는 손해배상책임을 의미하며, 불법 행위로 인해 기업에 손해를 입힌 사람이 손해를 배상하고 그에 대한 책임을 지는 것이다.

④ 쌍방 간에 합의가 있으면 소송 없이 분쟁이 종결되나, 그렇지 않을 경우에는 재판을 통해 판결을 받는다.

⑤ 형사적 조치는 형사적 책임에 초점을 맞추며, 형법상 범죄행위가 되는 경우 고소 및 고발을 취하는 형태를 의미한다.

⑥ 소송적인 측면에서 볼 때, 민사와 형사의 가장 큰 차이는 국가의 개입 여부라고 할 수 있다.

⑦ 고소행위를 통해 소송 및 분쟁을 해결할 경우, 주체가 개인이면 민사이고 고소 주체가 국가가 되면 형사라고 이해하는 것이 빠르다.

(7) 민사적인 조치의 특징

① 재산에 대한 압박을 가하는 손해배상 청구 형태이다.

② 위법 행위를 통해 손해를 입힌 경우, 책임을 지고 손해배상한다.

③ 원칙적으로 손해배상은 금전적인 배상을 의미한다.

④ 손해가 발생했다고 무조건적인 배상을 의미하진 않는다.

⑤ 가해자에게 과실이 있는 경우에만 피해자에게 손해배상 책임이 발생한다.

⑥ 과실 없이 발생한 손해는 가해자가 물어줄 법적 책임은 없다.

　➜ 천재지변 또는 기타 원인 불명에 의해 발생한 손해

(8) 형사적인 조치의 특징

① 형법상 범죄 행위가 되는 경우, 고소 및 고발을 취하는 형태이다.

② 사회질서를 파괴한 데 대한 제재 성격이다.

③ 징역형, 벌금형, 금고형 등을 받을 수 있다.

④ 기업 입장에서는 범죄 행위로 인해 피해를 입었다면 고소 가능하나 최종적인 조치 수단이므로 신중히 접근할 필요가 있다.

⑤ 블랙컨슈머의 행위가 범죄 구성 요건에 해당하면 형법에 따라 처벌이 가능하다.

⑥ 블랙컨슈머에 대한 형사처벌 사례 : 업무방해죄, 폭행죄, 배임수재죄, 협박죄, 명예훼손죄, 모욕죄, 사기죄, 공갈죄, 통신비밀보호법, 경범죄 등

⑼ 법적 대응 시 주의사항

① 블랙컨슈머를 대상으로 형사적인 조치를 취할 경우, 해당 사항을 입증할 수 있는 명백한 증거나 증명을 요한다.

② 기업 내부에서 충분한 검토 및 조사 또는 증거 자료 없이 고소나 고발을 할 경우, 시간과 비용만 낭비할 가능성이 크다.

③ 사전에 충분한 법률적 검토 및 분석이 따라야 하는데, 이는 명백하게 악성 행동이나 행위라고 보이는데 상황에 따라 범죄에 해당하지 않을 가능성이 생각보다 많기 때문이다.

④ 형사적인 조치를 할 경우, 블랙컨슈머에 대한 무고죄에 해당하지 않는지에 대한 명확한 검토가 있어야 한다.

⑤ 블랙컨슈머로 하여금 형사처분 또는 징계를 받게 할 목적으로 허위 사실을 신고하는 행위 자체가 무고죄에 해당하므로 고소 · 고발의 여부를 결정할 때는 반드시 주의해야 한다.

⑥ 국내 형법에 의하면, 이러한 허위 사실을 신고한 자는 10년 이하의 징역이나 1,500만 원 이하의 벌금에 처한다고 규정하고 있다.

⑦ 블랙컨슈머의 행위가 명백히 위법 행위가 아님에도 불구하고 해당 사항에 대해 과장하거나 날조하는 경우는 무고죄에 해당한다.

⑧ 법적 대응을 남발하는 것은 결국 기업을 위협하는 화살이 되어 돌아오기 마련이며, 기업의 이미지에도 부정적인 영향을 미친다.

⑨ 법적 대응이 만사는 아니고 또한 사안별로 해석이 다를 수 있다는 점, 그리고 아직 국내에 블랙컨슈머에 대한 명확한 정의와 범위가 마련되지 않은 관계로 그러한 경

계의 애매모호함을 넘나들면서 악용하는 사례가 빈번히 있으니 주의해야 한다.

⑩ 해당 법적 조치 및 대응이 자칫 다른 블랙컨슈머로 하여금 악성 행동의 빌미를 제공하지 않도록 주의해야 한다.

5) 블랙컨슈머로 인한 감정치유법

① 비이성적인 사람들이 비상식적인 행동을 할 경우, 내가 아닌 '상품'이나 '서비스'를 대상으로 한다고 생각한다(대상의 전환 및 몰상식한 행동으로부터 자신을 분리하기).

② 후천적인 노력에 의해서 어려운 상황을 극복해 낼 수 있는 회복탄력성을 강화시킨다. 예를 들어 자신을 보호할 수 있는 도구 또는 요소 및 지지자 만드는 것인데, 맛있는 음식 먹기, 수다 떨기, 산책, 음악 감상 등이 있다.

③ 감정노동에 대한 자신만의 대처법을 개발하고 활용한다.

④ 스트레스 대처의 경우 '문제 중심'과 '정서 중심'으로 구분하는데, 문제 유발 요소를 제거 및 변경하거나 스스로 대안을 마련하는 것을 '문제 중심의 스트레스 해소'라고 하고, 스스로 그 상황을 별것이 아닌 것으로 치부하고 무시하거나 넘어가는 행위를 '정서 중심의 스트레스 해소'라고 한다.

⑤ 경직된 근육이나 신체를 이완훈련을 통해 풀어준다.

　[예] 복식호흡, 이완훈련, 마음 챙김 명상 등

⑥ 감정노동에 의한 불안감 해소에는 근육이완도 좋지만, 전문 헬스키퍼를 통한 안마 및 마사지를 받는 것도 좋은 효과를 발휘한다.

⑦ 공원 산책이나 둘레길 걷기 및 명상과 같은 정서적으로 안정감을 줄 수 있는 활동을 병행한다.

⑧ 억눌린 감정을 표출하거나 자신의 고민을 솔직히 털어놓을 수 있는 지인을 확보한다(친구, 동료, 상사, 부하 등).

⑨ 위에서 설명한 E.A.R기법을 적절히 활용하여 효과적으로 대응한다.

⑩ 자신의 권한과 책임 또는 한계를 뛰어넘는 상황이라면 불필요한 책임감에서 벗어나야 한다.

1. 아래 고객행위 중 법적으로 문제가 되지 않는 것은?

① 규정 외 보상 및 요구

② 업무방해 및 기물파손

③ 인터넷이나 언론을 통한 모욕 및 협박

④ 욕설, 폭언

2. 블랙컨슈머로부터 파악해야 할 내용에 대한 설명으로 바르지 않은 것은?

① 고객불만의 대상 및 경중(輕重)

② 고객의 주장에 근거가 되는 사실(Fact)이나 정황

③ 힘의 근원이 무엇인지 파악(권위, 지위, 정보, 지식, 잘못된 대응 등)

④ 고객 요구사항 및 제출된 문서의 진위 여부

[해설] 제출된 문서의 진위 여부는 블랙컨슈머로부터 파악해야 할 내용은 아니다.

3. 다음 블랙컨슈머의 정의에 대한 설명 중 옳지 않은 것은?

① 악의적인 행동을 통해 금전적, 정신적인 피해와 다른 소비자의 손실을 초래하는 사람이다.

② 과도하고 부적절한 불만 제기 행동을 의미이다.

③ 보상금 등을 목적으로 의도적으로 악성민원을 제기하는 사람이다.

④ 블랙컨슈머라는 용어는 사회적으로 합의된 명확한 정의이다.

[해설] 블랙컨슈머는 아직 사회적으로 합의된 개념이 아니다.

4. 다음 블랙컨슈머의 특징에 대한 설명 중 행위적인 측면에 해당하는 것은?

① 완고한 성격에 업무 처리에 비타협적이며 의심이 많다.

② 무리한 요구를 하거나 규정이나 절차를 무시한다.

③ 책임자 및 대표 면담을 요구하거나 온라인, 오프라인에 정확한 사실만 유포한다.

④ 타인에 대한 비난에 익숙하고, 현상에 대한 침소봉대가 심하다.

5. 아래의 특성들 중 블랙컨슈머를 판단할 때의 기본적인 준거가 되기 어려운 것은?

① 진실성   ② 고의성   ③ 상습성   ④ 과도성

6. 다음 설명은 블랙컨슈머를 판단할 때의 기본적인 준거 중 어떤 것에 대한 설명인가?

어떠한 특정한 행위가 단순히 한 번에 그치지 않고 반복적으로 일어나는 특성으로 과정 또는 결과로서의 교환, 환불, 보상 행위가 반복되는지 여부를 판단한다.

① 기만성   ② 과도성   ③ 상습성   ④ 고의성

7. 블랙컨슈머의 판단 기준으로 바르지 않은 것은?

① 블랙컨슈머에 대한 명확한 정의는 물론, 이들을 구분하기 위한 기준이 마련되어 있다.

② 블랙컨슈머에 대한 판단 기준이 없으면 정당한 클레임 고객과 구분이 쉽지 않아 선의의 피해자가 발생할 수 있다.

③ 고의성, 기만성, 상습성, 억지성, 과도성, 비윤리성은 기본적인 준거가 될 수 있다.

④ '상습성'은 어떠한 특정한 행위가 단순히 한 번에 그치지 않고 반복적으로 일어나는 특성으로 과정 또는 결과로서의 교환, 환불, 보상 행위가 반복되는지 여부를 판단한다.

8. 블랙컨슈머의 발생 원인으로 다음에 해당하는 것은 무엇인가?

- 경제 상황의 악화
- 사회에 대한 불신 팽배
- 소비자 권리의 신장
- 매스미디어의 영향

① 고객 측면
② 정부 측면
③ 사회적 요인
④ 기업 측면

9. 블랙컨슈머의 대응 지침으로 옳지 않은 것은?

① 초기에 신속하게 대응해야 한다.

② 블랙컨슈머와의 맞대응은 자제하고 냉정하고 차분한 응대로 일관해야 한다.

③ 지나치게 화가 난 고객일 경우, 상황을 악화시키지 않도록 어느 정도의 저자세를 유지한다.

④ 보상 기준은 명확하고 절대적인 원칙을 가지고 대응한다.

10. 다음은 블랙컨슈머의 대응 지침에 대해 설명한 것이다. 알맞은 것은?

① 블랙컨슈머와는 맞대응을 하여 기선을 제압한다.

② 필요 이상의 저자세나 굽신거림은 피한다.

③ 너무 급하게 마음먹지 말고 느긋하게 하여 고객이 지치도록 유도한다.

④ 보상 기준은 명확하지만, 타사의 대응 정도를 보고 상황에 유연하게 대응한다.

11. 다음은 블랙컨슈머의 대응 지침에 대해 설명한 것이다. 알맞지 않은 것은?

① 인터넷은 물론 SNS 유포에 대한 협박은 블랙컨슈머가 가장 일반적으로 사용하는 수법이다.

② 불명확하며 있지도 않았던 사실을 매체를 통해 유포하는 것만으로도 협박죄가 성립한다.

③ 사실을 유포할 경우에는 명예훼손죄가 적용되지 않는다는 사실을 인지한다.

④ 금전적인 대가 요구 시 공갈죄가 성립한다.

12. 다음의 설명은 블랙컨슈머 응대 기법 중 어떤 것에 대한 설명인가?

> - 몹시 흥분하거나 감정조절이 제대로 되지 않는 고객들을 진정시키고 차분히 응대할 수 있도록 해준다.
> - 이성적인 논리가 아닌 고객의 심정이나 상황을 공감거나 이해하려고 노력해야 한다.

① B.I.F.F 기법   ② 감정치유 기법   ③ E.A.R 기법   ④ M.T.P 기법

13. 다음 중 E.A.R 기법에 대한 설명으로 알맞지 않은 것은?

① 성급하게 어떤 일이나 상황에 대해서 결정이나 결단 및 확정을 짓지 않는 것이 중요하다.

② 경청이나 주의를 기울이는 행동 후 자연스럽게 블랙컨슈머로 하여금 존중받는 느낌을 가질 수 있도록 해야 한다.

③ 이성적인 논리로써 대응하는 것이고 해당 고객의 심정이나 상황을 극복하도록 노력해야 한다.

④ 아무리 다루기 어렵거나 흥분한 고객이라고 하더라도 존중을 받아야 할 특성은 가지고 있다.

14. 다음은 E.A.R 기법 활용 시 주의 사항에 대해 설명한 것이다. 알맞은 것은?

① 비판적인 감정에 휩싸여 있을 때 반응하는 기법이므로 응대 내용을 자세히 설명하는 것만으로도 감정을 누그러뜨릴 수 있다.

② 존중할 것이 없다면, 부메랑 기법이나 추가적인 질문을 통해 경청하는 것이 바람직하다.

③ 흥분한 상태에서 불만을 제기하는 사람들은 거짓말에 둔감하므로 요령 있게 대해야 한다.

④ 가까운 거리를 유지하되 이들의 기대수준을 끌어올릴 수 있는 적절한 말이나 행동을 취한다.

15. 보상 기준에 대한 설명으로 바르지 않은 것은?

① 내부적으로 리스크를 감안한 블랙컨슈머에 대한 보상 기준을 마련한다.

② 상습, 반복제기자의 경우 별도 코드 부여 및 특별 관리한다.

③ 무조건 보상이 아닌 명확한 근거에 의한 보상을 진행한다.

④ 보상은 '서비스 대체 → 설득 및 회유 → 소액 보상 제시 → 적정 규모 보상' 순으로 제시한다.

16. 다음은 블랙컨슈머로 인한 감정치유법에 대해 설명한 것이다. 알맞지 않은 것은?

① 후천적인 노력에 의해서 어려운 상황을 극복해 낼 수 있는 회복탄력성을 강화시킨다.

② 자신의 권한과 책임 또는 한계를 뛰어넘는 상황이라면 무조건 회사를 탓한다.

③ 감정노동에 대한 자신만의 대처법을 개발하고 활용한다.

④ 경직된 근육이나 신체를 이완훈련을 통해 풀어준다.

17. 과격한 언행이나 폭력의 경우, 녹취 또는 CCTV 녹화 등 증거를 확보해야 한다. 이와 관련된 설명으로 올바르지 않은 것은?

① 초기 대응 증거 자료 확보를 위해 통화 내용은 반드시 녹음을 해두어야 한다.

② 향후 블랙컨슈머의 악의적 유포 및 협박 시 유용한 자료로 활용 가능하다.

③ 녹취 · 녹화가 어려울 경우, 목격자 탐색도 한 가지 방법이다.

④ 폭력의 위험성 존재 시 사전에 녹취 및 녹화에 대한 사항은 고지할 필요는 없다.

18. 블랙컨슈머 응대 기법 중 E.A.R 기법에 관한 설명으로 바르지 않은 것은?

① E.A.R기법이란 Empathy, Attention, Respect을 앞 글자를 따서 만든 것이다.

② 공감(Empathy)은 동정(Sympathy)과는 완전히 다른 것이며, 그들이 느끼고 있는 고통이나 좌절을 동일하게 느낄 수 있다는 것을 의미한다.

③ 감정적인 접근을 통해 대응하는 것으로, 상황에 대한 객관적 판단이 우선시된다.

④ 경청(Attention)하고 질문(Ask)을 하면 감정적으로 격앙된 고객의 마음을 누그러뜨릴 수 있다.

[해설] 감정적인 접근은 오히려 문제를 크게 만들어 2차 민원을 유발할 수 있으므로 먼저 해당 고객의 심정이나 상황을 공감하거나 이해하려고 노력해야 한다.

19. 다음에서 설명하고 있는 것으로 효과적인 블랙컨슈머 단계별 대응 중 어느 것에 해당하는가?

- 잘못된 정보에 대한 대응 방법으로 흥분한 고객을 진정시키고 잘못된 정보에 대해서 효과적으로 대응하도록 하는 것이 주 목적이다.
- 직접 대면채널 또는 이메일이나 사회 관계망 서비스(SNS)를 통해 문제 해결에 대한 의지나 목적 없이 직원들에게 공격적인 성향을 보이는 고객에게 효과적이다.

① 부메랑기법　　② E.A.R 기법　　③ Yes, but 기법　　④ B.I.F.F 기법

20. 다음의 설명은 B.I.F.F 기법의 활용 및 유의 사항 중 어떤 것에 대한 설명인가?

- 자신감의 발로이며 적대적인 커뮤니케이션을 마무리 짓는 확실한 방법임을 인식한다.
- 추기적으로 논의를 이끌어 낼 수 있는 언급은 하지 않는다.
- 동일한 단어를 사용하여 주요 정보나 지침을 반복하는 것이 효과적이다.

① 정보 위주로 대응하기(Informative) ② 짧게 물어보고 짧게 대답하기(Brief)

③ 확고한 자세 유지하기(Firm) ④ 친근감을 유지하기(Friendly)

21. 블랙컨슈머에 대한 법적 대응 전 알아야 할 내용으로 바르지 않은 것은?

① 블랙컨슈머에 대해서는 법적 대응이 최선이라는 사실을 인식한다.

② 법의 판단이라는 것이 사람이 하는 일이므로 해당 행위나 행동에 대한 해석 자체가 다르다.

③ 악성 행위나 행동을 규정하기도 힘들지만, 악성 행위의 범위에 대해서도 명확하지 않다.

④ 법적 대응이라는 것이 천편일률적이 아니며, 해석 또한 사람마다 다를 수 있다.

22. 법적 대응 전 사전 활동으로 바르지 않은 것은?

① 블랙컨슈머를 예방하기 위한 활동이나 체계적인 대응 방안을 마련한다.

② 블랙컨슈머에 대응하기 위한 내부 전략을 수립하거나 구체적인 프로세스를 구축한다.

③ 법적 대응 시 영수증은 물론 계약서를 작성해야 한다.

④ 사전에 보상 금액의 산정과 보상 기준을 마련한다.

[해설] ③번은 법적 대응 전이 아닌 법적 대응 후 활동이라고 할 수 있다.

23. 아래 내용증명에 대한 설명으로 바르지 않은 것은?

① 상호 간에 효력을 발휘할 수 있는 서류이며 소송 제기 시 중요한 정황적 증거가 된다.

② 일종의 선전포고로 적법한 절차에 따른 소송 제기 가능성을 암시한다.

③ 최후 수단으로 고소, 고발하는 등 소송 제기를 마련하는 것이다.

④ 소송 제기가 아니더라도 블랙컨슈머에게 심리적인 압박을 줄 수 있다.

[해설] 내용증명은 자체로 효력을 발휘할 수 있는 성질의 것이 아니다.

24. 아래에서 설명하고 있는 것은 무엇에 대한 설명인가?

- 우편 배달 일자 및 받는 사람을 우체국에서 증명하여 보낸 사람에게 알려 주는 우편서비스를 말한다.
- 중요한 우편물이어서 누가 언제 받았는지 확실하게 증명을 받고 싶으실 때 신청한다.
- 당사자의 의사를 명확하고 강력하게 표시하고 이러한 내용이 상대방에게 도달했는지 여부를 증명함으로써 명확한 증거로 삼을 수 있다.

① 배달증명   ② 내용증명   ③ 등기증명   ④ 택배증명

25. 다음 중 블랙컨슈머에 대한 법적 대응에 관한 설명으로 바르지 않은 것은?

① 형사적 조치는 형사적 책임에 초점을 맞추며, 형법상 범죄 행위가 되는 경우 고소 및 고발을 취하는 형태를 의미한다.

② 민사적 조치는 블랙컨슈머로 인한 피해로 인해 기업이 재산에 대한 압박을 가하는 손해배상 청구 형태를 의미한다.

③ 민사적 조치는 손해배상책임을 의미하며, 불법 행위로 인해 기업에게 손해를 입힌 사람이 손해를 배상하고 그에 대한 책임을 지는 것이다.

④ 고소 행위를 통해 소송 및 분쟁을 해결할 경우, 주체가 국가이면 민사이고 고소 주체가 개인이면 형사라고 이해하는 것이 빠르다.

26. 형사적인 조치의 특징에 대한 설명으로 바르지 않은 것은?

① 재산에 대한 압박을 가하는 손해배상 청구 형태이다.

② 사회질서를 파괴한 데 대한 제재 성격이다.

③ 징역형, 벌금형, 금고형 등을 받을 수 있다.

④ 블랙컨슈머의 행위가 범죄 구성 요건에 해당하면 형법에 따라 처벌 가능하다.

27. 블랙컨슈머에 대한 법적 대응 시 주의 사항으로 바르지 않은 것은?

① 블랙컨슈머에 대한 기업 리스크가 적으므로 사안별로 법적 대응을 하는 것이 바람직하다.

② 위법 행위가 아님에도 불구하고 과장을 하거나 날조하는 경우는 무고죄에 해당한다.

③ 해당 법적 조치 및 대응이 자칫 다른 블랙컨슈머를 자극하지 않도록 주의해야 한다.

④ 법적 대응 전 사전에 내용증명을 보내는 등의 조치를 취하는 것이 바람직하다.

[해설] 블랙컨슈머에 대한 법적 대응은 시간 및 비용이 투입되므로 사업상 리스크가 발생한다.

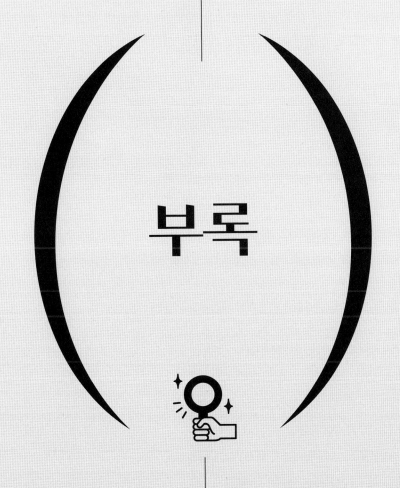

부록

한국형 감정노동 진단 테스트 | 감정노동을 생각하는 소비자(고객) 실천 약속 | 감정노동을 생각하는 기업 실천 약속 |

감정노동 자기진단을 위한 체크리스트 | 직무 스트레스 평가 | 감정노동 보호 우수기업(기관) 인증 소개

부록 ❶ ⇨ 한국형 감정노동 진단 테스트

다음의 설문은 귀하의 감정노동의 수준을 평가하기 위하여 만들어진 것입니다. 현재의 업무 수행 상황을 토대로 아래의 설문에 대한 귀하의 생각과 가장 가까운 곳에 V표하여 주시기 바랍니다.

설문문항	전혀 그렇지 않다	약간 그렇지 않다	약간 그렇다	매우 그렇다
고객에게 부정적인 감정을 표현하지 않으려고 의식적으로 노력한다.	1	2	3	4
고객을 대할 때 회사의 요구대로 감정 표현을 할 수밖에 없다.	1	2	3	4
업무상 고객을 대하는 과정에서 나의 솔직한 감정을 숨긴다.	1	2	3	4
일상적인 업무 수행을 위해서는 감정을 조절하려는 노력이 필요하다.	1	2	3	4
고객을 대할 때 느끼는 나의 감정과 내가 실제 표현하는 감정은 다르다.	1	2	3	4
공격적이거나 까다로운 고객을 상대해야 한다.	1	2	3	4
나의 능력이나 권한 밖의 일을 요구하는 고객을 상대해야 한다.	1	2	3	4
고객의 부당하거나 막무가내의 요구로 업무 수행의 어려움이 있다.	1	2	3	4
고객을 응대할 때 자존심이 상한다.	1	2	3	4
고객에게 감정을 숨기고 표현하지 못할 때 나는 감정이 상한다.	1	2	3	4
고객을 응대할 때 나의 감정이 상품처럼 느껴진다.	1	2	3	4
퇴근 후에도 고객을 응대할 때 힘들었던 감정이 남아 있다.	1	2	3	4
고객을 대하는 과정에서 마음의 상처를 받는다.	1	2	3	4
몸이 피곤해도 고객들에게 최선을 다해야 하므로 감정적으로 힘들다.	1	2	3	4
직장 요구하는 대로 고객에게 잘 응대하는지 감시를 당한다(CCTV 등).	1	2	3	4
고객의 평가가 업무 성과 평가나 인사고과에 영향을 준다.	1	2	3	4
고객 응대에 문제가 발생했을 때, 나의 잘못이 아닌데도 직장으로부터 부당한 처우를 받는다.	1	2	3	4
고객 응대 과정에서 문제가 발생 시 직장에서 적절한 조치가 이루어진다.	1	2	3	4

고객 응대 과정에서 발생한 문제를 해결하고 도와주는 직장 내의 공식적인 제도와 절차가 있다.	1	2	3	4
직장은 고객 응대 과정에서 입은 마음의 상처를 위로받게 해 준다.	1	2	3	4
상사는 고객 응대 과정에서 발생한 문제를 해결하기 위해 도와준다.	1	2	3	4
동료는 고객 응대 과정에서 발생한 문제를 해결하기 위해 도와준다.	1	2	3	4
직장 내에 고객 응대에 관한 행동 지침이나 매뉴얼(설명서, 안내서)이 마련되어 있다.	1	2	3	4
고객의 요구를 해결해 줄 수 있는 권한이나 자율성이 나에게 주어져 있다.	1	2	3	4

〈한국산업안전보건공단 산업안전보건연구원 '한국형 감정노동 평가도구' 2014〉

문항 1–5　감정표출의 노력 및 다양성　/　문항 6–8　고객응대의 과부하 및 갈등

문항 9–14　감정부조화 및 손상　/　문항 15–17　조직의 감시 및 모니터링

문항 18–24　조직의 지지 및 보호체계

감정노동 하부요인	성별	정상	위험
감정표출의 노력 및 다양성	남자	0–83.32	83.33–100
	여자	0–76.66	76.67–100
고객응대의 과부하 및 갈등	남자	0–83.32	83.33–100
	여자	0–72.21	72.22–100
감정부조화 및 손상	남자	0–69.43	69.44–100
	여자	0–63.88	63.89–100
조직의 감시 및 모니터링	남자	0–61.10	61.11–100
	여자	0–49.99	50.00–100
조직의 지지 및 보호체계	남자	0–49.99	50.00–100
	여자	0.45.23	45.24–100

〈한국형 감정노동 평가도구의 요인별 성별 참고치〉

부록 ❷ ⇨ 감정노동을 생각하는 소비자(고객) 실천 약속

하나. 감정노동자의 인권을 존중하고 해당 서비스의 전문가로 인정한다.

하나. 감정노동자들도 내 가족, 이웃이라는 것을 잊지 않는다.

하나. 서로가 고객이 될 수 있다는 역지사지의 마음을 가지며 서비스를 받을 때는 감사인사를 하도록 한다.

하나. 반말, 욕설, 희롱, 무시하는 언행을 하지 않고 존중하는 언행을 한다.

하나. 나의 부당한 요구가 다른 소비자에게 피해가 되는 것은 인식한다.

하나. 문제 제기는 합리적으로, 목소리는 부드럽게 하며, 서로 잘못했을 때는 인정하고 사과한다.

하나. 합리적인 문제 해결을 위해 마련된 법과 제도를 활용하도록 하며, 기업이 마련하고 있는 문제 해결 과정을 통해 개선점을 요구한다.

하나. 제품과 서비스에 대한 객관적인 비교와 판단을 위한 노력을 기울인다.

하나. 감정노동자를 위하는 기업을 찾아보고 격려한다.

하나. 감정노동자를 위한 입법 활동을 위해 노력한다.

부록 ❸ ⇨ 감정노동을 생각하는 기업 실천 약속

하나. 감정노동자의 기본적 인권을 보장하기 위해 적극 지원한다.

하나. 감정노동 업무의 전문성을 인정하고, 그에 맞는 처우를 보장한다.

하나. 감정노동자를 위한 안전한 근무 환경을 조성한다.

하나. 감정노동자를 위한 적정한 휴게 시간과 휴식 공간을 보장한다.

하나. 감정노동자를 효율적으로 보호할 수 있는 소비자 응대 매뉴얼을 마련한다.

하나. 감정노동자가 부당한 소비자 행동(폭언, 폭력, 성희롱 등)에 대하여 자신을 보호할 수 있는 적절한 권한을 보장한다.

하나. 감정노동자의 안전을 보호하기 위한 전문 조직을 둔다.

하나. 감정노동자들의 자기 보호를 위한 정기적 교육을 실시한다.

하나. 감정노동자의 정식적·신체적 건강을 위한 프로그램을 적극 지원한다.

하나. 감정노동자를 위한 고충 처리 창구를 상시적으로 운영한다.

부록 ❹ ⇨ 감정노동 자기진단을 위한 체크리스트

① 안전보건공단은 2014년 한국형 감정노동 평가도구를 개발하였는데, 이것이 바로 감정노동 자기진단을 위한 체크리스트이다.

② 자기진단 체크리스트는 자신의 업무에서 감정노동 수행 정도, 감정노동 수행 과정에서의 갈등 경험 여부, 부정적인 감정 상태를 얼마나 겪고 있는지 자가 판단할 수 있는 측정 도구이다.

③ 측정 도구는 감정표출의 노력 및 다양성, 고객응대의 과부하 및 갈등, 감정 부조화 및 손상, 조직 감시 및 모니터링, 조직의 지지 및 보호 체계 등의 5개 하부 요인, 24개 문항으로 구성된다.

④ 안전보건공단에서는 직무 스트레스 예방 지침이라고 할 수 있는 KOSHA가이드를 통해 직무 스트레스 파악을 위한 체크리스트를 개발하여 공시하였다.

⑤ 감정노동을 주로 하는 사람들에게서 아래와 같은 증상이 평소보다 많이 발생한다면, 직무로 인한 스트레스가 위험한 수준에 도달해 있음을 인식해야 한다고 가이드는 제시하고 있다.

- 일의 능률이 저하된다.
- 짜증나고 성가신 경우가 많다.
- 회사를 며칠이라도 쉬었으면 좋겠다고 생각한다.
- 내 뜻대로 일이 진행되지 않는다.
- 소화가 잘 안 된다.
- 흡연이나 음주가 전보다 늘었다.
- 별것도 아닌 일에 동료한테 화를 낸다.
- 업무 성과가 오르지 않는다.
- 괜히 초조하고 안절부절못한다.
- 머리가 자주 아프다.
- 전보다 잠이 잘 안 온다.

〈**직무 스트레스 파악을 위한 체크리스트.** KOSHA 2014〉

⑥ 이외에도 우울증, 우울상태가 의심될 때의 체크 항목을 개발하였는데, 아래 9가지 항목 중 1번과 2번 항목 중 한 개 이상을 포함하고 합계가 5개 이상의 증상이 있을 경우 우울증이라고 추정할 수 있다고 가이드를 제시하고 있다.

- 항목 1. 최근 2주간 항상 우울한 느낌이 들거나 기분이 가라앉는다.
- 항목 2. 최근 2주간 여러 가지 일에 흥미가 없어지거나 즐기고 싶지 않다.
- 항목 3. 식욕이 감소 또는 증가했다. 의도하지 않았는데 체중이 감소 또는 증가했다.
- 항목 4. 매일 밤잠을 잘 못 들고 밤중 또는 아침 일찍 눈이 뜨이거나 반대로 늦게까지 잔다.
- 항목 5. 말이나 동작이 느려지고 불안 초조하여 진정이 안 되고 가만히 앉아 있을 수 없다.
- 항목 6. 항상 피로를 느끼거나 기력이 없다고 느낀다.
- 항목 7. 항상 자신이 가치가 없다고 느끼거나 또는 죄의식을 느낀다.
- 항목 8. 항상 집중이 안 되거나 빨리 판단할 수 없다.
- 항목 9. 자신에게 상처를 내거나 죽었으면 좋겠다고 반복적으로 생각한다.

〈우울증, 우울상태가 의심될 때의 체크 항목〉

부록 ❺ ⇨ 직무 스트레스 평가

① 한국의 직무 스트레스 평가에 활용되는 측정 도구는 8개 영역, 43개 항목의 설문으로 구성된다.

② 한국의 직무 스트레스 평가를 위한 측정 도구는 가장 일반적이고 보편적인 항목들로 구성되어 있는데, 8개의 영역은 아래와 같다. [한국산업안전공단. 2005]

영역	구성 항목
물리적 환경	작업 방식의 위험성 정도, 공기의 오염, 신체부담 정도 등
직무요구	시간적 압박, 업무량 증가, 업무 중 중단, 책임감, 과도한 직무부담 등
직무자율	기술적 재량 및 자율성, 업무예측가능성, 직무 수행권한 등

영역	구성 항목
관계갈등	동료의 지지, 상사의 지지, 전반적인 지지 등
직무불안정	구직의 기회, 고용의 불안정성 등
조직체계	조직의 정략 및 운영체계, 조직의 자원, 조직 내 갈등, 합리적 의사소통 등
부적절한 보상	존중, 내적 동기, 기대부적합 등
직장문화	한국식 집단주의적 문화, 비합리적인 의사소통체계, 비공식적 직장문화 등

③ 한국산업안전공단에서 제시하는 한국의 직무 스트레스 점수 산출 방법은 크게 기본형과 단축으로 구분하여 사용한다.

④ 먼저의 기본형의 경우, 아래와 같이 각 영역별 환산점수를 구하고 8개 영역의 환산점수의 총합을 8(8개 영역)로 나누면 그것이 직무 스트레스 총 점수이다.

각 영역별 환산점수 = (실제점수 – 문항 수) x 100 / (예상 가능한 최고점수 – 문항 수)

직무 스트레스 총 점수 = (각 8개 영역의 환산점수의 총합) / 8

---

⑤ 기본형의 경우 총 점수가 산출되면 남자용과 여자용으로 구분하여 직무 스트레스 정도를 참고한다.

항 목	본인 점수	회사 평균	참고치				점수의 의미
			하위 25%	하위 50%	상위 50%	상위 25%	
물리환경			33.3 이하	33.4~44.4	44.5~66.6	66.7 이상	점수가 높을수록 물리환경이 상대적으로 나쁘다
직무요구			41.6 이하	41.7~50.0	50.1~58.3	58.4 이상	점수가 높을수록 직무요구도가 상대적으로 높다

항 목	본인점수	회사평균	참고치				점수의 의미
			하위 25%	하위 50%	상위 50%	상위 25%	
직무자율			46.6 이히	46.7~53.3	53.4~60.0	60.1 이상	점수가 높을수록 직무자율성이 상대적으로 낮다
관계갈등			-	33.3 이하	33.4~50.0	50.1 이상	점수가 높을수록 관계갈등이 상대적으로 높다
직무불안정			44.4 이하	44.5~50.0	50.1~61.1	61.2 이상	점수가 높을수록 직업이 상대적으로 불안정하다
조직체계			42.8 이하	42.9~52.3	52.4~61.9	62.0 이상	점수가 높을수록 조직이 상대적으로 체계적이지 않다
보상부적절			55.5 이하	55.6~66.6	66.7~77.7	77.8 이상	점수가 높을수록 보상체계가 상대적으로 부적절하다
직장문화			33.3 이하	33.4~41.6	41.7~50.0	50.1 이상	점수가 높을수록 직장문화가 상대적으로 스트레스요인이다
기본형총점			45.0 이하	45.1~50.7	50.8~56.5	56.6 이상	점수가 높을수록 직무 스트레스가 상대적으로 높다

[남자용 직무 스트레스 참고치]

항 목	본인점수	회사평균	참고치				점수의 의미
			하위 25%	하위 50%	상위 50%	상위 25%	
물리환경			33. 30이하	33.4~44.4	44.5~55.5	55.6 이상	점수가 높을수록 물리환경이 상대적으로 나쁘다
직무요구			41.6 이하	41.7~54.1	54.2~62.5	62.6 이상	점수가 높을수록 직무요구도가 상대적으로 높다
직무자율			53.3 이하	53.4~60.0	60.1~66.6	66.7 이상	점수가 높을수록 직무자율성이 상대적으로 낮다
관계갈등			-	33.3 이하	33.4~41.6	41.7 이상	점수가 높을수록 관계갈등이 상대적으로 높다

항목	본인 점수	회사 평균	참고치				점수의 의미
			하위 25%	하위 50%	상위 50%	상위 25%	
직무불안정			38.8 이하	38.9~50.0	50.1~55.5	55.6 이상	점수가 높을수록 직업이 상대 적으로 불안정하다
조직체계			42.8 이하	42.9~52.3	52.4~61.9	62.0 이상	점수가 높을수록 조직이 상대 적으로 체계적이지 않다
보상부적절			55.5 이하	55.6~66.6	66.7~77.7	77.8 이상	점수가 높을수록 보상체계가 상대적으로 부적절하다
직장문화			33.3 이하	33.4~41.6	41.7~50.0	50.1 이상	점수가 높을수록 직장문화가 상대적으로 스트레스요인이다
기본형총점			49.5 이하	49.6~51.1	51.2~56.6	56.7 이상	점수가 높을수록 직무 스트레스가 상대적으로 높다

[여자용 직무 스트레스 참고치]

⑥ 위에서 제시하는 참고치는 평가 대상 직원의 실제 점수와 회사 평균 점수는 물론 전국에 있는 직장인들의 4분위수를 제시한 것인데, 대상 직원의 직무 스트레스가 어느 정도 수준인지 그리고 어떤 범위에 포함되는지 비교·확인할 수 있다.

⑦ 참고치 중 상위 25%라는 의미는 전국에 있는 직장인 중 직무 스트레스가 높은 상위 25%에 해당하는 점수를 나타낸 것이다.

⑧ 점수의 경우 스트레스 점수가 어떤 범위에 포함되는지에 대한 정보를 확인할 수 있는데, 이를 통해 참고치의 점수를 낮은 방향(하위)으로 관리가 필요하다.

⑨ 단축형의 경우 기본형의 측정항목이 43개 문항으로 너무 많고 설문 내용이 너무 많아 불편하고 복잡해, 현장에서 쉽게 이용할 수 있도록 고안한 측정 도구다.

⑩ 단축형의 경우 기본형에서 물리적 환경을 제외한 나머지 7개 항목의 각 영역별 환산점수를 구하고 환산접수의 총합을 7(7개 영역)로 나누면 직무 스트레스의 총합이 된다.

> **각 영역별 환산점수** = (실제점수 − 문항 수) x 100 / (예상 가능한 최고점수 − 문항 수)
>
> **직무 스트레스 총 점수** = (각 7개 영역의 환산점수의 총합) / 7

⑪ 기본형과 단축형의 경우 절대적인 평가도구는 아니지만, 기본적으로 어떤 항목에서 직무 스트레스를 받고 있는지 확인하는 데 용이하다.

⑫ 한국형 직무 스트레스 측정 도구를 활용하는 데 있어 상대적인 평가이다 보니, 집단에 대한 평가를 위해서는 사용 가능하나 개인에 대한 절대적인 평가도구로 활용하기에는 제한적이다.

⑬ 한국형 직무 스트레스 측정 도구의 참고치는 각 영역별로 나타난 점수의 의미를 활용하는 것이 바람직하며 총점에 대한 사용은 제한적이다.

부록 ❻ ⇨ 감정노동 보호 우수기업(기관) 인증 소개

감정노동 보호 우수기업(기관) 인증제도

감정노동자보호 우수기업 인증이란 감정노동과 관련하여 기업의 감정노동관리 및 해결 등 감정노동 전반에 걸친 기업의 노력과 제반 활동을 평가한다. 감정노동 인증을 통해 기업 운영의 핵심이라고 할 수 있는 직원들이 안심하고 일할 수 있는 분위기 조성은 물론 감정노동을 생각하는 기업이 고객에게도 좋은 기업이라는 인식을 확산시키기 위해 마련되었다.

구분	주요 내용
인증 평가 및 주요 대상	▪ 인증평가 및 시행주체 : 한국감정노동인증원 ▪ 신청대상 : 감정노동자를 직간접적으로 고용한 기업 및 기관
인증 평가 및 기준	▪ 인증평가는 1차 서면평가와 2차 현장평가로 구분하여 진행 ▪ 감정노동자 보호와 관련한 4가지 영역을 평가하여 70점 이상이면 우수기업 및 기관 인증 부여

구분	주요 내용
인증 유효기간 및 재인증	▪ 신규 인증(2년)　　▪ 유효기간 연장(2년)　　▪ 재인증(2년) ※ 재인증 후에는 2년 단위로 재심사함
인증 수행 범위	▪ 인증 수행 범위는 최고 경영자의 리더십, 감정노동자 보호체계, 　감정노동 관리, 감정노동 예방 등 총 4개 영역에 한함 ※ 인증 평가는 12개의 중(中) 항목과 37개의 세부항목으로 구성

인증 기대효과

▪ 감정노동 현황 및 진단을 통한 개선점 도출

▪ 정부의 감정노동자 보호 정책에 대한 선제적인 대응

▪ 감정노동자 보호활동에 대한 전사적인 분위기 확산

▪ 감정노동자 보호를 위한 목표 수립 및 달성을 위한 전사활동 전개

▪ 업무의 질 향상 및 기업 이미지 향상

▪ 감정노동자의 업무 몰입도 및 직무만족도 증가

▪ 감정노동자 보호 우수기업 인증 마크의 전략적 활용

감정노동자 보호 우수 기업 및 기관 인증 절차

단계	단계별 주요 활동
1단계 : 인증신청	▪ 인증신청 시 제안서 발송 [제안서 및 인증관련 준비사항] ▪ 제안서 승인 시 인증신청서와 계약서를 통해 계약 체결
2단계 : 심사계획수립	▪ 대상기업(기관)과 계약체결 후 심사계획 수립 ▪ 서류심사와 현장평가에 대한 일정 수립
3단계 : 서면 심사 및 평가	▪ 감정노동 보호 활동관련 문서 제출 ▪ 전문인증 평가위원들이 각 영역별 심사진행
4단계 : 현장 평가	▪ 서면 평가결과를 바탕으로 현장평가 진행 [관련 책임자 및 담당자 인터뷰] ▪ 서면 평가 및 현장 평가를 토대로 인증평가결과보고서 작성

단계	단계별 주요 활동
5단계 : 인증심사결과 보고서 발송 및 통보	▪ 인증평가결과 보고서 발송(심사결과 피드백 진행) ▪ 합격 여부 통보[유선 및 이메일] ▪ 불합격 시 개선사항 보완 후 인증원에 제출 → 재평가 진행(인증심의 진행)
6단계 : 인증서 교부	▪ 인증서 교부 및 인증마크 사용권한 부여 ▪ 인증 수여식 진행
7단계 : 인증 유지 및 관리	▪ 인증업체는 주기적으로 인증된 사항 유지 및 관리 ▪ 인증유효기간은 2년이며 2년 후 인증 재갱신

감정노동자 보호 우수 기업 및 기관 인증 평가 항목

감정노동자 보호를 위한 우수기관 인증 심사평가 항목은 총 4개 영역으로 중(中) 항목 12개로 구성되어 있으며 그와 관련된 37개의 세부항목으로 인증심사를 진행한다.

평가 항목	평가주요내용	배점
I. 최고경영자의 리더십	▪ I-1. 감정노동 관리에 대한 필요성 인식 및 경영철학(관심 및 의지) ▪ I-2. 감정노동자 보호정책에 대한 인지 및 대응노력 ▪ I-3. 자사 감정노동자들의 고충이해 및 주요 불만 이슈 파악 여부	20
II. 감정노동자 보호체계	▪ II-1. 감정노동자 보호 체계 ▪ II-2. 감정노동자 보호를 위한 활동 ▪ II-3. 감정노동자 보호를 위한 커뮤니케이션	30
III. 감정노동 관리	▪ III-1. 감정노동 전담부서 운영여부 ▪ III-2. 감정노동자 보호 매뉴얼 개발 및 활용 ▪ III-3. 고객으로부터의 감정노동자 보호 조치 및 활동 ▪ III-4. 감정노동자 보호업무 관련 법규준수 여부	30
IV. 감정노동 예방	▪ IV-1. 감정노동 예방 활동 ▪ IV-2. 감정노동 예방을 위한 역량 향상 노력	20

간정노동자 보호 우수 기업 및 기관 인증 신사 결과 보고서

인증심사 후 자사 감정노동에 대한 세부 보고서를 통해 감정노동과 관련한 주요 이슈를 평가하고 이를 개선하기 위한 개선안을 제시한다. 감정노동 인증과정에서 얻게 된 정보와 현황을 통해 영역별 이슈 도출은 물론 주요 이슈별 개선방향성과 감정노동관련 주요 개선과제 및 이행 계획 수립을 제시한다. 아래는 인증 심사보고서에 포함된 결과물이다.

인증 평가항목 및 평가결과	각 영역별 세부 평가결과
<ul><li>최고 책임자(CEO) 리더십</li><li>감정노동자 보호체계</li><li>감정노동자 보호 및 관리 활동</li><li>감정노동 예방 활동 체계</li></ul>	<ul><li>각 영역별 평가 점수 및 리뷰</li><li>평가 항목과 관련한 평가위원 의견</li><li>각 영역별 핵심평가항목</li><li>각 영역별 세부평가항목</li></ul>
주요 개선과제 및 방향성 제시	인증심사 평가 종합의견
<ul><li>개선을 위한 주요 이슈 요약</li><li>주요 이슈별 개선방향성 제시</li><li>주요 개선 기회 도출</li><li>주요 개선전략과제 도출</li></ul>	<ul><li>평가기업(관) 영역별 우수 사례</li><li>보완 및 개선이 필요한 영역 리뷰</li><li>인증심사 종합의견 및 총평 [제언]</li></ul>

감정노동자 보호 우수 기업 및 기관

한국감정노동인증원, JDC관세청 '국내 1호 감정노동 보호 우수거관' 선정
10월 감정노동자보호법 시행 이후 첫 보호우수기관 선정
[글복연합신문×안해섭 거자]

국내 최초 감정노동자보호 우수거관 인증사업을 진행하는 한국감정노동인증원 원장 박종태[이] 출범 이후 국내 1호 감정노동자 보호 우수거관으로 JDC제주국제자유도시 개발센터0[면세점을 선정했다.

이번 인증은 지난 10월 감정노동자보호법에 따른 거광의 직원 보호 가이드라인을 관리시스템으로 안착시킨 첫 사례로 평가받고 있다.

자연휴양림관리소, 감정노동자 보호 우수기관 인증

ⓐ 황지연 | ⓑ 승인 2019.07.30 21:30 | ⓒ 댓글 0

**중앙행정기관 최초로 획득
고객응대 근로자 대상 테스트
모범적 정책 수행 우수성 입증**

대우에스티, 감정노동자 보호 우수기업 인증식 개최

감정노동자 보호 앞장 '직원' '고객' 함께 웃자

김아름 기자 | karym@prime21.co.kr | 2020.09.21 11:06

[프라임경제] 대우에스티(대표 윤우영)는 지난 22일 서울시 중구 스페이스 리본에서 '감정노동자 보호 우수기업 인증식'을 진행했다고 밝혔다.

대우에스티는 한국감정노동인증원에서 인증하는 '감정노동자 보호 우수기관 인증'으로 선정돼 지난 22일 인증식을 진행했다. ⓒ 대우에스티

국민연금공단, 준정부기관 최초 '감정노동자 보호 우수기관' 인증 획득

- 직원보호 안전매뉴얼 제작, 민원전용 매뉴저 제도 운영 등 감정노동자 보호에 앞장

성남도시개발공사, 공기업 최초 감정 노동자 보호 우수기관 인증

강남구 도시관리공단, 감정노동자 보호 우수기관 인증 획득

> 감정노동자 보호 우수 기업 및 기관 인증 문의
>
> 전화번호: 02-985-0365   이메일: kccelabor@naver.com

실전 예상 문제 정답

서비스의 이해 (33-40p)

문항	1	2	3	4	5	6	7	8	9	10
정답	④	③	②	②	②	①	③	②	①	③
문항	11	12	13	14	15	16	17	18	19	20
정답	③	④	④	①	③	④	④	④	③	①

감정노동의 이해 (70-85p)

문항	1	2	3	4	5	6	7	8	9	10
정답	④	④	③	①	④	②	②	③	③	②
문항	11	12	13	14	15	16	17	18	19	20
정답	②	②	④	③	③	②	①	④	④	④
문항	21	22	23	24	25	26	27	28	29	30
정답	④	③	②	①	③	④	③	③	③	④
문항	31	32	33	34	35	36	37	38	39	40
정답	③	③	④	①	④	②	②	③	④	①
문항	41	42	43	44	45					
정답	②	④	④	③	③					

직무소진과 스트레스의 이해 / 직무 스트레스의 이해 (113-124p)

문항	1	2	3	4	5	6	7	8	9	10
정답	④	③	②	③	②	①	④	①	②	④
문항	11	12	13	14	15	16	17	18	19	20
정답	②	②	③	①	④	③	④	①	①	②
문항	21	22	23	24	25	26	27	28	29	30
정답	④	②	③	①	③	③	④	③	②	③

감정노동과 감성역량 (149-159p)

문항	1	2	3	4	5	6	7	8	9	10
정답	④	①	④	④	③	③	①	④	①	④
문항	11	12	13	14	15	16	17	18	19	20
정답	②	③	③	②	④	①	③	②	③	①
문항	21	22	23	24	25	26	27	28	29	30
정답	①	③	②	③	②	①	②	④	②	①

감정노동 해결을 위한 접근방법 / 감정노동과 학습된 무력감 / 감정코칭 및 치유기법 (188-200p)

문항	1	2	3	4	5	6	7	8	9	10
정답	①	③	②	③	④	③	①	③	②	①
문항	11	12	13	14	15	16	17	18	19	20
정답	③	②	②	①	①	④	③	②	③	③
문항	21	22	23	24	25	26	27	28	29	30
정답	①	③	④	②	①	②	②	②		④
문항	31	32	33	34	35					
정답	④	①	①	④	②					

감정관리 및 정서 조절 (211-214p)

문항	1	2	3	4	5	6	7	8	9	10
정답	③	③	②	②	④	②	①	①	①	④

감정노동자 보호 가이드라인 (231-238p)

문항	1	2	3	4	5	6	7	8	9	10
정답	②	③	③	④	④	②	③	④	④	①
문항	11	12	13	14	15	16	17	18	19	20
정답	①	①	③	④	①	④	①	③	②	②
문항	21	22	23	24						
정답	③	③	④	③						

감정노동자 보호 방안 (258-265p)

문항	1	2	3	4	5	6	7	8	9	10
정답	②	②	③	③	①	②	④	④	②	①
문항	11	12	13	14	15	16	17	18	19	20
정답	②	①	④	③	①	②	③	③	②	③

블랙컨슈머에 대응하기 (284-292p)

문항	1	2	3	4	5	6	7	8	9	10
정답	①	④	④	②	①	③	①	③	③	②
문항	11	12	13	14	15	16	17	18	19	20
정답	③	③	③	②	④	②	④	③	④	③
문항	21	22	23	24	25	26	27			
정답	①	③	①	①	④	①	①			

참고문헌

- 김주환(2011). 『회복탄력성(시련을 행운으로 바꾸는 유쾌한 비밀)』, 위즈덤하우스

- 박동건 외(2006). 『조직감성역량키우기』, 삼성경제연구소(SERI) 연구에세이

- 박종태(2015). 『서비스 테러리스트, 블랙컨슈머 제대로 알고 대처하기』, 책과 나무

- 롤프 메르클레 외(2010). 『감정사용설명서』, 생각의 날개

- 트레비스 브래드베리 외(2011). 『감성지능코칭법』, 넥서스비즈

- 와다 히데키(2008). 『인생을 바꾸는 감정정리의 기술』, 이팝나무

- 김경희(2011). 『서비스 사회의 감정노동에 대한 이해』, 한국노동연구원

- 김종진(2013). 『서비스산업 감정노동 대응과 규제방안』, 월간 노동리뷰

- 경제사회발전노사정위원회(2014). 『감정노동자 보호방안, 이제는 고민할 때』, 월간노사정

- 이정훈 외(2015). "서울시 공공부문 감정노동 보호방안 연구보고서", 서울노동권익센터

- 우종민 외(2009). "근로자 지원프로그램(EAP)의 합리적 도입운영모델 연구", (사)한국EAP협회

- 서춘희 외(2014). "근로자 직무스트레스 예방활동지침 개발 연구", 산업안전보건연구원

- 한국산업안전보건공단(2011). "콜센터 근로자의 직무스트레스 관리지침", 한국산업안전보건공단

- 한국노동사회연구소(2014). "한국 사회 감정노동 실태와 개선방향 연구", 경제사회발전노사정 위원회

- 한국직업능력개발원(2013). "감정노동의 직업별 실태", KRIVET Issue Brief 26호

- 함규정(2008). 『개인과 조직의 승패를 좌우하는 리더의 감성경영전략』, 임금연구 여름호

- 박지원(2011). 『구성원의 스트레스 조직이 관리해야 한다』, LG경제연구소 Weekly 포커스

- 한승엽(2003). 『구성원의 스트레스 회사가 관리하라』, LG경제 연구소 경영정보

- 박지원(2007). 『직장인 스트레스, 이렇게 풀어라』, LG경제 연구소 경영정보

- 예지은(2013). 『대한민국 직장인의 행복을 말하다』, 삼성경제연구소 CEO Information 898호

- 김성아(2011). " 감정노동자의 경쟁력 향상 방안 :고객센터 상담사 사례 분석", 박사논문,

숙명여대 대학원 경영학과

- 김준규(2014). "감정노동이 소진에 미치는 영향", 석사논문, 충북대 대학원 경영학과

- 김희정(2012). " 콜센터 상담사의 회복탄력성과 감정노동에 관한 연구", 석사논문, 광주여대 대학원 콜마케팅학과

- 송현진(2015). " 감정노동이 소진과 만족에 미치는 영향에 관한 연구", 석사논문, 연세대 대학원 행정

- 황승욱(2011). "서비스 종사자의 감정노동행동과 직무소진 관계에 관한 연구 – 리더의 감성리더십과 신뢰의 조절효과 –, 박사논문, 영남대 대학원 경영학과

- 국민권익위원회(2012). "고질민원 심포지엄 자료집", 국민권익위원회

- 국회환경노동위원회(2015). "감정노동종사자의 보호 등에 관한 법률 입법공청회 자료"

- 노동환경건강연구소(2016). "노동자 건강권 포럼 자료집", 일과건강

- 박재범 외(2012). "여성감정노동자 인권 수첩", 국가인권위원회

- 임상혁 외(2011). "여성감정노동자 인권가이드", 국가인권위원회

- 박찬임 외(2012). "서비스 산업의 감정노동 연구 – 판매원과 전화상담원을 중심으로 –, 한국노동연구원